卓越名师

学前教育新课标“十二五”重点规划系列教材

专业基础课系列教材

学前教育管理学

XUEQIAN JIAOYU GUANLIXUE

主编 杜燕红

郑州大学出版社
郑州

图书在版编目(CIP)数据

学前教育管理学/杜燕红主编.—郑州:郑州大学出版社,2012.7(2014.9 重印)
(卓越名师 学前教育新课标“十二五”重点规划系列教材)
ISBN 978-7-5645-0843-2

Ⅰ.①学… Ⅱ.①杜… Ⅲ.①学前教育-教育管理学-高等学校-教材
Ⅳ.①G61

中国版本图书馆 CIP 数据核字(2012)第 093040 号

郑州大学出版社出版发行
郑州市大学路 40 号 邮政编码:450052
出版人:王 锋 发行部电话:0371-66966070
全国新华书店经销
郑州龙洋印务有限公司印制
开本:787 mm×1 092 mm 1/16
印张:17.25
字数:430 千字
版次:2012 年 7 月第 1 版 印次:2014 年 9 月第 3 次印刷

书号:ISBN 978-7-5645-0843-2 定价:29.00 元

主编简介

杜燕红

杜燕红，女，1965 年 6 月出生。洛阳师范学院教授、学前教育系主任，华东师范大学学前教育学专业博士，洛阳市优秀专家，河南省教育厅学术技术带头人。

杜燕红教授长期从事学前教育学研究和教学工作。曾在《课程教材教法》《心理科学》《上海教育科研》《学前教育研究》《学前教育》《幼儿教育》（教科版）《教育导刊》（幼教版）等期刊发表论文 30 余篇，出版专著《儿童是个人格心理学家》，主编《学前儿童心理健康教育》，参编《幼儿园教育活动设计与指导》等 7 部著作。主持或参与课题研究近 20 项。《儿童是个心理学家》获河南省第二届优秀科普作品二等奖，《儿童是个人格心理学家》获河南省人文社会科学研究优秀成果一等奖，《新时期学前儿童家庭教养现状调查分析》获河南省妇联优秀调查报告一等奖。杜燕红教授充分发挥专业优势，积极参与社会服务工作，受邀参与河南省幼儿园园长培训、河南省骨干教师培训、河南省幼儿园名师选拔、农村幼儿教师“国培”项目、2001—2010 年河南省妇女儿童发展规划终期评估检查等一系列专项工作。

编写团队简介

主　编　杜燕红

洛阳师范学院学前教育系　教授

副主编　石道伟

河南大学教育科学学院学前教育系　讲师

编　委　张一楠

洛阳师范学院学前教育系　讲师

编　委　徐　菁

河南省实验幼儿园　中学高级教师

序

中国教育学会秘书长　杨念鲁

这个世界上有两种职业可谓“人命关天”：一个是医生，另一个就是教师。医生误诊了病情，错过了最佳治疗时机，或者开错了药方、动错了手术，都有可能危及一个人的生命。教师的一个误判、一句刻薄的话语甚至一个厌恶的眼神都有可能伤及一个孩子稚嫩的心灵，抹杀他一辈子的自信心、求知欲和创造力，甚至颠覆他对人、对社会的正确价值判断。这对于一个活生生的人而言，无异于剥夺他生命的价值。从这个意义上说，学前教育的教师就更加关乎一个孩子一生的健康成长。道理很简单：那些稚嫩、幼小的心灵更经不起粗暴的摧残。一个人儿时留下的心理阴影，也许会对他一辈子做人、做事都产生无法挽回的负面影响。

随着社会的进步和教育进程的不断推进，越来越多的中国家长认识到了早期教育的重要性。把孩子送到幼儿园接受学前教育成为年轻父母们的必然选择。我国颁布的《国家中长期教育改革和发展规划纲要(2010—2020年)》也描绘了我国学前教育大发展的蓝图。未来十年甚至更长一段时间，我国学前教育一定会迎来一个蓬勃发展的时期。我们有理由相信，学前教育校舍建设和设施配备在不久的将来就会取得长足的进步。因为随着教育经费占GDP百分之四的政策目标的实现，硬件建设所需资金能够在较大程度上得到基本保障。但是，相比较而言，大量合格的学前教育师资的准备将会成为我国学前教育大发展的一个“瓶颈”。

合格的学前教育师资，很大程度上依赖师范院校的培养。因此，解决好这一“瓶颈”问题，除了加大对现有学前教育从业人员的培训外，还要大力发展和改革我国师范院校学前教育专业，培养一大批具有较高专业素质和实践能力的学前教育师资。除了改革和完善我国学前教育专业的办学体制和培养模式以外，优化课程和开发科学、实用的教材是我国当前师范院校学前教育专业建设中面临的两个亟待解决好的关键问题。

在课程设置方面，加大通识教育和技能教育是眼下师范院校学前教育专业改革和发展的重点。西方发达国家四年制大学早期教育专业的通识课程占整个课程的三分之一强，这些课程几乎涉及各类学科的常识。学前教育要求教师具备广泛的学科知识，保证学前教育从业人员拥有丰富的知识和开阔的视野，能够胜任多科目的教育活动，从而满足引导孩子了解客观世界和解释自然现象的需要。技能教育课程的设置，既是幼儿教育的任务和幼儿教师素质的必然要求，也是师范院校学前教育专业的特殊性所在。因此，幼儿教师不仅需要掌握相对广博的学科知识，而且还需要具备开展幼儿教育所需要的特殊职业技能，如音乐、美术、舞蹈、手工、制作等，以满足幼儿在身心发展特定时期的特殊要求。

教材是师范院校学前教育专业改革的有效载体。它不仅要反映出课程改革的理念和要求，而且要提供丰富多样的教学素材和范例。一套好的教材不仅可以帮助学前教育专业在校生很好地完成学业，还可以帮助未来的学前教育工作者掌握从业所必需的基本知识和技能，从而成为一个不误人子弟的、合格的儿童身心健康发展的护卫者、启迪者和引导者。

由郑州大学出版社组织出版的高职高专学前教育专业系列教材注重理论与实践结合，突出“案例教学”，强调“实践性”，在师范院校学前教育专业课程和教材创新方面做了一些值得鼓励的尝试。希望这套教材的问世能够在师范院校学前教育专业的改革与创新中发挥积极的作用。

二〇一二年八月

前　言

当前,我国学前教育事业正面临新的发展机遇,胡锦涛总书记、温家宝总理和刘延东国务委员多次讲话强调"学前教育是重要的民生工程",把发展学前教育作为"突破口"、"一项紧迫任务"。同时,我国政府连续出台政策,学前教育事业步入快速发展时期。2010 年 7 月,《国家中长期教育改革和发展规划纲要》(2010—2020 年)颁布,首次把学前教育专列一章,提出了基本普及学前教育的目标。2010 年 11 月,国务院下发《关于当前发展学前教育的若干意见》(国发[2010]41 号),提出促进学前教育事业科学发展的十条意见,包括明确学前教育的地位、性质,探索和实施学前教育发展机制、领导机制、管理机制、经费投入机制,加强师资队伍建设、坚持科学保教,制订和实施学前教育三年行动计划等,其中众多内容均涉及学前教育管理的研究与实践。伴随着我国学前教育事业进入新的历史发展时期,对学前教育管理必将提出新的要求。

学前教育管理学作为教育管理学的分支学科,是研究学前教育管理现象及其规律的一门学科。加强学前教育管理学的研究与学习,可以帮助我们掌握基本管理理论和教育理论,联系新时期学前教育事业改革和发展中遇到的新要求、新问题,引导我们理清发展方向和管理思路,积极探索科学的管理策略,不断提升管理能力,推动学前教育机构保教质量的提高,进而促进我国学前教育事业可持续健康发展。

本教材在设计和编写过程中,力求体现如下特点:

第一,时代性和方向性。在编写过程中,力图反映我国学前教育改革和发展的最新趋势、动向和需求,通过多种方式呈现最新的学前教育管理政策、方针、条例、制度等,引导学习者把握时代脉搏,坚持社会主义办园方向。

第二,理论性和系统性。从篇章结构的设计,到具体的章节内容、概念、观点,尽可能符合学前教育管理学学科体系的内在逻辑性和严密系统性,帮助学习者形成完整和准确的知识结构。

第三,实践性和操作性。在注重理论阐述严谨性的基础上,还注重教材的可读性、可操作性。通过知识窗、资料库、案例分析、案例分享等多种方式,帮助学习者更便捷地掌握相关知识技能,做到学以致用。

本教材主编由洛阳师范学院教授、学前教育系主任杜燕红担任,负责本教材整体架构、设计编写提纲及组织协调编写工作,并完成全书的统稿工作。具体章节的编写分工为:杜燕红编写第一章、第五章、第八章第四节、第九章第一节和第三节,石道伟编写第二、三、四章,张一楠编写第六、七、十章,第八章第五节,徐菁编写第八章第一、二、三节,第九章第二节。

本教材在编写过程中参阅了大量相关学科文献，并引用了前人的研究成果，在此一并表示感谢。

编　者

2012 年 3 月

目 录

上编 学前教育管理理论

下编　学前教育管理实务

上 编

学前教育管理理论

第一章 管理与管理学概述

本章概要

管理起源于人类社会的共同劳动。管理的目的是为了增效,实现组织目标。学前教育管理就是将学前教育机构的人、财、物等资源合理组织,优质高效地达成培养目标的活动。学前教育管理学则是依据教育事业发展的客观规律和保教工作的客观规律,研究如何通过规划、组织、指导、协调和控制,充分发挥管理职能,为人才培养奠定良好的基础。

学习目标

1. 理解管理的定义、内涵和特性。
2. 明确管理的职能。
3. 掌握学前教育管理及学前教育管理学的含义。
4. 了解学习学前教育管理学的意义。
5. 掌握学前教育管理学的研究方法。

第一节 管理概述

一、管理的定义

管理是人类社会最古老、最普遍的现象之一,可以说,自从有了人类社会,就有人类的管理活动,管理无处不在、无时不在。但人们把管理作为一门学科进行系统的研究,只是最近一二百年的事。所以说,管理是个既古老又年轻的概念。

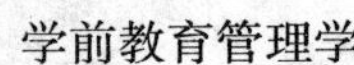

(一)管理的定义

纵观中、外管理学家关于管理定义的阐述,可谓见仁见智,提出了诸多不同的见解。比较有代表性的观点有:

最早提出一般管理概念的是法国管理学家法约尔。他认为:“管理是所有的人类组织(不论是家庭、企业或政府)都有的一种活动,这种活动由五项要素组成:计划、组织、指挥、协调和控制。管理就是实行计划、组织、指挥、协调和控制。”①

美国管理学家孔茨提出:“管理就是设计和保持一种良好的环境,使人在群体里高效率地完成既定目标。”②

泰勒认为:“管理就是确切地知道要别人去做什么,并使他用最好的方法去干。”③

小詹姆斯·H·唐纳利认为:“管理就是由一个或更多的人来协调他人活动,以便收到个人单独活动所不能收到的效果而进行的各种活动。”④

彼得·德鲁克提出:“归根到底,管理是一种实践,其本质不在于‘知’而在于‘行’,其验证不在于逻辑,而在于成果,其唯一权威就是成就。”⑤

此外,西蒙提出“管理就是决策”,我国学者周三多等提出“管理是管理者为了有效地实现组织目标、个人发展和社会责任,运用管理职能进行协调的过程”⑥,等等,不一而论。

综合分析上述观点,我们认为:管理是管理者为了有效地实现组织目标,通过管理职能,把一个机构所拥有的人力、物力、财力充分运用起来,使之发挥最大效果,以达成机构目的的活动。

这一定义包含以下内涵:

1. 管理是人类社会一种有目的、有组织的活动

自从有了人类社会,就有了管理。管理起源于人类社会的共同劳动。人类为了生存需要组成群体形成共同的社会组织,并通过有目的、有组织地分工、协作,借助于集体的力量达到成员共同的目标。因此,马克思指出,管理是社会共同劳动的产物。管理的本质是对共同劳动的指挥和协调,是对人的管理。

2. 管理的目的是求取最高的效率

任何领域的管理活动都是为了优质高效地实现管理目标,即追求最佳效率和效果,使组织以尽量少的资源而尽可能多地完成预期的合乎要求的目的。马克思认为,通过管理使受分工制约的各个人的活动产生了一种集体力量或社会力量,这是一种“扩大了的生产力”,产生了 1+1>2 的效果。

---

① 法约尔:《工业管理和一般管理》,团结出版社 1999 版,第 7 页。

② 哈罗德·孔茨等:《管理学》,经济科学出版社 1998 年版,第 2 页。

③ 泰勒:《科学管理原理》,团结出版社 1999 年版,第 104 页。

④ 小詹姆斯·H·唐纳利等:《管理学基础》,中国人民大学出版社 1982 年版,第 18 页。

⑤ 彼得·德鲁克:《国外经济管理名著丛书管理:任务、责任、实践(上)》,中国社会科学出版社 1987 年版,第 7 页。

⑥ 周三多:《管理学:原理与方法》,复旦大学出版社 2009 年版,第 11 页。

3. 管理的本质是协调

管理活动涉及组织系统的方方面面，包括人、财、物、事、时空、信息等，为使组织系统运转有效，高效率地达到组织的目标，必须对上述对象进行协调、控制、整合。因而，管理的本质是协调，协调贯穿于管理的整个过程。在管理过程中，管理者既要充分把握组织内部的各种资源环境，又要审时度势，不断分析应对新的环境变化，善于利用各种资源，协调各种力量和因素，为组织目标的实现提供保障。

4. 管理应以人为核心

管理是要通过各个受分工制约的不同个人的活动，创造出一种远比各个活动量总和要大的集体力量或社会力量。因此，管理的重点在于建立分工合作的、融洽的人际关系。组织成员之间有着多样的人际关系，管理者需要在其职责范围内协调组织成员的行为，激发和调动组织成员工作的积极性，构建和谐的人际关系，以提高工作效率，共同完成组织目标。

(二)管理与相关概念辨析

1. 管理与行政

从狭义的角度看行政，行政就是履行公务、施行政事，它与国家和政府的职能密切联系，若从此角度分析，管理与行政有区别，因为管理活动并非都由国家或政府组织。实际生活中，人们往往把各种组织中的内部管理活动都称为行政，这是从广义的角度看行政，若从此角度分析，行政不只局限于国家或政府部门，行政和管理之间没有本质区别。严格地说，行政与管理在一定意义上是同等概念。“管理”这个词广泛应用于工商企业中，指企业的组织、领导活动等。后来，随着工商企业的管理经验在国家行政领域的推广，“管理”这个词也被列入国家行政领域。近年来，我国很多人将“行政”与“管理”这两个词结合起来使用。

2. 管理与经营

经营与管理既有一致性，又有所区别。经营是商品经济所特有的范畴，是商品生产者的职能。商品生产者对市场、产品、材料和设备的选择，以及对消费者、市场行情、竞争者的研究等都属于经营活动。从它们的产生过程来看，管理是劳动社会化的产物，而经营则是商品经济的产物；从它们的应用范围来看，管理适用于一切组织，而经营则主要适用于企业；从它们要达到的目的来看，管理旨在提高组织效率，而经营则以提高经济效益为目标。

3. 管理与领导

管理与领导的异同将在第九章第三节“园长的领导力”中阐释，不在此赘述。

4. 管理工作与业务工作

管理工作和业务工作二者虽然都是为了实现组织目标而进行的，但它们之间还是存在一定区别的。业务工作可以直接达成组织目标，而管理工作是促使业务工作达成组织目标的手段与保证，缺少任何一项都无法很好地实现组织目标。以学前教育机构为例，教师组织的集体教学和游戏活动属于业务行为，而园所设置合理的组织机构、选聘教师、制定规章制度、加强对教师的培训、对教师的保教工作质量进行评价等则属于管理行为。这些管理工作都是以控制、协调他人更好地完成保教工作任务为特征的，高效的管理工作可以保证业务工作的有序进行。

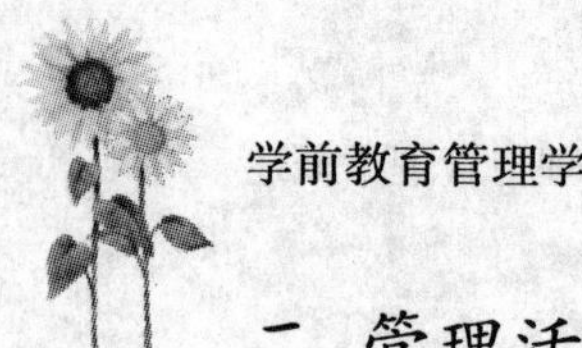

二、管理活动的特性

为进一步理解管理的概念，还需分析与把握管理的特性。管理的特性体现在以下几方面。

(一)管理的双重性

"管理具有双重性是指同一管理活动在其性质上都具有合理组织生产力而存在的共同性和维系、发展、实现一定生产关系而存在的特殊性。"①表现为管理的自然属性和社会属性，任何管理活动都是这双重属性的统一，这也是马克思主义关于管理的基本观点。

1. 管理的自然属性

管理的自然属性反映了人与自然的关系，与社会化大生产紧密相连。社会化大生产及生产力的发展要求生产过程中做到井然有序的管理，以获得最大的活动效益，所以，管理的自然属性就表现为管理具有合理组织生产力的职能。这是一切社会化生产所共有的，也是任何社会制度下都存在的，不会随生产关系的变化而变化。同时，各种社会化生产的先进管理方式和方法经过科学总结和提升，具有共同性和永恒性，即成为人类共同的财富，并可借鉴、吸收、继承、发展。

2. 管理的社会属性

管理的社会属性反映了人与人之间的关系，是一定社会关系的体现。因管理是在一定的生产关系状态中进行，必然受着反映生产资料占有状况的生产关系和反映人际权益利害得失的社会关系及社会制度所制约和影响，所以，管理总是同生产关系、社会制度相联系，管理的社会属性是会随生产关系的变化而变化的。

管理的社会属性主要表现为维护和发展生产关系与上层建筑、社会制度的管理职能，管理的目的、范围、内容等均取决于一定的社会形态的性质，取决于一定社会形态中占统治地位的社会关系。其中，经济关系是决定性的，性质不同的经济关系即所有制关系规定着管理特有的社会性质和管理的目的。在阶级社会，管理是为统治阶级，为生产资料的占有者服务的。

管理的社会属性还表现在管理受历史文化传统的影响和制约。人类社会的各种组织总是处在一定的社会背景中，处于具体的地域与民族之中。因此，不同国家有其不同的地理人文环境、宗教传统、历史文化、思维方式，管理也表现出不同的特点、性质、模式和风格。

(二)管理对象的多方位性

管理活动所指向的对象不是单一的，总要涉及人、财、物、信息、事、时间、空间等方方面面。其中，对人的管理目的是人尽其才，发挥人的潜能和积极性；对财产的管理目的是开源节流，为管理活动的运行提供物质保障；对物的管理目的是物尽其用；对信息的管理目的是全面掌握讯息，保证资讯交流畅通无阻；对事的管理目的是完成任务；对时间的管理目的是

① 陈国均等:《管理学》，南京师范大学出版社 1997 年版，第 10 页。

谋求速度和效率;对空间的管理目的是充分利用空间、环境和一切有关的社会因素。只有多方位地管理好各种对象,最终才能协调一致,取得整体管理效果。

(三)管理活动的过程性

管理活动不是即时性、短暂性的行为,而是一个包含复杂管理环节的管理过程。一般而言,管理过程包括规划、组织、领导、协调、控制、决算、报告等环节。如果将管理过程的各阶段与管理对象的各个方面相互结合、综合把握,就构成一个完整的管理活动模型,见图1-1①。

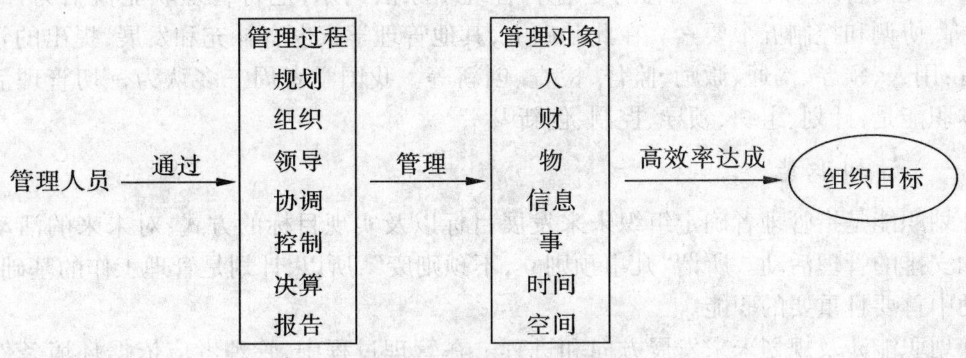

图 1-1　管理活动模型图

(四)管理的科学性和艺术性

管理的科学性决定了管理活动必须接受管理理论的指导,以管理的基本规律为行动指南。但由于管理活动对象、情景条件及管理过程的复杂性,管理者必须懂得如何在变化着的管理实践中对管理理论加以具体分析,懂得针对现实及管理与被管理对象的特点对科学规律进行灵活巧妙运用,不断求新求变,才能够取得更好的效果,这正是管理者管理艺术水平高低的体现。

管理的科学性和艺术性是相互统一的。科学性是艺术性的前提和基础,艺术性是科学性的突破和创新,两者还可以相互转化。管理活动科学性与艺术性的统一,既有规律又不拘泥于成法,它给管理者指明了一个行动方向,又为其留下了想象和发挥的广大空间,只有将两者有效地结合,管理者才能运筹帷幄,组织才能有长足的发展。

(五)管理技术手段和方式的现代性

19 世纪以前,由于生产力的限制,人类在生产、生活过程中的管理总体上属于一种家族式的专制管理,管理活动主要凭借的是个人的经验和判断;19 世纪末到 20 世纪中期,随着近代大工业的发展和生产力水平的提高,管理逐步走向科学化、标准化,科学管理渐渐取代专制管理;20 世纪后期到 21 世纪,伴随着信息技术和知识革命的到来,管理开始呈现出民主管理的特征,在管理过程中越来越重视人的作用,关注人的素质和人际关系,民主参与决策逐

---

① 吴志宏:《新编教育管理学》,华东师范大学出版社 2010 年版,第 7 页。

渐成为普遍且行之有效的管理手段。由此看来,时代在发展,管理方式和手段也在不断发生变化。

三、管理的职能

管理职能是指管理活动自身所具有的职责和功能,即管理工作应承担和可能完成的基本任务。它体现了管理实践的基本程序。

最早提出管理职能这一概念的是著名管理学家法约尔,他将管理职能概括为计划、组织、指挥、协调和控制五个要素。在此基础上,其他管理学家也有补充和发展,提出的管理职能还有:用人、领导、沟通、激励、监督、检查、创新等。我国学者周三多认为一切管理活动的最基本职能是:计划、组织、领导、控制、创新①。

(一)计划职能

计划职能是指管理者确定组织未来发展目标以及实现目标的方式,对未来的活动进行规定和安排的管理活动。所谓“凡事预则立,不预则废”,所以,计划是管理工作的基础,是管理活动中首要且重要的职能。

计划职能涉及规划未来发展方向和进程。在管理过程中,管理者应依据环境条件和组织需求,作出抉择并制订计划方案,具体包括目标的确定、进程和时序的安排两个方面。

(二)组织职能

组织职能是指按一定规则和程序建立组织机构,确定各成员的职责,并协调相互关系,将组织内部各个要素连接成一个有机整体,使组织成员协调统一行动去实现组织的共同目标。

计划的实施依赖于成员的合作,需要建立一个高效的组织系统,所以,组织职能是管理活动的根本职能,是其他一切管理活动的保证和依托。

在管理过程中,组织职能体现在以下几方面:

第一,依据组织目标设置机构,确定各种职能机构的职责范围,合理地选择和配备人员,规定各级领导的权力和责任,制订各项规章制度,建立统一的组织系统。

第二,按实现目标的计划和进程,合理地组织人力、物力、财力,并保证他们在数量和质量上相互匹配,以取得最佳效益。

第三,协调处理上下、左右各种关系,如处理好管理层次与管理宽度的关系、正式组织与非正式组织的关系等,保证计划目标的落实。

(三)领导职能

领导职能主要指在组织目标、结构确定的情况下,管理者如何引导、激励组织成员去达到组织目标。

因为组织成员在性格、素质、工作职责和掌握信息量等方面存在很大差异,不同个体在

---

① 周三多:《管理学:原理与方法》,复旦大学出版社2010年版,第12页。

相互合作中必然会产生各种矛盾和冲突,需要有权威的领导者指导人们的行为,通过沟通增强相互理解,统一成员的思想和行为,激励每个成员自觉地为实现组织目标共同努力。由此可见,计划与组织职能的发挥并不一定能保证组织目标的实现,需要领导职能贯穿在整个管理活动之中。

领导职能体现在以下几方面:

第一,指导他人活动,通过他人实现领导者的想法。

第二,运用影响力激励员工,树立卓越表现的愿望,以促成组织目标的实现。

第三,创造共同的文化和价值观念,多渠道地与组织成员沟通。

第四,解决成员的冲突和矛盾,形成协调统一的组织力量。

(四)控制职能

控制职能就是按既定的目标和标准,对组织的各种活动进行监督、检查,及时纠正执行偏差,使工作能按照计划进行,或适当调整计划以确保计划目标的实现。

组织成员在执行计划过程中,由于受到各种因素的干扰,常会出现计划的偏离,为了保证目标及计划的实现,就需要有控制职能。控制职能贯穿管理过程的各个环节、各个方面和各个层次。没有控制,计划和组织就不能发挥作用。

控制职能要求管理者:

第一,根据任务确立标准。确立的标准包括规定具体明确的目标、指标及工作标准,这是指导的方向,也是检查衡量的依据、准绳和尺度。

第二,及时取得计划执行情况的信息,并将有关信息与所确立的标准进行比较评估。

第三,采取有效措施厘正偏差。依据标准对照测量,发现问题要分析原因,及时采取补救措施予以纠正,或对计划予以调整、修正,保障计划顺利实施,达到预期目标。

第四,妥善处理授权与检查监督的关系,要有防患于未然的意识和措施,能够最大程度地预防成员个体和事态失控的局面。

(五)创新职能

人类社会生活及科学技术的迅猛发展,使得社会关系日益复杂,管理活动不断出现新情况、新问题,如果因循守旧、墨守成规,就无法应付新形势的挑战,所以,创新职能自然成为管理过程不可或缺的重要职能。

上述各项管理职能都有自己独有的表现形式:计划职能通过目标的制定和行动的确定表现出来;组织职能通过组织机构的设置和人员的配备表现出来;领导职能通过领导者和被领导者的关系表现出来;控制职能通过偏差的识别和纠正表现出来;创新职能与上述管理职能不同,它本身并没有特有的表现形式,而是在与其他管理职能的结合中表现自身的存在与价值。

总之,管理的基本职能包括计划、组织、领导、控制和创新,它们各自均发挥独特的功能和作用,但它们并不是割裂分开的,而是相互联系、相互作用、交叉渗透,在管理实践中,通常是复杂地交织在一起,构成一个有机整体。每一项管理工作一般是从计划开始,经过组织、领导到控制结束,控制的结果可能又导致新的计划,开始新一轮的管理循环,从而不断推进管理工作的进行。创新职能在管理循环之中处于轴心的地位,成为推动管理循环的原动力,

见图 1–2。

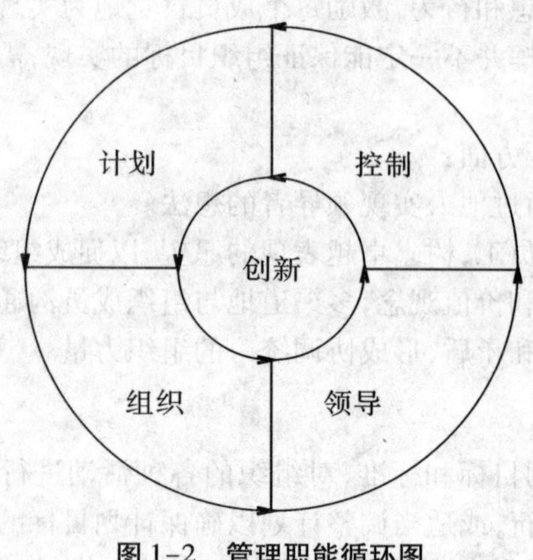

图 1–2　管理职能循环图

第二节　管理学概述

一、管理学的研究对象与学科性质

（一）管理学的研究对象

管理学是系统研究管理活动的基本规律和一般方法的科学。

管理学作为一门科学，是随着科技的进步和生产力的发展，至 19 世纪末 20 世纪初才真正发展起来的。现代管理学的诞生是以泰勒的名著《科学管理原理》(1911 年）以及法约尔的名著《工业管理和一般管理》(1916 年）为标志的。

（二）管理学的学科性质

现代管理学是在继承与发展管理经验与理论的基础上，运用现代社会科学、自然科学、技术科学的理论与方法，研究现代社会条件下管理活动的基本规律和方法而形成的综合性交叉科学。同时，它也是一门软科学和应用性科学，管理学源于管理实践，反过来又指导管理活动，为管理实践提供服务。

通过运用管理理论和规律，合理地组织和配置人、财、物等因素，最大限度地在现有的条件下，提高生产力的水平，这是所有管理工作的共同点。与此同时，不同的社会组织要面临不同的问题，由此形成不同门类的管理学，诸如企业管理学、学校管理学等，从而促进管理学自身的不断分化和发展、充实和完善。

二、教育管理学学科分析

（一）教育管理学的产生

近现代，教育规模不断扩大，产生了相对独立的教育行政系统，国家要培养大批所需人才，不仅要研究如何教育的问题，还要研究国家如何管理教育的问题，于是产生了研究教育管理的需要。洛尔和弗斯的《教育管理学简史》中指出曼森在其著作中提到霍尔分别于1829年和1932年出版了两本教育管理学方面的书。据此，西方最早的教育管理学应产生于19世纪30年代。

还有观点认为：作为一门学科，教育管理学产生于20世纪初，它很有可能在一些已经建立起公共教育制度的国家同时产生，其标志是这些国家在这一时期发表了一些教育管理著作。而自20世纪50年代以后，在科学方法的引入下，这门学科逐渐趋向成熟，具备了独立学科的地位①。

（二）教育管理学的含义

教育管理学是研究教育管理过程及其规律的科学。按照教育管理的对象和内容所涉及的范围加以区分，教育管理学有广义和狭义之分。

广义的教育管理学是以整个国家教育系统的管理作为自己研究的对象。它是以中央或地方的教育法律法规为指导，遵循教育的客观规律，对整个教育行政系统和各级各类学校组织进行规划、组织、指导、协调和控制，使有限的教育资源得到合理配置，以实现管理目标的优化。

狭义的教育管理学是以一定类型的学校组织作为自己研究的对象，旨在构建学校和社区环境之间的和谐关系，建立和健全学校组织及其运行机制，优化办学资源，调动全校人员的积极性和创造性，以全面提高教育质量、培养合格人才为目标。其主要研究各类学校教育机构以及非营利组织的管理，认识教育系统及其政策，提升管理者的认识水平以及管理能力。

（三）教育管理学的学科体系

教育管理学是一门综合性的交叉学科。教育管理学主要是建立在教育学与管理学两门学科的基础上，运用管理学与教育学的基本思想、理论和原理，以教育实践活动为对象，研究教育系统中的管理问题，揭示教育管理的一般规律。教育管理学还涉及众多其他学科，包括哲学、人类学、社会学、心理学、政治学、数学、系统科学等。教育管理学的理论和学科自身的形成发展与这些学科有密切的联系，同时，教育管理学本身也在不断分化，并产生了许多分支学科，学前教育管理学就是其中之一。

---

① 吴志宏等：《新编教育管理学》，华东师范大学出版社2010年版，第16页。

第三节　学前教育管理学概述

一、学前教育管理及学前教育管理学

（一）学前教育管理的含义

学前教育管理是整个教育管理的组成部分。它是指学前教育行政人员和学前教育机构管理者遵循国家教育方针、保教工作客观规律，以管理原则为指导，采用科学的管理方式和手段，将学前教育机构的人、财、物等资源合理组织，调动各方积极性，优质高效地达成培养目标的活动。

学前教育管理是在教育领域所从事的管理活动，既具有上述管理活动共同的特点，也有其特殊性。具体表现在以下几方面：

第一，学前教育管理活动的最终目标在于育人，这是一种关涉价值的活动，需要在管理活动中把握国家教育方针和育人目标。

第二，学前教育管理内容是保教合一，教养儿童与服务家长兼顾。因为学前教育兼具教育性、保育性和福利性、服务性，使得学前教育管理要关注的内容涵盖教学工作、保育工作、家长工作、教师队伍管理等方面。

第三，学前教育管理过程强调协调整合，即在管理过程中要综合利用多途径教育资源、多种管理手段、多方面影响因素，形成教育合力，实现管理效能的最大化。

第四，学前教育管理工作的评价比之其他管理活动复杂，这是由制约教育活动因素的复杂性及学前儿童身心发展特点所决定的，有些评价标准难以量化，或者由于效果滞后显现难以直接评估，为管理活动的科学化带来一定困难。

（二）学前教育管理学的研究对象

学前教育管理学是研究学前教育管理现象及其规律的一门学科。学前教育管理学是教育管理学的一个分支学科，教育管理学所揭示的教育组织管理的基本原理是学前教育管理学研究的理论基础。

由于学前教育行政管理与学前教育机构的特殊性，学前教育管理学的研究对象有其独特性。比如，学前教育机构是保教合一，兼顾教养婴幼儿与服务家长，所以，学前教育的管理目标及内容均具有特殊性，以确保通过有效地利用各种学前教育资源，提高保教质量，较好地实现预期的培养目标和服务家长的双重任务。

学前教育管理涉及宏观与微观两个方面，宏观即学前教育行政管理，微观包括幼儿园、托儿所、早教中心等各类具体学前教育机构的管理。因此，学前教育管理学是以学前教育领域宏观和微观的管理过程和规律为对象，研究范围包括国家政府对学前教育的行政管理以及各类托幼机构管理的规律和过程。

（三）学前教育管理学的研究任务

学前教育管理是以育人为中心和目的来实施管理过程的。学前教育管理学的研究任务即是根据教育事业发展的客观规律、特点和保教工作的客观规律，运用教育学、学前教育学、现代管理学及教育管理学的理论和方法研究如何规划、组织、指导、协调和控制，把各种兴办学前教育的条件和要素加以合理组织利用，追求学前教育事业的规模和效益的协调发展，并最大限度地实现预期的教育目标，为人才培养打下良好的基础。

（四）本教材内容概要

基于对学前教育管理学研究对象和研究任务的分析，本教材着力以教育管理学理论为基础，兼顾宏观学前教育行政管理和学前教育机构管理，并凸显学前教育机构管理。为此，本教材分为上、下两编共十章。

上编侧重于学前教育管理理论，包括四章内容，具体为：管理与管理学概述；管理理论的演变与学前教育管理实践新进展；学前教育行政管理体制；学前教育机构管理的原则与方法。

下编侧重于学前教育管理实务，包括六章内容，具体为：学前教育机构的开办、学前教育机构的组织建设、学前教育机构的管理过程、学前教育机构的常规管理、学前教育机构的人力资源管理、学前教育管理的评价。

本教材的内容框架可见图 1-3。

宏观方面：学前教育行政管理

微观方面：学前教育机构管理
包括：学前教育机构的开办
学前教育机构的组织建设
保教、总务等常规管理
公共关系管理
危机管理
人力资源管理及园长领导力
管理过程及评价

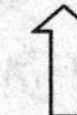

教育管理学的基本原理：管理思想、管理职能、管理原则、管理方法等

图 1-3　本教材的内容框架示意图

二、学习学前教育管理学的意义

（一）适应我国新时期学前教育事业健康发展的需要

当前，我国学前教育事业正面临新的发展机遇，处于快速发展时期。2010 年 7 月，《国

家中长期教育改革和发展规划纲要》(2010—2020年)颁布,首次把学前教育专列一章,提出基本普及学前教育的目标。胡锦涛总书记明确指示,学前教育是重要的民生工程,要在贯彻落实教育规划纲要时,把发展学前教育作为突破口。温家宝总理要求,把大力发展学前教育作为贯彻落实教育规划纲要的一项紧迫任务。2010年11月,国务院下发《关于当前发展学前教育的若干意见》(国发[2010]41号),提出促进学前教育事业科学发展的十条意见:①把发展学前教育摆在更加重要的位置。强调学前教育是终身学习的开端,是国民教育体系的重要组成部分,是重要的社会公益事业。②多种形式扩大学前教育资源。坚持政府主导,社会参与,公办民办并举。③多种途径加强幼儿教师队伍建设。④多种渠道加大学前教育投入。⑤加强幼儿园准入管理。⑥强化幼儿园安全监管。⑦规范幼儿园收费管理。⑧坚持科学保教,促进幼儿身心健康发展。⑨完善工作机制,加强组织领导。⑩统筹规划,实施学前教育三年行动计划。从中可见众多内容均与学前教育管理相关,因而,通过学习学前教育管理学,可以帮助我们掌握基本管理理论,联系新时期学前教育事业改革和发展中遇到的新要求、新问题,理清发展方向和管理思路,积极探索应对策略,从而促进我国学前教育事业可持续健康发展。

(二)发展学前教育管理理论和提高教育质量的需要

从世界范围来看,第一所公共学前教育机构创办于1802年,100年之后,我国第一所官办的公共学前教育机构——“湖北幼稚园”于1903年诞生。至今,我国学前教育事业已取得长足发展,据2010年我国教育事业发展统计公报,我国现有幼儿园15.04万所,在园幼儿2 976.67万人,幼儿园园长和教师共130.53万人,学前教育毛入园率达56.6%。在学前教育机构数量发展的同时,质量也在大幅提升。尤其是改革开放30多年来,在学前教育实践探索过程中,科学管理意识不断增强,在管理体制机制方面积累了丰富的经验,形成一定的管理模式和理论。“十二五”开局之际,我国学前教育发展将会面临更多的挑战与问题,有必要通过学习学前教育管理学,继承和发展传统的管理思想,学习借鉴西方先进的管理理论,基于现实的学前教育管理实践,不断探索管理规律,充实和发展学前教育管理理论,用以指导管理实践,不断提高保教质量和管理效能,更好地促进学前儿童健康成长。

(三)不断提升自身专业成长和发展的需要

不管是管理者还是一般教职员工都是学前教育管理活动中最具有能动性的核心力量,是制约一所学前教育机构管理效能和办园质量最关键的因素。通过学习学前教育管理学,可以使学前教育机构从业人员深刻理解和领会我国学前教育的性质、目标和任务,明确学前教育管理职能、原则和方法,了解学前教育管理理论和模式,不断提高政策水平和管理素质,提升专业素养,成为学前教育机构管理活动的行家里手,从而能够很好地参与管理过程,体现主人翁价值。同时,通过学习学前教育管理学,能够对那些有志于自主创业办园的人士,起到专业引领作用,帮助他们更好地把握管理理论,熟悉管理实务,实现园所管理运行的科学化、制度化,保障管理效益。

三、研究学前教育管理学的方法

（一）调查法

调查法是在学前教育理论指导下，有目的、有计划、有系统地通过问卷、访谈等方式搜集有关学前教育管理现实与历史发展状况的资料，做出科学分析和认识，并提出发展建议的一种研究方法。调查法是学前教育管理学的基本研究方法，其研究成果常以调查报告的形式表述。调查法主要有两种形式：问卷调查和访谈调查。

1. 问卷调查

问卷调查在学前教育管理研究过程中运用得非常普遍，比如，运用问卷调查进行研究的选题有：××省农村幼儿教师队伍现状调查研究，××市婴幼儿家长亲子教育意向调查研究，等等。问卷调查的过程一般为：确定研究主题→编制问卷项目→选取样本→小范围预测→实施调查→统计调查资料→讨论分析→提出建议。

问卷调查的优点有：方便实用，省时，能搜集大样本信息资料，收效大；便于整理归类，能做量的统计处理，使调查结果具有一定代表性；问卷调查设计多为无记名方式，在某种情况下结论比较客观。其局限性在于：搜集资料往往是表面的，较难做深入分析；设计有较强信度和效度的问卷不大容易等。

2. 访谈调查

访谈调查是以口头形式，通过访问者与被访问者的对话来获得所需信息的方法，如在“××幼儿园保教质量调查研究”中，可通过对家长的访谈完成部分研究内容。

访谈调查的优点有：具有广泛的适应性，方便可行；团体访谈可以在短时间内获得较多信息；通过深入交谈和追问可以了解到问卷调查法所难以反映的一些深层次问题。其局限性在于：需要较多的人力、物力和时间；较难控制被试受研究者的影响，加之难以避免研究者夹杂个人的主观偏见，影响研究的客观性和公正性。

（二）测验法

测验法是指用一组测试题（多为标准化量表）去测定某种教育现象的实际情境，从而收集资料数据进行研究的方法。在学前教育管理过程中，可以采用测验法对学龄前儿童生理、心理发展水平进行数量化测定，在此基础上，建立学龄前儿童身心发展成长档案。常用的教育测验量表有中国比奈测验、韦克斯勒智力量表、中国儿童发展量表等。

教育测验是一种工具，具有诊断、评价预测、选拔等功能，但由于许多测量工具尚未完善，加之学龄前儿童尚处于快速发展之中，可塑性大，所以，在使用测验量表时必须持严肃的态度，不可滥用，对测量结果的解释要慎重，并注意遵守保密原则。

（三）比较研究法

比较研究是人们通过确定对象间的异同来认识客观事物的一种逻辑思维方法，也是一种具体的研究方法。在学前教育管理领域，运用比较研究是指对某类教育现象在不同时期、不同地点、不同情况下的不同表现进行比较分析，以揭示教育管理的普遍规律及其特殊表

现,从而得出符合客观实际的结论的方法。例如,针对教育政策、教育管理体制、教学管理形式等问题,就可以进行纵向或横向比较,包括学前教育机构间的比较,地区间甚至跨国家、跨文化之间的比较研究。

比较研究的方法简单、生动、鲜明,能扩大研究者的视野,加深其对所要研究问题的认识,增进其对未来教育管理发展趋势的认识。但由于研究结论是从比较分析的推论中得出的,其客观程度有待于实践证明并加以检验修正。

(四)实验法

实验法是研究者按照研究目的,合理地控制或创设一定条件,从而确定变量间因果关系,验证假设的一种研究方法。

实验研究的特点有:①至少有一个变量,而且这个变量可以由研究者人为地加以控制和改变;②主要用于揭示变量之间的因果关系;③研究时通常要将有控制的事实和对象的情况与没有控制的事实和对象的情况进行比较;④实验过程要求有假设、验证,有较严格的操作规则,有科学的测量手段;⑤实验结果可以重复,即只要条件相同,任何人都可以重复这一实验。

实验研究比较适合小范围且目标比较单一的情况,如师幼间的互动关系、班级管理等。由于教育管理所涉及的因素复杂多变,难以控制,且有高度的政策导向,所以在教育管理领域运用实验研究的难度较高。比较有代表性的例子是美国管理心理学家莱温20世纪30年代末在学校进行的关于领导风格类型的研究,通过研究,他得出了不同的领导风格会对群体行为和团体效率产生不同影响的结论。

(五)行动研究法

行动研究法是指教育工作者基于解决实际问题的需要,与专家、学者等人员共同合作,将实际问题作为研究主题,进行系统研究,以解决实际问题的一种研究方法。行动研究法的步骤包括:发现问题→收集资料→制订行动方案→实施行动方案→评价行动方案的设计与实施→修正行动方案再实施。

某学前教育机构一段时间内多次出现家长与保教人员之间的矛盾,学前教育机构就以"家园互动有效策略的探索"为研究课题,采用行动研究法,聘请学前教育研究专家与园所教育工作者及家长合作研究,总结家园有效互动的策略,探索学前教育机构家长工作的规律,从而实现家园共育,达成教育的一致。据此,我们可以看出,行动研究法的特点有:①研究指向非常明确,以解决问题为目的;②重视实际教育工作者的参与;③是一个团体互动的过程;④是一个不断循环上升的过程;⑤研究是在特定情境中进行的;⑥研究结果具有即时性。行动研究关注的是特定对象的特定问题,不强调研究结果的类推。

行动研究法实用性强,对研究条件的要求不那么苛刻,理论基础也并不要求非常成熟,有利于理论与实践的联系,有利于调动基层教育工作者参与研究的积极性,并通过专家引领提高其专业素养。但行动研究通常规模较小,不关心研究成果的普遍意义,故其外部效果不高。

(六)案例法

案例法是研究管理现象的一种独特方法。它是将管理中出现的一些常见问题、矛盾或

典型经验编写成案例，供学习者、研究者进行分析和讨论，主要目的在于理论联系实际，增强研究者分析问题和解决问题的能力。因而，案例法的重点不在于得出正确结论，而在于促进思考的过程。通过提供案例，为学习者、研究者创设问题情境，呈现矛盾冲突的现实情境，使之最大限度地发挥自身能动性，在激烈的思想碰撞中，分析问题的症结，寻求解决问题的途径和对策。

案例法的作用体现在：①有利于学用结合；②有利于吸引基层教育工作者和管理者作为研究主体积极思考，参与学习和研究；③通过“脑力激荡”，有利于观点和思想的碰撞，交流分享。

案例法是由美国哈佛大学工商管理学院首创，其关键环节是选择和编写好案例，能够针对现实问题，启发人们思考、归纳和借鉴，有效解决现实问题。因此，这一研究思路也适用于研究学前教育管理，其人力资源管理案例、管理理念的典型案例等对学前教育管理也具有指导意义。

【案例分享】

家长对老师的误会

园长正在办公室里，一位家长敲门而入，开门见山地责问园长：“园长，你们园老师怎么回事，罚我儿子半天不能玩！这么小的孩子不玩，那还能干啥？亏你们园还是一级一类园呢！”园长一听，愣了，园里可从来没发生过这样的事情，其中是不是有误会呢？见家长正在火头上，园长递给她一杯水，请她坐下，让她先消消气把事情原委说清楚。家长告诉园长：“昨天，我接孩子回家，问孩子，今天玩得怎么样，孩子说：‘老师让我半天不准玩’。园长，我孩子也就 3 岁 10 个月，哪能半天不玩呢？”园长说：“我先了解情况，一定给您一个满意的答复。”于是，园长找到了小二班王老师询问此事。王老师着急地向何园长解释：“园长，是这样的，明明昨天淘气，我就对他说：‘明明，你再淘气的话，老师可让你半天不准玩’。但我只是让他安静地待了一分钟，并没有真正让他半天不准玩。”保育员也向园长证实情况属实。园长听明白了，原来是小班孩子时间观念差，不能正确理解教师的话，所以表达出来就引起了家长对老师的误会。园长将事情的真相告诉了家长，并且向家长道歉。家长反而不好意思了，一直说：“看来我得去学学儿童心理学，谢谢园长！”事后，园长找来王老师，没有批评她，而是与她一道探讨教育的技巧，并建议她第二天主动向家长道歉。

思考：

这个案例涉及幼儿园园长工作、教师工作、家长工作的开展。案例中的园长在解决问题时的表现是比较妥当的。

一方面，园长对待家长的态度和行为得当。当家长怒气冲冲地对教师工作发泄不满时，园长没有与家长针锋相对，避免了矛盾激化，也没有推卸责任，对家长爱理不理；而是先稳住局面，弄清情况，进而消除误会，并主动道歉。可见，园长对幼

儿园的性质和任务认识得非常清楚,能够真正地把家长当做幼儿园服务的对象,积极主动地成为家长和教师沟通的桥梁。家长既是幼儿园服务的对象,又是幼儿园工作的合作者、监督者和评价者。家长到幼儿园不只是听幼儿园的要求、了解幼儿在园的表现,还有权利对幼儿园工作发表意见、提出建议。园长和教师应虚心地接受家长的批评,听取家长的意见。同时,作为公益性服务机构,保教好幼儿、服务好家长是幼儿园的任务,其中保教好幼儿是基础和主导,幼儿园也正是通过保教好幼儿为家长服务的。家长毕竟不是专业的教育人员,并不完全了解幼儿的心理发展规律、特点及在教育上相应的措施,教育观念可能不正确,当家长在保教工作方面有疑惑及要求时,有时不太冷静,过于急躁、片面,提出的意见、要求可能不太合理时,园长和教师应理解包容家长,等待和帮助家长冷静下来,向家长摆事实讲道理,介绍国家的教育方针,引导他们树立正确的教育观念,还可以有意识地为他们讲授相关的育儿知识等。如果家长提出的意见、要求合理可行,园长和教师就应积极地采纳,实施有效的改进措施。

另一方面,园长对教师的态度和行为正确。当家长反映教师工作的不足之处时,园长不是武断地否定教师,而是尊重、信任教师,深入实际,调查了解,给教师解释说明的机会,维护了教师的自尊心,使事情真相大白,同时又从中及时发现了教养工作中存在的问题。人是社会中的一员,生活在团体或组织中,都有被尊重、被承认的需要,这会直接影响人在团体组织中的工作积极性。满足教师被尊重、被理解的需要,充分调动教师的工作积极性是幼儿园管理者必须重视的一个方面。

资料来源:http://www.jsedu.net.cn/html/mb/zl/mb_6015.html

最后,需强调的是,上述研究学前教育管理学的方法各有其特点、优势,也有其局限性,我们应根据需求,综合运用各种研究方法。同时,也应在理论学习和研究实践中,不断丰富和发展各种研究方法。

本章小结

管理是管理者为了有效地实现组织目标,通过计划、组织、领导、控制、创新等管理职能,把一个机构所拥有的人力、物力、财力充分运用起来,使之发挥最大效果,以达成机构目的的活动。学前教育机构为实现其培养目标,就要在管理活动中,协调整合多方教育资源,最大限度发挥管理效能。通过学习学前教育管理学可以促进学前教育事业健康发展,推动保教质量提升和个体专业成长。研究学前教育管理学需综合采用调查、测验、实验、比较研究、行动研究等多种方法。

【知识检测】

1. 概念检测:管理;管理职能;学前教育管理。

2. 思考讨论：

(1)简析管理的特性。

(2)简答管理职能及各种职能相互间的关系。

(3)联系现实讨论学习学前教育管理学的意义。

3. 以家长选择学前教育机构意向为主题设计调查问题或访谈提纲。

【案例分析】

该谁骑驴?

一个老头和他的孙子要去县城,他们准备骑着驴去。老头儿先骑着驴,孙子跟在后面走,走了一会儿,碰到一位当了母亲的女子,那位母亲责怪老头儿不关心儿童,不应该让孙子走着。于是,老头儿就下来让孙子骑着驴,自己走着。走了一段路,碰到一个和尚,和尚则责怪孙子不孝顺爷爷,不应该自己骑驴,没办法老头儿就和孙子一起走路。又过了一会儿,他们碰到一个学者,这位学者就笑他们有驴不骑,偏要走路。老头儿和孙子没办法就一同骑着驴。结果,走了一段路,碰到了一个外国人,这个外国人斥责他们虐待动物!

思考:

从管理的定义这一角度分析,究竟应该由谁骑这头驴?

第二章　管理理论的演变与学前教育管理实践新进展

本章概要

人类社会有系统、成体系的管理理论也即管理科学的产生是资本主义社会化大生产的产物。管理科学的产生与发展迄今大致经历了三个时期，即管理科学的创立时期、人际关系与行为科学时期、当代管理理论丛林时期，不同时期的管理理论具有不同的特点和代表理论、代表人物。当代关于学前教育管理的新的理论和管理实践活动也异常丰富，其中，目标管理是被广泛运用的管理方式，而园本管理、“五常法”管理、集团化管理则是近些年来传入我国的管理理论，并被不断地运用到学前教育管理实践的活动中。

学习目标

1. 理解管理是一种古老的活动，但管理学则是一门新的学科。

2. 识记古典管理理论时期三个代表人物的管理理论特点，他们为管理科学的发展做出了哪些贡献？他们的理论有哪些局限性？并能区分他们之间的不同。

3. 识记现代管理理论成长时期的管理理论的主要观点。

4. 了解现代管理理论时期的几种有代表性的理论。

5. 识记什么是目标管理，目标管理在学前教育机构中是如何实施运用的。

6. 了解学前教育机构管理的最新动态，理解园本管理、“五常法”管理、集团化管理的各自特点。

第一节　西方管理理论的演变与发展

管理作为一种社会现象,可以说伴随着人类社会的产生就已经存在了,在人类社会漫长的发展历程中,积累了丰富的管理实践和管理思想。但是,管理学作为一门科学从其他学科中独立出来,成为一门独立的学科,是资本主义社会化大生产的产物,也是社会协作的产物。19 世纪末,随着社会化大工业的不断发展,社会分工越来越细,协作程度越来越高,管理者对提高劳动生产率的追求越来越迫切,人们开始关注研究生产过程中的管理问题,开始重视对管理过程问题的研究,从而推动了管理科学的产生与发展。管理科学的产生与发展迄今大致经历了三个时期,即管理科学的初创时期、西方现代管理理论的成长时期、现代管理理论时期。

一、管理科学的初创时期

19 世纪末期,随着社会化大工业的进一步发展,在欧美发达的资本主义国家,出现了一批研究管理科学的专家,他们创立的科学管理学派奠定了管理学的基础。这个时期即是管理理论的初创时期,也称科学管理理论时期和古典管理理论时期,这个时期有三个最著名的代表人物:泰勒、法约尔和韦伯。

(一)泰勒的管理思想

弗雷德里克·温斯洛·泰勒(1856—1915),出生于美国费城一个富有的律师家庭,中学毕业后考上哈佛大学法律系,但不幸因眼疾而被迫辍学。1875 年,他进入一家小机械厂当学徒工,1878 年转入费城米德瓦尔钢铁厂当机械工人,后来通过夜校学习获得了工程学位,其职业生涯经历了从普通工人、工长、车间主任、主任工程师到总工程师等。由于泰勒是从生产车间一线成长起来的,在长期的工作实践中,为了提高生产效率,他致力于研究生产过程的革新活动。泰勒于 1911 年出版了《科学管理原理》一书,奠定了其"科学管理之父"的历史地位。他的管理理论主要有以下观点:

第一,管理的中心问题是提高劳动效率,把高效率完成组织任务视为管理工作的最高目标,效率原则是衡量任何组织的基础。

第二,主张标准化。泰勒主张,一切工作方法都应该通过考察由管理人员决定,认为一切生产过程的问题都应该用科学的方法来规范,高标准化的工作程序和操作方法是实现工作目标的最佳方式。

泰勒通过观察和试验总结出一套标准化的工作程序,将生产过程中的各种动作进行标准化的设计,他曾把一个打铁锤的动作由原来的 45 个简化到 12 个。他还测定各项工作所需要的时间,并挑选熟练的技师对普通工人进行培训,以提高他们的工作水平。

泰勒主张为工人工作提供标准化的工作条件,标准化的生产工具、机器和原材料,并使工作环境标准化。通过一系列的改革,泰勒所在的工厂大大提高了劳动生产率,与之前完全依靠延长工人劳动时间和提高劳动强度来提高生产量的做法相比,这些措施显示出了一定

的优越性。

第三,实行有差别的计件工资制度。在设定劳动定额的基础上,对于超额完成工作定额的部分给予较高的工资或提成,对于那些没有完成工资定额者,则仅支付正常工资的一部分,从而激发了工人的劳动积极性。

第四,主张将计划职能和执行职能相分离,变原来的经验工作法为科学工作法。他认为"要一个人在机器旁劳动,同时又在办公桌上工作,是很难办到的",从而提出了管理者和劳动者相分离的思想。

第五,主张实行职能工长制。泰勒主张实行"职能管理",即将管理工作予以细分,使所有的管理者只承担一种管理职能。他设计出八个职能工长,代替原来的一个工长,其中四个在计划部门,四个在车间。每个职能工长负责某一方面的工作,在其工作职能范围内,他们都可以直接向工人发出命令。

第六,实行例外管理。泰勒等人认为,规模较大的企业组织和管理,必须运用例外原则,即企业的高级管理人员把例行的一般日常事务授权给下级管理人员,按一定的规章制度去处理,自己只处理突发性事件,只保留对例外事项的决定和监督权。

★知识窗

汉朝有一位名叫丙吉的宰相。有次他外出巡视,遇到一宗杀人事件,尸体躺在路边,然而他却没有理会,后来他看见一头牛在路边不断地喘气,却立即停下来,刨根究底,仔细询问。随从觉得很奇怪,问为什么人命关天的事情他不理会,却如此关心牛的喘气。丙吉说:"路上杀人自有地方官吏去管,不必我去过问;而牛喘气异常,就可能发生了牛瘟或是其他的有关民生疾苦的问题,这些事情没有专门的部门管理,地方官吏一般又往往不太注意,却又对百姓的生活影响很大,因此我要查问清楚。"这则故事有很多耐人深思的地方。如果我们把"杀人事件"看成"例行事件",那么这实际上就是一个"例外管理"的典型。"杀人事件"的处理实际上已制度化、流程化,并由专门的机构负责处理,作为领导完全可以让他们去解决。相反,牛喘气作为一种偶发性的例外事件,由于缺乏制度化、流程化的解决方式,而且没有专门负责的组织机构,就容易被忽视而造成严重的后果。丙吉这种放手流程内和例行性事件、专注流程外和例外事件的管理思想,对管理工作很有启示。

泰勒的科学管理理论在20世纪初得到了广泛的传播和运用,也在很大程度上促进了当时劳动生产率的提高。作为科学管理运动的泰斗,他的管理理论也被称为"泰勒制"。但是,由于泰勒只重视提高生产效率、完成任务指标,从根本上忽视了劳动者的需要、动机、人际交往等情感,将工人当做为追求金钱的"经济人"来对待。泰勒甚至对于工人不像牛马那样愚蠢而感到遗憾,他认为如果工人像牛马那样愚蠢,就可以俯首帖耳地按照他设计的标准动作进行工作了,那样,工作效率也许会更高。

(二)法约尔的管理思想

亨利·法约尔(1841—1925),法国人,1860 年从矿业学校毕业,从 1866 年开始一直担

任高级管理职务。他一生写了很多著作，其内容包括采矿、地质、教育和管理等，尤其是在管理领域的贡献，使他受到后人的瞩目。法约尔和泰勒的经历不同，研究管理的着眼点也与其不同。泰勒是以普通工人的身份进入工厂的，他所研究的重点内容是企业内部具体工作的作业效率，关注的是生产过程；而法约尔一直从事领导工作，所以，他是把企业作为一个整体来加以研究的，关注的更多的是管理过程。法约尔的代表作是《工业管理和一般管理》，其管理思想主要有以下几个方面的内容：

第一，他提出了一般管理应遵循的 14 条原则，即：①劳动分工；②权力与责任；③纪律；④统一指挥；⑤统一领导；⑥个人利益服从集体利益；⑦合理的报酬；⑧适当的集权与分权；⑨跳板原则；⑩秩序；⑪公平；⑫保持人员稳定；⑬首创精神；⑭人员的团结。

第二，他把管理活动过程划分为计划、组织、指挥、协调与控制五大要素，并对这五大管理要素进行了详细的分析和讨论。法约尔认为，计划就是预测、探索未来和制定行动方案；组织就是建立企业物质和社会的双重结构；指挥就是使其人员发挥作用；协调就是连接、联合、调和所有的活动和力量；控制就是注意一切活动是否按已制定的规章制度和下达的命令进行。

第三，法约尔认为，企业的全部活动都可以概括为六种：①技术性的工作——生产、制造；②商业性的工作——采购、销售和交换；③财务性的工作——资金的取得与控制；④会计性的工作——盘点、会计、成本及统计；⑤安全性的工作——商品及人员的保护；⑥管理性的工作——计划、组织、指挥、协调及控制。

法约尔被认为是第一个明确提出并阐述“一般管理理论”的人，他明确了管理过程与生产过程的不同，在理论上概括了一般管理的理论、要素、原则，在学术上把管理科学提到了一个新的高度，对以后管理学理论的发展有着重大的影响，鉴于他对于一般管理理论的重大贡献，有人把他称为“管理理论之父”。

（三）韦伯的管理思想

马克思·韦伯(1864—1920)，德国人，是现代社会学的奠基人，他有关行政组织的观点对社会学家和政治学家都有着深远的影响。他不仅考察了组织的行政管理，而且广泛地分析了社会、经济和政治结构，深入地研究了工业化对组织结构的影响。他提出了所谓理想的行政组织体系理论，其核心是组织活动要通过职务或职位而不是通过个人或世袭地位来管理。他的理论是对泰勒和法约尔理论的一种补充，对后世的管理学家，尤其是组织理论学家有重大影响，因而在管理思想发展史上被人们称之为“组织理论之父”、“行政组织理论之父”。他的主要观点有以下几点：

第一，韦伯提出的“理想的官僚制”理论是行政学发展史中重要的里程碑。他指出，组织应该是一个金字塔形的结构，明确各自的分工。

第二，任何组织都要以某种形式的权力为基础。有权力的组织才能克服混乱，建立良好的秩序，完成组织目标。

第三，组织中人与人之间的关系是一种理性的工作关系(制度、纪律、原则)，而不是感情关系。

第四，组织的全部活动应该划分为各种基本作业，作为任务分给不同的员工。

泰勒、法约尔和韦伯的研究重点各有不同，也都具有一定的局限性，但是，三人所倡导的

古典管理理论是人类第一次尝试用科学的方法研究管理问题，改变了传统管理者仅仅依靠经验进行管理的局面，对一些管理问题进行了深刻、系统的研究，有效地推动了管理科学的发展，不仅为后来进一步的研究奠定了理论基础，而且他们的理论运用于实践也推动了生产力的提高，对提高管理效率起到了开创性的作用。

二、西方现代管理理论的成长时期

古典管理理论的三位代表人物研究的重点是生产过程、管理过程、组织建设，他们共同的缺点是没有重视被管理者的问题。对管理过程中被管理者重要性的认识是哈佛大学教授梅奥提出来的，标志着管理学的研究进入到管理理论发展的第二阶段，即管理理论的成长阶段，又称为人际关系与行为科学管理理论阶段。

（一）人际关系理论

乔治·埃尔顿·梅奥(1880—1949)，是原籍澳大利亚的美国行为科学家。1924 至 1932 年间，美国国家研究委员会和西方电气公司合作，由梅奥负责进行了著名的霍桑实验(Hawthorne Experiment)，即在西方电气公司所属的霍桑工厂，为测定各种有关因素对生产效率的影响程度而进行的一系列实验，由此产生了人际关系学说。经过两次、四个阶段，历时 8 年多的调查、分析、研究，梅奥等人认识到，人们的生产效率不仅要受到生理方面、物理方面等因素的影响，更重要的是受到社会环境、社会心理等方面的影响，要求管理者不仅要满足员工的经济需要，而且还要设法满足工人的社会性需要，以此来提高生产效率。这对传统古典管理理论只重视物质条件，忽视社会环境、社会心理对工人影响的理念来说，无疑是一个重大的进步。霍桑实验在管理科学史上占有重要的地位，霍桑实验及由此产生的人际关系理论对后来的行为科学的产生起了催化作用。

根据霍桑实验，梅奥于 1933 年出版了《工业文明中人的问题》一书，提出了与古典管理理论不同的新观点，主要归纳为以下几个方面：

第一，古典管理理论把人看成是“经济人”，认为金钱是刺激劳动积极性的唯一动力，而霍桑实验表明，人是“社会人”，影响劳动者积极性的除了物理、生理和经济的因素外，还有劳动者的社会和心理因素。

第二，企业中除了正式组织之外，还存在着非正式组织。这种非正式组织是企业成员在共同工作的过程中，由于具有共同的社会情感而形成的非正式团体，这种无形组织有它特殊的情感、规范和倾向，左右着成员的行为，是与正式组织相互依存的，对生产率的提高有很大影响。

第三，传统的管理认为影响生产率的因素主要是工作方法和工作条件，而“霍桑实验”表明，生产率的升降，主要取决于工人的士气，即工作的积极性、主动性与协作精神，领导者要有与职工建立良好人际关系的能力。

★知识窗

霍桑实验

1924—1932 年间，美国国家研究委员会和西方电气公司合作，由梅奥负责在西方电气公司所属的霍桑工厂，为测定各种有关因素对生产效率的影响程度进行一系列实验。

第一阶段：工场照明实验（1924—1927）。选择一批工人分为两组：一组为“实验组”，先后改变工场照明强度，让工人在不同照明强度下工作；另一组为“控制组”，工人在照明度始终维持不变的条件下工作。实验者希望得出照明度对生产率有影响的结果，但结果发现，照明度的变化对生产率几乎没有什么影响，并由此得出两条结论：①工场的照明只是影响工人生产效率的一项微不足道的因素；②由于牵涉因素太多，难以控制，且其中任何一个因素足以影响实验结果，故照明对产量的影响无法准确测量。

第二阶段：继电器装配室实验（1927 年 8 月—1928 年 4 月）。旨在实验各种工作条件的变动对小组生产率的影响，以便能够更有效地控制影响工作效果的因素。通过材料供应、工作方法、工作时间、劳动条件、工资、管理作风与方式等各个因素对工作效率影响的实验，发现无论各个因素如何变化，产量都是增加的。其他因素对生产率也没有特别的影响，而似乎是由于督导方法的改变，使工人工作态度有所变化，导致产量增加。

第三阶段：大规模的访问与调查（1928—1931）。两年内他们在上述实验的基础上进一步开展了全公司范围的普查与访问，调查了 2 万多人次，发现所得结论与上述实验所得相同，即“任何一位员工的工作绩效，都受到其他人的影响”。

第四阶段：接线板接线工作实验（1931—1932）。以集体计件工资制刺激，企图形成“快手”对“慢手”的压力以提高效率。公司当局给他们规定的产量标准是焊合 7 312 个接点，但他们完成的只有 6 000—6 600 个接点。实验发现，工人既不会为超定额而充当“快手”，也不会因完不成定额而成“慢手”，当他们达到他们自认为是“过得去”的产量时就会自动松懈下来。其原因是生产小组无形中形成默契的行为规范，即工作不要做得太多，否则就是“害人精”；工作不要做得太少，否则就是“懒惰鬼”；不应当告诉监工任何会损害同伴的事，否则就是“告密者”；等等。这样做的目的一是怕标准再度提高；二是怕失业；三是为保护速度慢的同伴。实验过程中还发现了“霍桑效应”，即对于新环境的好奇和兴趣，足以导致较佳的成绩，至少在初始阶段是如此。

（二）行为科学学派的主要理论

在人际关系学说提出以后，越来越多的管理学家、心理学家、人类学家开始对人的行为进行多方位的研究，并于 1949 年在芝加哥大学的一次研讨会上正式提出了行为科学的概念

和理论。行为科学本身并不是完全独立的学科，而是心理学、社会学、人类文化学等研究人类行为的各种学科互相结合的一个学派。行为科学着重于研究如何调动员工的积极性，激励理论成为行为科学学派的核心，代表性的观点有以下几种。

1. 马斯洛的需要层次论

亚伯拉罕·马斯洛（1908—1970），人本主义心理学家，其代表作是《激励与个人》。他认为，人的一切行为都是由需要引起的，并把人的多种多样的需要由低到高归纳为生理的需要、安全的需要、爱和归属的需要（交往的需要）、尊重的需要、自我实现的需要五大类，即五个等级。当人们为了满足自己的需要而行动时，需要就转化为行动的动机。马斯洛认为，在一般情况下，人只有在低级的需要得到满足之后，才会产生高级的需要。越是低级的需要对人的活动动机作用越强，当低级需要和高级需要发生冲突时，优先满足低级需要，当然也不排除在特殊情况下，一些人为了追求高级需要而宁愿舍弃低级需要。

马斯洛认为，管理者要善于了解并满足员工的合理物质需要，注重员工精神需要，协调人际关系，关心和尊重员工，增强员工凝聚力。在满足员工基本需要的情况下，要注意激发他们高层次的需要，如给予较高的薪水、更多的绩效工资、外出学习提高的机会、一定的领导职位等，才能有效调动员工的积极性；越是卓越的员工，越要给予他们更多的、高层次的需要满足。

2. 赫茨伯格的双因素理论

弗雷德里克·赫茨伯格（1923—2000），美国人心理学家、管理理论家、行为科学家。1957年赫茨伯格提出“激励因素—保健因素”理论，简称双因素理论。赫茨伯格认为，人类有两种不同类型的需要，或者说有两种不同类型的激励，它们是相互独立的，且以不同方式影响人们的行为。根据这两类不同的需要，将人的行为动机因素分为保健因素和激励因素两大类。

保健因素是与人的工作环境等客观情况有关的一些因素，如工资福利、工作条件、聘任保障、人际关系等。当这些因素得不到满足或处理不当时，会引起职工的不满情绪，挫伤其积极性。但即使这些因素都具备，也只能防止职工对工作产生不满情绪，而不能激发人们内在的积极性和更多的满意感。激励因素是与人的工作有内在联系的一些因素，如工作的成就、绩效的认可或奖励、工作职责的加强、对未来的期望、职务的提升等，这类因素的改善和需要的满足能给员工很大的激励，产生工作的满意感，有助于有效、持久、充分调动他们的积极性。赫茨伯格调查发现，激励因素是影响和促使人们在工作中不断进取的内在因素。激励因素的改善可激发职工完成工作的积极性，使人感到满意。

3. 麦克雷戈的XY理论

道格拉斯·麦克雷戈（1906—1964），美国著名行为科学家，人性假设理论的创始人。针对管理者如何看待员工在工作中的行为问题，麦克雷戈在《企业中人的方方面面》一书中阐明了两种观点。他认为，管理者采取何种管理策略，在很大程度上受人性理论的影响，并将人性假设为X理论和Y理论。

X理论认为，一般人天生好逸恶劳，只要有可能，就会逃避工作。他们更愿意受人控制，听从指挥，逃避责任，安于现状，缺乏进取心。由于人们不愿意工作，所以不得不采取奖赏、

惩罚等手段驱使其工作。而Y理论则认为，人的天性并不好逸恶劳，在适当的条件下，人还是乐于工作的；如果让人们参与实现组织的目标，那么他们会进行自我指导与自我控制，而不是被动地受上级控制；如果人们能从工作中获得足够的满足感，那么他们就会主动完成任务；在适当的条件下，一般人会倾向于去接受和谋求责任。

X理论代表了传统的观点，而麦克雷戈则对人性持有Y理论的观点，认为人们并非天生喜欢无所事事、厌恶工作，管理者只要善于沟通和员工的关系，创造和谐气氛就能激发员工的主动性、积极性，从而提高劳动效率。

三、现代管理理论时期

第二次世界大战以后，众多的研究者从自己的研究立场出发纷纷著书立说，使得管理理论得到了进一步的发展。这些理论在历史渊源和理论内容上互相影响和联系，形成了学派林立、百花齐放、百家争鸣的局面。1961年底，美国的管理学家哈德·孔茨发表了《管理理论的丛林》一书，对此予以形象的描述。这一时期，管理理论的特点是广泛运用自然科学和社会科学的新成果，主要的管理理论和学派有：系统理论学派、权变理论学派、决策管理学派、Z理论、管理文化研究等。

（一）系统理论学派

系统理论学派也叫系统学派，主张从整体、系统的角度出发研究问题，把各项管理业务看成是相互联系的网络。他们认为，组织是一个由许多子系统组成的大系统，组织作为一个开放的社会技术系统，是由五个不同的分系统构成的整体，这五个分系统包括：目标与价值分系统、技术分系统、社会心理分系统、组织结构分系统、管理分系统。这五个分系统之间既相互独立，又相互作用、不可分割，从而构成一个整体。这些分系统还可以继续分为更小的子系统。

系统理论学派主张用系统的观点来考察管理的职能，主张通过对组织的研究来分析管理行为，使人们从整体的观点出发，对组织的各个子系统的地位和作用，以及它们之间的相互关系有更清楚的了解。同时，这一理论学派使人们注意到任何社会组织都具有开放系统的性质，从而要求管理者不仅要分析组织的内部因素，解决组织内部因素的相互关系问题，还必须了解组织的外部环境因素，注意解决组织与外部环境的相互关系问题，为人们处理和解决各种复杂的组织管理问题提供了一种十分有用的思路和方法。

（二）权变理论学派

权变理论认为，没有什么是一成不变的，普遍适用的“最好的”管理理论和方法，在管理中要根据组织所处的内外条件随机应变。该学派以发展的观点来考察问题，它的理论核心就是通过组织的各子系统内部和各子系统之间的相互联系，以及组织和它所处的环境之间的联系，来确定各种变数的关系类型和结构类型。它强调在管理中要根据组织所处的内外部条件随机应变，针对不同的具体条件寻求不同的最合适的管理模式、方案或方法。其代表人物有卢桑斯、菲德勒、豪斯等人。

美国学者卢桑斯在1976年出版的《管理导论：一种权变学》一书中系统地概括了权变管

理理论:权变理论就是要把环境对管理的作用具体化,并使管理理论与管理实践紧密地联系起来。其中,环境是自变量,而管理的观念、技术和方法则是因变量。比如,如果在经济衰退时期,企业在供过于求的市场中经营,采用集权的组织结构,就更适于达到组织目标;如果在经济繁荣时期,在供不应求的市场中经营,那么采用分权的组织结构可能会更好一些。权变管理理论的核心内容是环境变量与管理变量之间的函数关系就是权变关系。环境可分为外部环境和内部环境。外部环境又可以分为两种:一种是由社会、技术、经济和政治、法律等所组成;另一种是由供应者、顾客、竞争者、雇员、股东等组成。内部环境的各变量与外部环境各变量之间是相互关联的。没有最完美的管理方法,只有最适合的管理方法,这一理论启示我们不能搞"拿来主义",在管理实践中不能采取全盘照搬前人或外国的管理方法。

(三)决策管理学派

决策管理理论认为,管理就是决策,管理的过程就是一系列的决策过程,决策贯穿管理的全过程,决策是管理的核心。该理论的代表人物西蒙指出,组织中管理者的重要职能就是作决策。他认为,任何作业开始之前都要先做决策,制订计划就是决策,组织、领导和控制也都离不开决策。西蒙对决策的程序、准则,程序化决策和非程序化决策的异同及其决策技术等作了分析。西蒙提出决策过程包括四个阶段:即搜集情况阶段、拟定计划阶段、选定计划阶段、评价计划阶段。管理者首先必须调查所有有关组织发展的各种资料;据此寻找解决问题的各种途径,拟订可能的行动方案;在此基础上,运用各种技术对方案做比较抉择,确定最优方案;最终付诸实施并组织评价。这四个阶段中的每一个阶段本身也是一个复杂的决策过程。

(四)Z 理论

Z 理论(Theory Z)由加利福尼亚大学教授、日裔美籍学者威廉·大内在 1981 年出版的《Z 理论》一书中提出来的。威廉·大内选择了日、美两国的一些典型企业进行了长期的比较研究,发现日本企业的生产率普遍高于美国企业,而美国在日本设置的企业,如果按照美国方式管理,其效率也差。根据这一现象,大内提出了美国的企业应结合本国的特点,向日本企业的管理方式学习,形成自己的一种管理方式。他把日本企业的管理方式归结为 Z 型管理方式,把美国的管理方式称为 A 型管理方式。A 型、Z 型两种管理方式的不同之处,见表 2-1。

表 2-1 A 型管理方式和 Z 型管理方式的对比表

Z 型	A 型
终身雇佣制	短期雇佣
缓慢的评价和升级	迅速的评价和升级
非专业化的经历道路	专业化的经历道路
含蓄的控制	明确的控制
集体的决策过程	个体的决策过程
集体负责	个人负责
整体观念	局部观念

大内认为，管理当局与职工利益是一致的，两者的积极性可以融为一体。要上下结合制定决策，鼓励职工创造性地而不是机械地执行上级命令，提倡和衷共济、共渡难关。人非绝对好又非绝对坏；既有人性的一面，也有非人性的一面。因而，管理过程中，有时应着重奖励，有时需强调惩罚，要强制与民主并行，物质与精神结合，即结合实际情况采用不同的管理方式，因时、因人、因地制宜地实施管理。

★知识窗

他家境贫寒，为了养家糊口，年轻的他到一家大电器公司求职。矮小瘦弱、穿得又破又脏的他被公司的人事部门主管谢绝了："我们现在暂时不缺人，你一个月以后再来看看吧。"

本是推托之辞，可一个月后他真的来了，那位负责人又推托说有事，过几天再说。隔了几天他又来了，如此反复了多次，主管只好直接说出了真话："你这么脏是进不了我们公司的。"于是他立即回去借钱买了一身整齐的衣服穿上再来。负责人看他如此实在，只好告诉他："关于电器方面的知识，你知道得太少了，我们不能要你。"

不料两个月后，他再次出现在人事主管面前，告诉主管："我已经学会了不少有关电器方面的知识，您看我哪方面还有差距，我一项项弥补。"这位人事主管盯着态度诚恳的他看了半天，才说："我干这一行几十年了，还从未遇到像你这样来找工作的。我真佩服你的耐心和韧性。"

结果，他的毅力终于打动了这位人事主管，如愿以偿地进入那家公司工作，这个人就是日本著名跨国公司"松下电器"的创始人，被人称为"经营之神"的松下幸之助，"事业部"、"终身雇佣制"、"年功序列"等日本企业的这些管理制度都由他首创。

（五）管理文化研究

20世纪后期，管理理论的研究出现了新的变化，人们发现同样的管理方法，在不同的国家、地区、组织中运行，就会产生不同的结果，人们开始把管理和政治、经济、教育、风俗习惯等文化现象联系起来。彼得·德鲁克在《管理》一书中提出，管理不只是一门学科，还是一种文化，有它自己的价值观、信仰、工具和语言。他主张把管理活动视为文化现象，从文化的视角来考察和研究管理，对管理进行文化方面的研究，认为文化也是一种管理手段，管理效率依赖于诸如价值系统、管理哲学等文化变量。

将管理理论从技术、经济层面上升到文化层面，是管理思想发展史上的创举，管理文化研究是在更高层次上，将古典理论与行为科学两种学说统一起来，将管理置于文化大背景中进行深层次透视。它不仅研究一般的普遍适用的管理科学，而且注重将管理诸因素纳入文化系统，考察其特殊性，即个性区别。从实践层面看，它从一个全新的视角来思考和分析社会组织的运行，把企业管理和文化之间的联系视为企业发展的生命线，它的核心是使员工关心企业，给企业管理理念和实践带来生机和活力。

第二节　学前教育管理实践的新进展

20 世纪 80 年代以来，随着我国改革开放的进一步发展，西方一些新的管理理论传入我国，并与蓬勃发展的学前教育事业相融合，迅速获得了本土化的发展，学前教育机构管理呈现出多元化、个性化的发展局面。本节重点介绍几种对学前教育管理实践活动影响较大的管理实践模式。

一、学前教育机构目标管理

从某种意义上说，人的一切有意识控制的行为都是有目标的，它是人们活动的动机，对人们具有导向和激励的作用；管理活动本身就是一种有计划、有目标的活动，可见，目标无论是对于一个人，还是对于一个组织都具有十分重要的意义。

（一）目标管理的含义

目标管理，又称 MBO（Management by Objective），是以目标为导向，以人为中心，以成果为标准，而使组织和个人取得最佳业绩的现代管理模式。目标管理亦称“成果管理”，又称责任制，是指在全体成员的积极参与下，自上而下地确定工作目标，并在工作中实行“自我控制”，自下而上地保证目标实现的一种管理实践模式。

美国管理大师彼得·德鲁克于 1954 年在其名著《管理实践》中最先提出了“目标管理”的概念，其后他又提出“目标管理和自我控制”的主张。德鲁克认为，并不是有了工作才有目标，而是相反，有了目标才能确定每个人的工作。所以，组织的使命和任务，必须转化为目标，如果一个机构没有目标，那么，这个机构的工作也必然被忽视。因此，管理者应该通过目标对下级进行管理，当组织最高层管理者确定了组织目标后，必须对其进行有效分解，转变成各个部门以及各个人的分目标，管理者根据分目标的完成情况对下级进行考核、评价和奖惩。

目标管理的内容是动员全体员工参与目标的制定并保证目标的完成；其目的是通过目标的激励，最大限度地调动和发挥员工的积极性；其核心是注重工作成果和成果评价，强调“自我控制”；其标志是“组织目标与个人目标融为一体”；其特点是以“目标”作为各项管理活动的指南，并以实现目标的绩效评价其贡献大小。

（二）学前教育机构管理目标的确立

园所目标是学前教育机构实施目标管理的前提和基础，科学、合理的园所管理目标是学前教育机构目标管理的关键。在制定园所管理目标时，要考虑以下因素：①要体现出园所作为教育机构应该体现出的方向性，即园所的管理目标要符合党和国家的方针政策，当今，园所管理目标要与党和国家大力倡导的促进社会公平、构建和谐社会的理念相一致；②园所管理目标的确定既要符合学前教育的特点，也要符合管理理论的基本规律；③园所管理目标的确立要从实际出发，结合本园所的实际情况，包括人力、物力、财力等，不可好高骛远、不切实

际;④园所管理目标的确立要体现出特色,尤其是在园所课程管理方面,只有明确定位,打造品牌,才能在激烈的竞争中立于不败之地。

(三)学前教育机构岗位目标责任制的实施

岗位目标责任制又叫岗位责任制,是指根据组织各个工作岗位的工作性质和业务特点,明确规定其职责、权限、目标,并按照规定的工作标准进行考核及奖惩而建立起的管理制度。实行岗位责任制可以将所有职责一次划分到岗位,消除管理效率低下、扯皮推诿、责任真空,是实现“人人有事做、事事有人管”的不二选择。因此,岗位目标责任制已被广泛运用于社会管理的各项活动之中,目前,绝大部分的学前教育机构也在实行岗位目标责任制。其实施步骤包括如下几点。

1. 建立一套完整的目标体系

实行目标管理,首先要建立一套完整的目标体系。作为学前教育机构的主管单位或者投资者,要有一个总的园所教育目标和管理目标,然后由上而下地逐级分解,确定目标。上下级的目标之间通常是一种“目的—手段”的关系,某一级的目标,需要用一定的手段来实现,这些手段就成为下一级的次目标,按级顺推下去,下级的目标为上级的目标服务,直到最基层的活动目标,从而构成一种锁链式的目标体系。

目标的制定和分解要符合 SMART 原则,S 即 Specific——具体的,即目标一定要是具体的、明确的,尽可能细化,如对教师工作态度的考核可以分为工作纪律、服从安排、工作态度、对待家长、家长投诉等;M 即 Measurable——可以量化的、测量的,也就是说目标应该是可以量化的,而不是模棱两可、含糊其辞;A 即 Actionable——执行性强的,即目标是符合组织和员工实际情况的,是通过努力可以完成的,既不可太高也不可太低;R 即 Relevant——相关的,即和其他的目标有相关性,下层员工的目标为上层目标服务;T 即 Timed——有时间期限的,即目标考核一定要有时间限制。

2. 明确责任

目标体系应与组织结构相吻合,从而使每个部门都有明确的目标,每个目标都有明确的组织部门负责。然而,组织结构往往不是按组织在一定时期的目标而建立的,所以,管理实践中,两者之间时常会存在偏差。比如,一个重要的分目标在组织结构中找不到对此负全面责任的管理部门,或者是对于组织中的有些部门、岗位、某个人,管理者很难为其确定具体的责任和目标。从这个意义上说,目标管理有助于理清组织机构的作用,合理地调整组织结构。

3. 组织实施

园所总体目标确定下来并分解到各个部门以后,主管人员就应放手把权力交给下级成员,自己去抓重点的综合性管理、例外管理。如果上级主管人员不放权,事必躬亲,便违背了目标管理的主旨,不能获得目标管理的效果。当然,这并不是说,上级在确定目标后就可以撒手不管了,上级的管理应主要表现在指导、协助、发现问题、提出问题、提供信息以及创造良好的工作环境等方面。

4. 检查和评价

对各级组织目标的完成情况,要事先规定出期限,定期进行检查。检查的方法可灵活地

采用自检、互检或责成专门的部门进行检查。检查的依据就是事先确定的目标。对于最终结果,应当根据既定目标进行评价,并根据评价结果进行奖罚。经过评价,使得目标管理进入下一轮循环过程。

二、园本管理模式

(一)园本管理的含义

园本管理是从校本管理(School-Based Management)演变而来的。校本管理起源于20世纪60年代的澳大利亚,是以学校为本位或以学校为基础的管理,强调教育管理重心的下移,学校成为自我管理、自主发展的独立法人实体,从而提高学校管理的有效性。它的核心在于致力推行以学校为中心的教育,将教育的责任与权力转移到学校层面,合理地分配和管理学校资源。把学校视为自行管理系统,从而使每所学校拥有自由度和灵活性,创造性地适应教育目标,尤其适应学生的需要。校本管理模式的产生反映了西方教育管理哲学从"外控式管理"向"内控式管理"的转变。

园本管理是一种以园所自身为本位的自主经营、自主管理的新型管理模式,教职员工不再是被动地接受管理,而是共同参与到事关园所发展的决策之中。目前,我国公办学前教育机构是由政府及其教育职能部门进行管理的,对于事关园所发展的重大决策均由政府作出,对于园所内部的管理则实行园所长负责制;对于私立学前教育机构来说,则是谁出资谁负责。但无论是公办园所还是私立园所,推动园所发展的力量应来自于园所本身,所以,园本管理体现着学前教育机构管理的发展趋势。

(二)园本管理的内容

1. 灵活、有效的民主管理体制

园本管理是一种内控式的决策管理,通过园长、教师、家长、社区等部门联合组成园务委员会进行集体决策,政府等外部的力量也会参与其中,但已不再是决定性的因素。这种管理模式的最大优点是它的民主性。园本管理重视每个管理参与者的感受,提倡自我管理,人人都是管理的主体,倡导和谐的人本管理理念。为保障园本管理的实施,园所需形成一套完整的管理组织机构,以确保各种制度的顺利运行。

2. 园本化的课程设置

学前教育机构课程的园本化是园本化管理的核心、关键,是园所得以体现自身特色的最主要的标志。园本化的课程应既能体现园所特色,也反映园所的教育质量和教育目标,关注婴幼儿的个性差异和每个教师的积极参与,考虑婴幼儿成长的自然环境和人文环境,充分挖掘园所和当地的课程资源,与婴幼儿现实生活建立联系,建设本土化、个性化、多样化的课程体系。

3. 个人取向的园本教研

园本教研与传统教研是两种不同的教师成长方式。传统的课程定义主张课程即学科,强调的是教师对学习目标、学习结果、学习材料的把握和运用;而园本教研主张课程即经验,

强调情境中的经验，强调对课程个性化的理解和发展。因此，园本教研注重在保持个性化前提基础上的每个教师在原有水平上的提高，每个人的教研都具有不同的内容和侧重点，强调的是一种个性化的发展。

4. 相对成熟的园本管理文化

园本管理文化凝聚着自己特有的、为园所组织内部所有成员认可的儿童观、教育观、价值观，以及由园所倡导的、成员共同遵守的行为模式和准则，其形成和发展需要一定的历史积淀，是一个长期的过程。园本管理文化的建设需要结合本园所的实际情况和发展目标，挖掘本园所的文化底蕴，这需要全体员工的身体力行。

三、“五常法”管理模式

（一）“五常法”管理模式概述

“五常法”管理模式起源于日本，最初多用于企业的管理。它包含五个方面：整理（Seiri）、整顿（Seiton）、清扫（Seiso）、清洁（Seiketsu）、自律（Shitsuke），这五个词的日语中罗马拼音的第一个字母都是S，所以又称“5S”管理法，简称“5S”。“五常法”传入中国以后，有人将其发展成一套更容易被国人接受和实施的方法，具体内容为：常整理、常整顿、常清扫、常规范、常自律。

（二）“五常法”管理模式在学前教育机构管理中的运用

第一，常整理。学前教育工作场所的任何物品要区分为近期有必要的与没有必要的，除了有必要的留下来，其他的都收起来。目的是为了腾出空间，空间活用。

第二，常整顿。把留下来的要用的教具等物品依规定位置摆放整齐，加以标示。目的是为了使工作场所一目了然，减少甚至消除找寻物品的时间。

第三，常清扫。将操场、教室、游戏室等工作场所内清扫干净，清除污垢，保持工作场所干净、亮丽的环境。

第四，常规范。即坚持上述三个步骤，维持成果，形成制度，不断实施，并检查评比。

第五，常自律。通过宣传、培训、监督、激励等，提高教职员工素质，将外在的要求转化为老师们自身的要求，养成良好的习惯，彻底改变每个教职员工的精神面貌。

鉴于安全教育在学前教育机构中的重要地位，有人在“5S”的基础上又提出了园所管理的“6S”管理方法，即加入了安全（Security）管理的内容，重视对教职员工进行安全教育，树立“安全第一”的观念，防患于未然。

学前教育机构是对幼儿实施保育和教育的场所，工作头绪多、任务重，整齐美观的环境、有条不紊的组织文化、完善的管理制度是学前教育机构顺利运转的保证。“五常法”作为一种科学、有序的管理模式能使学前教育机构的工作秩序井然、清晰有效。作为学前教育机构的管理人员应组织全体教职员工学习讨论，以提高认识、切实执行，并不断检查提高，从而达到“常自律”的较高境界。

（三）“五常法”管理模式在幼儿个人管理中的运用

“五常法”管理模式也可以用于幼儿个人管理，教师和家长也可借鉴“五常法”管理模

式，帮助幼儿学会自理，提高自我管理能力。

第一，常组织。可以分配给孩子一个摆放自己物品的空间，放他们自己的衣物、学习用具等，把不需要的物品及时收取存放。

第二，常整顿。让孩子自己学会收拾、打理自己的物品，比如如何摆放、分类等。

第三，常清洁。保持自己的物品清洁，养成良好的卫生习惯等。

第四，常规范。对前三个步骤进行巩固提高，形成一定的制度，待人接物规范化。

第五，常自律。让孩子学会自我管理、独立思考，每天或者每周安排一定的时间让孩子对近来的生活和学习进行反思、自我评价等。

四、学前教育机构集团化管理模式

集团化管理的园所又叫连锁式园所，它们在总部统一的政策和控制管理下运行，通常有相同的名字、典型的建筑和外饰，统一对外发布的标语、教育理念、宣传册子。集团化管理的学前教育机构可分为两种形式，一种是由总部出资建立并统一管理的；另一种为特许经营、特许加盟的形式，如某幼儿园作为一个独立的法人组织，欲加盟某品牌学前教育机构，必须经过特许，向品牌机构缴纳一定的费用，包括加盟费、管理费、保证金等，并签订协议，规范双方的权利和义务。品牌机构一般允许加盟机构使用自己的商标、课程等，给予加盟机构一定的技术支持，包括师资的培训、教材开发等，同时，监督加盟机构，以保证其符合品牌机构所要求的质量标准。

标准化、集团化管理适应了社会化大生产的趋势，更加集约化、经济化。对于集团来说，通过连锁、加盟可以迅速扩张、占领市场、扩大品牌认知度，更快地把研发成果转化为生产力。对于加盟者来说，加盟标准化管理是目前最快速、有效的发展之路，尤其是对于新建园所来说，是园所快速地提高档次、提升品质的捷径，现成的管理理论和实践指导也可以帮助管理者很快走上正轨，少走很多弯路。

本章小结

管理是一种古老的现象，但是管理学却是一门年轻的学科，有其产生、发展的历史过程。古典管理理论时期，泰勒、法约尔和韦伯对于管理科学的产生起到了奠基作用，因他们的重要贡献而分别被称为“科学管理之父”、“管理理论之父”和“行政组织理论之父”。相对于古典管理理论把人当做机器、工具、“经济人”，成长阶段中的管理理论开始重视人的“社会性”。20 世纪 50 年代以来，管理理论的发展进入到了百花齐放、百家争鸣的新局面，其中影响较大的理论有系统理论、权变理论、决策理论、Z 理论和管理文化理论等，这些理论各有其合理性，也都具有一定的局限性。

作为教育管理重要的分支，学前教育管理学的理论研究和实践活动进入了一个新的发展时期。新的管理理论不断地被运用到学前教育管理活动中，对于学前教育事业的发展起到了巨大的推动作用，其中，影响较大的管理理论或模式有目标

管理、园本管理、集团化管理和“五常法”管理等，这些管理理论需要我们结合学前教育实践重点去研究探索。

【知识检测】

1. 概念检测：目标管理；园本管理模式；“五常法”管理模式

2. 思考讨论：

(1)管理学的产生和发展经历了哪几个阶段？

(2)泰勒对管理学的发展有哪些重要贡献，他的理论不足之处有哪些？

(3)相对于古典管理理论，成长时期的管理理论有何进步意义？

(4)你认为园所目标管理有哪些优点？在实际运用过程中应注意哪些问题？

3. 调查、了解身边某个学前教育机构的管理状态、模式。

【案例分析】

园长的困惑

A老师年轻、业务能力强，尤其是钢琴弹得非常好。她在业余时间不是教学生学钢琴，就是去歌厅伴奏，创收搞得不亦乐乎，为此经常迟到早退，趁领导不在意就提前开溜。有一次离下班时间还有半个小时，A老师又打扮得漂漂亮亮准备去歌舞厅挣外快去了。刚走到门口，被园长撞个正着。园长严肃地问：“还没到下班时间，你怎么提前走？”A老师笑眯眯地说：“不就提前一会儿吗，值得您生这么大的气，要不您扣我奖金好了。”说完转身就走了。园长看着她的背影，噎得说不出话来。此后，园长按规定扣了她的奖金，但A老师仍我行我素。

思考：

1. 人是单纯的“经济人”吗？仅仅依靠扣奖金能管理好教职工吗？

2. 学前教育管理中，硬性管理与柔性管理的关系是什么？

3. 运用马斯洛的激励理论，结合本案例，你认为应采取何种措施才能充分发挥A老师的业务优势，调动其工作积极性？

第三章 学前教育行政管理体制

本章概要

教育行政是国家权力机关为实现一定的教育目的,对各级各类教育活动进行组织、管理和领导的行政管理活动,是国家行政在教育活动领域的反映。教育行政体制是国家对教育领导管理的组织结构形式和工作制度的总称,大致分为中央集权和地方分权的教育行政管理体制,二者各有优点和缺点。世界各国教育行政体制改革的趋势是均权化,即集权和分权二者相互靠拢,而不是向两极发展。我国的教育行政体制是中央统一领导下的分级管理体制,学前教育行政管理体制为地方负责、分级管理和有关部门分工负责。

学习目标

1. 了解教育行政管理体制的含义,了解各国教育行政体制的类型及改革方向。

2. 掌握我国教育行政管理体制的特点,了解我国现行教育体制及其改革目标。

3. 把握我国新时期学前教育行政管理体制发展的特征和趋势。

第一节 教育行政体制

一、教育行政概述

(一)教育行政的含义

所谓行政,《现代汉语词典》是这样解释的:①行使国家权力的机构;②指机关、企业、团

体等内部的管理工作;《社会科学大辞典》的解释是:行政为国家事务的管理。从中可以看出,行政本身就是一种管理活动,是一种特殊的管理方式。在我国,行政管理既包括国务院及其所属部门对国家事务的管理,也包括各省、市、县、乡等行政机关的管理。

行政的内涵有广义和狭义之分。狭义的行政是指统治阶级通过行政权力对国家事务的管理活动,它与国家政权相联系,以国家权力、国家强制机构为后盾,体现统治阶级意志,具有鲜明的政治性、阶级性、强制性,是统治阶级为维护社会稳定所从事的管理活动。行政管理有别于议会的立法权和司法机关的检察与审判权等管理方式。

广义的行政是指对社会公共事务的管理,从这个角度讲,行政与管理具有大致相同的含义,广泛存在于社会组织之中,在厂矿、企业、医院、学校、学前教育机构等组织机构中,诸如上级命令、指使下级的管理活动、管理方式,都可以称为行政管理。

教育行政是国家行政管理中关于教育活动方面的行政管理,即国家权力机关为实现一定的目的,对各级各类教育活动进行组织、管理和领导的行政管理活动,是国家行政在教育活动领域的反映。从这个意义上说,教育行政属于狭义行政的范畴,即国家行政机关,包括国务院及其下属部门、地方各级政府及其所属部门,按照国家法律所授予的权力管理教育活动的活动。

(二)教育行政的特点

教育行政具有政治性和教育专业性的特点。

所谓政治性,是指教育作为一种上层建筑,它必然反映统治阶级的意志,为统治阶级服务。教育行政是国家行政的重要组成部分,与国家政权直接联系,教育行政主体,即教育管理部门代表国家行使教育行政权力,体现国家意志,通过教育行政的管理和调控,保证教育发展的方向,培养社会所需的人才。因此,教育行政具有政治性。

所谓教育专业性,是指教育管理除了具有一般管理的特征之外,还具有很强的教育专业性,它具有不同于其他国家机关和事业、企业单位的管理特征。教育行政具有较强的专业性、行业性,教育管理既要符合管理学的一般理论,也要体现教育活动自身的规律,才能使教育活动更好地实现预期的教育目的。作为教育管理者,既要具有一般的管理知识,也要具有教育领域的知识背景,只有这样,才能避免出现外行管理内行的现象。教育行政人员的专业化已成为一种国际潮流和发展趋势,优秀的教育管理者,除了具有管理才能之外,其专业技术往往是个人发展的捷径。

教育行政是政治性与专业性的统一。政治性寓于专业性之中,并通过专业性活动而得到体现;政治性为专业性保证方向,专业性为政治性服务。

(三)教育行政的职能

所谓职能,简单地说,就是职责与功能。教育行政职能是指教育行政本身具有的职责和功能,既包括教育行政活动本身所具有的能力和作用,又包括教育行政机关为执行教育管理任务、实现国家教育活动使命所进行的职务活动。教育行政的职能与教育行政机构的结构有着密切的联系:教育行政机构的结构不同,其功能和职责均不相同;不同层次的教育行政机构,其职责也各不相同。

教育行政的职能有以下几方面。

1. **计划职能**

计划职能指根据国家和地区政治、经济、文化等方面的实际情况和社会发展战略的实际需要，以及教育事业发展的客观要求，在一定时期内，对教育发展的方向、速度、规模做出部署、设计和安排，以保证教育事业稳步、协调发展。教育计划可分为指令性计划和指导性计划。无论是中央集权制国家，还是地方分权制国家，计划职能在其教育行政活动中均占有一定地位，所不同的是，有的偏重于指令性计划，有的偏重于指导性计划。

2. **立法职能**

立法职能指国家或地区通过各级立法机关和政府部门制定各项教育法令、法规和政策，并依法对教育实行管理的职能，它是使教育行政活动正规化的一个重要举措。通过立法手段对教育的目的、方针，对教职员工的资格和待遇，对教育管理活动等予以法律上的规定，并依法行事。

3. **组织职能**

组织职能就是通过一定的机构和人员把已经拟定的计划、方针和政策，转化为具体的执行活动，指导计划、方针和政策的落实。组织活动包括对机构的设置、调整和有效运用，对工作人员的选拔、调配、培训和考核，对具体工作的推进指导和督导等。

4. **协调职能**

协调职能就是改善和调整各个职能部门、各种人员、各项活动之间的关系，使各项管理活动得以分工协作、密切配合、步调一致，以实现共同的教育目标。

5. **监督职能**

监督职能就是国家或上级教育部门依据有关法规、政策和采取有关教育行政措施，对地方、下级和学校教育的实施活动实行监督指导。监督职能可以分为法律监督和行政监督两种类型。

6. **服务职能**

服务职能是指上级教育行政主管部门通过非权力方面的促进作用为下级教育行政主管部门和所辖的学校提供服务，如信息、咨询、资助，专业上的培训、指导和建议等，以此作为教育宏观控制的重要手段。对下级部门的服务是行政部门的一项重要职能，也是最容易被忽视的职能。

二、教育行政体制的类型及特点

要了解什么是教育行政体制，首先要了解什么是教育体制。教育体制是教育机构与教育规范的统一体，它是由教育的机构体系与教育的规范体系所组成的。教育的机构体系包括教育的实施机构，如学校、学前教育机构和教育的管理机构——教育部、教育厅等；教育的规范体系，指的是建立并保障教育机构正常运转的一系列法律政策、规章制度，它规定着教育机构的职责权限和机构内人员的岗位职责与权力，如《教育法》、《幼儿园管理条例》等。教育行政机构与一定的规章制度相结合就构成了教育行政体制。

教育行政体制是国家对教育领导、管理的组织结构形式和工作制度的总称，主要由各种教育行政机构的设置情况和他们之间的工作关系以及职权划分等构成，形成一个国家的教育行政组织系统。教育行政体制要处理的关系有：中央办学与地方办学的关系；政府办学和其他社会力量办学的关系；政府与教育行政部门的关系；教育行政部门与其他行政部门的关系；政府与学校的关系；等等。

（一）教育行政体制的类型

一个国家的教育行政体制受国家政治体制、社会经济状况、本国教育和文化、历史传统等各种因素的影响。目前来看，世界各国的教育行政体制大致可以分为两种类型：一类是中央集权型的教育行政体制；另一类是地方分权型的教育行政体制。

1. 中央集权型教育行政管理体制的主要特点

中央集权型教育行政管理体制的主要特点是：有关教育方面一切重大问题的决策权均集中在中央或上级教育行政机关，下级教育行政机关必须严格按照上级的决定和指示办事。在这种行政管理体制下，教育事业被确立为国家的事业，国家要直接干预教育，教育由中央政府统一领导，教育的目标和标准由国家统一制定，教育经费也主要由国家负担，各级教育行政机关都必须接受国家的管理、指导和监督，地方教育管理的自主权居于次要地位。因此，在中央与地方的关系上，强调中央为主，地方为辅；在政府与学校的关系上，表现为学校依赖于政府；在管理方式及管理行为上，注重用行政、计划的手段对教育进行直接干预和严格控制。法国、苏联等国家的教育行政体制可以归为这一类。

中央集权型教育行政管理体制主要有以下优点：首先，便于中央统一全国的教育方针、政策，便于全国教育事业的统一规划，便于统一领导全国的教育改革和发展；其次，能够集中全国力量实现教育机会均等，克服各地区教育发展的不均衡状态；再次，能规定统一的教育标准，有助于教育质量的普遍提高。但是，这种体制也存在一些不容回避的弊端：第一，地方政府缺乏办教育的自主权，很多事务依赖中央和上级，缺乏对本地区教育的独立思考，难以充分调动地方办教育的积极性；第二，从一个国家角度看，各地的政治、经济、文化发展很不平衡，教育发展也必然参差不齐，如果完全要求整齐划一，极易脱离地方实际，阻碍教育发展的进程；第三，不鼓励自由实验，在很大程度上束缚了地方探索教育、教学改革的积极性和主动性。

2. 地方分权型教育行政管理体制的主要特点

地方分权型教育行政管理体制的主要特点是：下级教育机关在自己管辖范围内有权独立自主地决定教育的相关问题，上级教育行政机关对下级教育行政机关决定、处理的事情不得随意干涉。这种行政体制与中央集权型的行政体制相反，它确认教育事业是地方的事业，地方的自主权居于统治地位，教育事业由地方政府或公共团体独立自主地经营和管理，教育标准由地方制定，国家没有统一的教育大纲、教材，教育经费主要由地方负担，中央政府只处于援助、指导的地位，在必要的范围内由国家干预。美国、英国、德国等国属于地方分权这一类，但具体情况各国也有差别。

地方分权型教育行政管理体制主要有以下优点：首先，能培养、激发当地人民关心教育事业的兴趣和责任心，充分调动地方办教育的积极性。其次，能从本地区实际出发，适应本

地区政治、经济和文化的需要,因地制宜地发展教育。教育的管理权划归地方,就可以使地方根据本区域政治、经济、文化、科技发展的需要,调整各级各类教育事业发展的速度和规模,及时提供各方面的专门人才。再次,能结合本地区的情况进行实验,通过不同地区的实验和改革,开展竞争,相互促进。但是,这种体制若不能得到很好的发挥,也会产生一些弊端,归纳起来主要有以下几个方面:第一,教育管理权归地方,难以制定全国统一规划,教育缺乏统一标准,各地自行其是,教育制度纷乱复杂,教育质量参差不齐。在农村,由于把办学权下放到乡、镇甚至是村,这种彻底的分权形式使中央难以从总体上对教育加以控制。第二,各地区经济条件不同,贫富不均,必然导致教育发展的不平衡,发达地区和贫困地区教育质量差距过大,教育机会均等的原则也难以真正实现。

由于以上两种教育管理形式的优缺点都很明显,所以,从当今世界教育行政管理体制改革与发展的趋势看,教育行政体制趋向于均权化,表现为中央集权制和地方分权制正在相互学习、借鉴,相互靠拢,而不是向两极发展。

(二)我国教育行政体制的特点

中华人民共和国成立以后,迅速建立了一套从中央到地方的完备的教育行政体制,60多年来,受我国政治、经济等社会状况发展的影响,我国的教育行政体制虽然也几经变革,但历次改革都是以集权与分权的关系,即中央与地方教育管理权力、职责的划分为核心问题。20世纪50年代初期,受当时社会历史状况的影响,我国实行中央集权型教育管理体制。教育部于1952年3月颁布的《中学暂行规程(草案)》,1954年4月政务院颁布的《关于改进和发展中学教育的指示》等文件,都体现了这一思想。从50年代末,我国开始改变中央集权型的管理体制,力图将中央集权与地方分权结合起来。1985年《中共中央关于教育体制改革的决定》颁布,拉开了我国当代教育行政管理体制改革的序幕。

虽然经历了多次变革,总的来说,我国的教育行政管理体制仍然属于中央集权制。我国现行的教育行政体制是在中央统一领导下的分级管理体制,即在中央政府设教育部,地方的省、市、县、乡四级分设教育厅、教育局、教育组等专门性的教育行政机构,地方各级教育行政机构均受中央的统一领导。

目前,我国的教育管理行政体制仍然存在着权力过度集中、教育行政效率低下等弊端,严重影响了我国教育事业的发展,针对教育管理的简政放权的改革仍然在进行中。《中共中央关于教育体制改革的决定》强调:“必须从教育体制入手,有系统地进行改革。改革管理体制,在加强宏观管理的同时,坚决实行简政放权,扩大学校的办学自主权。”我国教育行政体制改革的长远目标是建立有中国特色的社会主义教育行政体制,具体含义包括:第一,在政治领导方面,坚持党对教育事业和教育行政的政治领导,建立健全有效的政治领导机制,既要避免否定党的领导,或忽视党在教育行政中的政治领导地位的现象,又要防止将党的领导等同于行政管理,出现以党代政、党政不分、党组织包办一切的现象;第二,在中央、地方、学校和社会的关系上,建立中央统一领导,地方分级管理,学校自主办学,社会参与管理的运行机制;第三,在教育行政权力的配置上,坚持适当分散的原则,健全教育行政的咨询、决策、执行、监督组织体系;第四,在教育行政职能上,逐步简政放权,使教育行政由重直接管理转变为重间接调控,由重微观管理转变为重宏观协调;第五,在教育行政手段上,由主要采用教育行政指令、行政监督的方式,转变为主要通过教育立法、教育督导、教育评估、教育规划、教育

拨款等手段行使教育行政职能；第六，在教育行政的组织机构和人员配备上，根据精简和高效的原则，科学地设计教育行政机构的职能部门，合理设置行政职位①。以上六个方面的内容相互联系、相互作用、不可割裂，构成了建设有中国特色的社会主义教育行政体制的目标模式。

第二节　我国学前教育行政管理体制及其变革

一、我国学前教育行政管理体制的确立

正确认识学前教育管理体制的含义、影响因素及其发展方向，可以帮助我们深刻认识学前教育管理体制与我国当前的政治体制、经济体制之间的关系，理解学前教育管理体制的作用，也有助于我们分析借鉴以往学前教育管理的经验和教训，更加明晰地把握学前教育行政管理体制改革的方向。

（一）学前教育行政管理体制的含义

学前教育行政是国家教育行政的重要组成部分，在教育行政中以学前教育管理为主要内容的部分即为学前教育管理行政。学前教育的行政管理和实施机构与一系列相关法规、政策的结合就构成了学前教育行政管理体制。我国学前教育行政管理体制的发展受政治、经济、文化等多种因素的影响，有其产生和发展的延续性和变革的过程。

（二）我国学前教育行政管理体制的确立

党中央历来重视学前教育的发展，早在1934年，当时的苏维埃政府中央人民内务委员部就颁布了《托儿所组织条例》，它是我党颁布的第一部关于学前教育的文件。《托儿所组织条例》详细规定了托儿所的规模、作息制度、环境设备、保教人员的编制标准、管理方式等。1941年1月，陕甘宁边区政府颁布了《陕甘宁边区政府关于保育儿童的决定》，要求在边区实行儿童公育制度，在边区政府民政厅设保育科，各市县政府设保育科员一人，区乡政府设保育员一人，确立了当时边区政府学前教育行政管理体制。1945年，边区政府提出的边区工作方针延续了《陕甘宁边区政府关于保育儿童的决定》的精神。总之，新中国成立以前，党的各个历史时期都及时根据解放区的政治、经济、文化的发展，结合儿童的需要，制定了相应的学前教育行政管理政策，为新中国学前教育行政体制的确立打下了基础。

新中国成立后，为了加强对学前教育工作的领导管理，1949年10月，教育部在初教司内设“第二处”，主管全国学前教育工作，1950年11月改称“幼教独立处”，直属教育部有关部长领导，掌管全国学前教育工作，这是我国第一个学前教育中央领导机构。后来，一些省、直辖市也陆续设立了幼教处、幼教科，管理地方学前教育事业。当前，教育部设基础教育二司

---

① 萧宗六：《中国教育行政学》，人民教育出版社1997年版，第48页。

负责管理普通高中教育、幼儿教育和特殊教育的宏观工作，拟订普通高中教育、幼儿教育和特殊教育的发展政策和基础教育的基本教学文件。迅速建立的学前教育全国领导体制极大地促进了当时我国学前教育事业的发展。1946 年，全国幼儿园仅 1 301 所，在园人数为 13 万，教养员人数为 2 100 人。到 1957 年，我国幼儿园数量发展到 16 420 所，是 1946 年的 12.5 倍；在园人数 108.8 万人，是 1946 年的 8.3 倍；教养员为 4.98 万人，是 1946 年的 23 倍①。到 2009 年，全国幼儿园共 13.8 万所，在园幼儿 2 657.8 万人，学前三年毛入园率 50.9%，学前两年毛入园率 65%，学前一年毛入园率 74%。2010 年 7 月，国务院印发中国儿童发展纲要（2011—2020），更是提出了到 2020 年使学前三年毛入园率达到 70%，学前两年毛入园率达到 80%，学前一年毛入园率达到 95%；幼儿在园人数达到 4 000 万人的宏伟目标。

1978 年 7 月，教育部普教司设置了幼教、特教处，1980 年 4 月，普教司改称初教司（现在的基础教育司），下设幼儿教育处。后来，教育部又设立基础教育二司，下设幼儿教育处，即现在的教育部基础教育二司幼儿教育处，为管理全国学前教育工作的专门领导机构。

二、我国学前教育行政管理体制的改革与发展

学前教育管理体制的变革受多种因素的影响。首先，教育作为一种上层建筑，教育行政作为国家行政的一部分，必然受到国家政治体制的制约；学前教育作为教育体系的组成部分，也必然会受到国家政治形势的影响，学前教育的性质、目的、管理方式等方面的变化都与国家政策的导向有关。其次，受经济状况的制约。经济的发展水平为学前教育的发展提供了物质基础，无论是教育内容、教育形式，还是教育的管理方式，都会不同程度地受到经济状况的制约。我国经济体制从传统的计划经济体制向社会主义市场经济体制的过渡，必然会引起学前教育办园体制、领导体制、人事制度、分配制度等方面的变化。再次，随着全球一体化进程的加剧，教育交流的频繁，国家之间必然会相互学习、取长补短，一些优秀的学前教育管理模式、教育思潮也会对我国学前教育管理体制的改革有一定的借鉴意义，如瑞吉欧管理模式、"五常法"管理模式等。

《中共中央关于教育体制改革的决定》明确提出了"基础教育由地方负责、分级管理的原则"。1987 年，国务院办公厅转发由原国家教委等部门出台的《关于明确幼儿教育事业领导管理职责分工的请示的通知》（以下简称《通知》），《通知》指出，幼儿教育实行地方负责、分级管理和有关部门分工负责的原则。1989 年，经国务院批准，由国家教育委员会发布的《幼儿园管理条例》（以下简称《条例》）中以法规的形式将这一学前教育行政管理体制确定下来。这一原则既是我国学前教育行政管理的体制，也是学前教育事业管理的基本原则。对于幼儿园内部的管理，《通知》指出："幼儿园的行政领导由主办单位负责——有关幼儿教育工作中的重大政策问题，由国家教委牵头，有关部门参加，共同研究。"1996 年 6 月，正式发布的《幼儿园工作规程》明确规定："幼儿园实行园长负责制，园长在举办者和教育行政部门领导下，依据本规程负责领导全园工作。"

① 张燕：《幼儿园组织与管理》，北京师范大学出版社 2000 版，第 30—31 页。

“地方负责、分级管理和有关部门分工负责”的体制和原则可从以下几方面加以阐释和理解。

(一)地方负责,学前教育管理地方化

国家教育行政部门作为决策层,对学前教育管理的职责主要是决策,是一种宏观管理,具体到执行,需由地方负责。地方负责,就是强调地方各级政府的责任,在贯彻中央关于学前教育事业的方针政策时,地方政府要按照当地的经济、文化发展的实际情况,制定相应的地方发展学前教育的规章制度,对地方的学前教育事业做出规划。我国地广人多,经济发展不平衡,人均国民生产总值还相对落后,国家用于学前教育的投资还远远满足不了婴幼儿入园的实际需要,把发展学前教育的责任和权力交给地方,可以充分调动地方管理和发展学前教育的积极性,使地方政府能够根据当地经济和社会发展的实际需要,统筹规划、合理布局、因地制宜,使学前教育的发展更加适合当地人民群众的实际需要,有利于地方学前教育个性化的发展和管理。

(二)强化地方政府责任,保障学前教育的公益性

地方负责旨在强调地方政府的责任,以及地方政府在发展学前教育事业中的重要性。一方面,学前教育是教育事业,是我国学校教育的预备阶段,高质量的学前教育对于保障基础教育质量、提高国民素质具有重要意义;另一方面,它也是一项社会福利事业,享受公平的、有质量的学前教育,对于保障人民安居乐业、维护社会稳定、构建和谐社会,也具有重要的意义。《通知》指出:“幼儿教育事业主要由地方负责,各级地方人民政府应切实加强对幼儿教育工作的领导,制订规划,认真实施,积极推进幼儿教育事业的发展。”学前教育的福利性、公益性决定了地方政府不能把学前教育事业像甩包袱一样,撒手不管,完全推向社会,要求地方政府承担起主要责任,把发展学前教育当做教育事业的重要一环来抓,承担起学前教育“兜底儿”的任务,保障学前教育的公益性。

20 世纪 80 年代以来,一些地方政府由于曲解“学前教育社会化”的含义,认为社会化就是政府完全放开学前教育发展,将其推向社会,忽视了政府发展学前教育应有的主导地位,甚至把学前教育“企业化”、“经营化”、“市场化”,盲目进行所谓的“改制”,导致国有资产流失、学前教育人才流失,出现“入园难”、“入园贵”现象,加剧了学前教育不公等问题,使学前教育失去了其应有的公益性和福利性。“学前教育社会化”应该是在政府主导作用下的社会化,政府主导是社会化的前提,而不是政府的“失位”,否则,就会将学前教育事业的发展引入歧途。

(三)分级管理、分工负责,教育部门发挥主导作用

《幼儿园管理条例》指出:“国家教育委员会主管全国的幼儿园管理工作;地方各级人民政府的教育行政部门,主管本行政辖区内的幼儿园管理工作。”明确了学前教育分级管理的原则,即教育部作为决策层,主管全国学前教育事业发展;确定学前教育发展的方针政策,对学前教育实施宏观管理。省(自治区、直辖市)、地市等地方政府为管理层,负责贯彻中央决策,制定地方相关法规,上情下达,承担当地学前教育管理工作。《条例》第四条规定:“地方各级人民政府应当根据本地区社会经济发展状况,制订幼儿园的发展规划。”县、乡等基层教育行政部门为执行层,主要职责是贯彻国家和上级教育行政部门的方针政策,制定本地区具

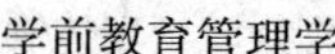

体的学前教育发展计划，直接负责本辖区内各类学前教育机构的审批、筹备、建设、管理等工作，对学前教育管理活动的具体实施起着决定作用。

同时，学前教育工作的管理，需要多部门的参与支持、分工负责。《通知》指出："幼儿教育实行有关部门分工负责的原则。"相关部门有：卫生部门负责拟订有关幼儿园卫生保健方面的法规和规章制度，对幼儿园卫生保健业务工作进行指导；计划部门负责将幼儿教育事业发展和建设等列入各级计划；财政部门负责会同有关部门研究制订有关幼儿教育事业经费开支的制度和规定；劳动人事部门负责会同有关部门研究制定幼儿园工作人员的有关编制、工资、劳动保护、福利待遇等方面的制度和规定；城乡建设环境保护部门负责统一规划与居住人口相适应的幼儿园设施，并督促有关部门和单位进行建设；轻工、纺织、商业部门按各自的分工，负责幼儿食品、服装、鞋帽、文化教育用品、卫生生活用具和教具、玩具的研制、生产和供应。在分工、协作的前提下，教育行政部门作为管理各类教育的职能部门，应发挥主导作用，对学前教育实行专业化的管理。其职责体现在：贯彻中央、国务院有关幼儿教育工作的方针、政策、指示，拟订行政法规和重要的规章制度；研究拟订幼儿教育事业发展方针，综合编制事业发展规划；负责对各类幼儿园的业务领导，建立视导和评估制度；组织培养和训练各类幼儿园的园长、教师，建立园长、教师考核和资格审定制度；办好示范性幼儿园；指导幼儿教育科学研究工作等。

（四）学前教育事业的发展需要动员全社会的力量

发展学前事业不能完全由国家包办下来。首先，从国情出发，我国是一个发展中的大国，人口多、底子薄，穷国办大教育，在未来若干一段时间内，尚不具备由国家包办学前教育的经济实力。其次，从我国学前教育的性质来看，它是我国社会主义教育事业的一部分，肩负着教育学前儿童、服务家长的双重任务，具有社会福利性和公益性的特点。但是，学前教育目前不属于义务教育，所以，国家、地方政府、社会各单位，集体、企业以及公民个人都应承担一定的责任。再次，从世界范围内来看，无论是发达国家还是发展中国家，绝大多数国家的学前教育都是由国家、集体和社会慈善机构、个人等共同承担的。

从新中国学前教育发展60多年的历程来看，我国学前教育事业发展始终坚持动员全社会力量办园的指导方针。1956年，内务部、教育部、卫生部联合颁发的《关于托儿所、幼儿园的几个问题的通知》指出："在城市中由厂矿、企业、机关、团体、群众举办，在农村提倡农业生产合作社举办。"1983年11月，教育部发出了《关于发展农村幼儿教育的几点意见》，提出"发展幼儿教育必须坚持'两条腿走路'的方针"。所谓"两条腿走路"指的是国家与地方、集体、个人，公办与私立两条途径并行。1987年，《国务院办公厅转发国家教委等部门关于明确幼儿教育事业领导管理职责分工的请示》指出："除地方政府举办幼儿园外，主要依靠部门、单位和集体、个人等方面力量发展幼儿教育事业。"1988年《国务院办公厅转发国家教委等部门关于加强幼儿教育工作意见的通知》则多次强调，发展学前教育事业应该"多管齐下"，"幼儿教育事业具有地方性和群众性。发展这项事业不可能也不应该由国家包起来，要依靠国家、集体和公民个人一起来办。在地方人民政府举办幼儿园的同时，主要依靠各部门、各单位和社会各方面的力量来办。幼儿园不仅有全民性质的，大量应属集体性质的，以及由公民个人依照国家法律及有关规定举办的。"《幼儿园管理条例》第一章第五条也明确指出："地方各级人民政府可以依据本条例举办幼儿园，并鼓励和支持企业事业单位、社会团

体、居民委员会、村民委员会和公民举办幼儿园或捐资助园。”2010 年发布的《国家中长期教育改革和发展规划纲要(2010—2020 年)》则提出“建立政府主导、社会参与、公办民办并举的办园体制。”正是多年来国家坚持这一办园方针,推动我国学前教育事业取得长足进步,幼儿入园人数从 1949 年的 13 万发展到 2009 年的 2 658 万人。

第三节　新时期我国学前教育行政管理体制改革与发展趋势

新中国成立后,我国学前教育事业进入一个新的历史发展时期,尤其是十一届三中全会以来,伴随着我国社会政治、经济、文化的改革与发展,我国学前教育事业得到了史无前例的发展。学前教育行政职能的作用也越来越突出,学前教育行政管理制度也从初步建立到逐步走向制度化、规范化、科学化,为新时期我国学前教育事业的发展提供了制度保证。

新时期,我国学前教育行政管理体制改革与发展的特征及趋势主要表现在以下几个方面。

一、党和政府高度重视发展学前教育事业发展

新中国成立后,学前教育事业一直受到党和政府的重视,学前教育的福利性和公益性得到彰显,尤其是改革开放以来,教育作为未来国际综合实力竞争中关键的一环,被党和政府置于优先发展的战略地位。作为基础教育的一部分,发展学前教育也被作为提高未来国民素质的重要战略。

(一)强化对学前教育事业的管理、协调和引导

为加强对学前教育事业的管理,我国政府出台了一系列的方针、政策、法规等文件。1979 年,为了进一步协调学前教育事业管理和发展事务,经国务院批准,由教育部、卫生部、劳动总局、全国总工会和全国妇联联合召开了全国托幼工作会议,发布了《全国托幼工作会议纪要》,决定成立由国务院直接领导的全国托幼工作领导小组及其办事机构,负责研究和贯彻有关托幼工作的方针、指示,制订事业发展规划等,并划分了有关部门的工作职责。这是新中国成立以来关于学前教育工作的一次具有里程碑式意义的会议。1987 年 10 月,国务院办公厅转发原国家教育委员会等部门《关于明确幼儿教育事业领导管理职责分工请示的通知》,明确划分了国家教委、国家计委、卫生部、劳动人事部、财政部、建设部、轻工业部、纺织部、商业部等有关部门对于学前教育事业发展的任务和责任。1988 年 8 月,国务院办公厅转发国家教委等部门《关于加强幼儿教育工作意见的通知》,要求各政府部门明确职责、加强领导,认真贯彻落实《关于明确幼儿教育事业领导管理职责分工请示的通知》的精神。近年来,《面向 21 世纪教育振兴行动计划》、《中共中央国务院关于深化教育改革全面实施素质教育的决定》,以及 2000 年 6 月颁布的《国务院关于基础教育改革与发展的决定》等有关重要文献,都将学前教育作为基础教育的重要组成部分,强调通过行政手段促进其大力发展。

2007 年胡锦涛总书记在党的十七大报告中提出“重视学前教育”,这是党的纲领性文件

中第一次出现学前教育的内容。2010 年 7 月，在全国教育工作会议上，温家宝总理提出要"推动全国城乡学前教育发展，抓紧解决群众反映强烈的入园难问题"。同年 11 月 2 日，温总理在幼儿园座谈时再次强调"办好学前教育是群众的希望，是政府的责任"。2010 年 7 月和 11 月，我国政府先后颁布《国家中长期教育改革和发展规划纲要（2010—2020 年）》、《国务院关于当前学前教育的若干意见》，将学前教育列为今后十年八大发展任务之一，并提出促进学前教育发展的具体政策措施。为贯彻落实《国务院关于当前发展学前教育的若干意见》和全国学前教育工作电视电话会议精神，统筹推进学前教育发展，教育部办公厅成立了由副部长担任组长的教育部学前教育三年行动计划推进工作领导小组，指导和督查各地学前教育三年行动计划实施情况；协调有关学前教育的重大项目、工程；研究、指导学前教育体制改革试点工作；讨论、审议《国务院关于当前发展学前教育的若干意见》的配套政策措施；统筹协调部内各有关司局之间涉及学前教育改革发展的重大问题。

（二）重视儿童权利的保障工作

党和政府历来重视儿童的成长和保护工作，致力于儿童权利保护的法制化及参与国际合作。1992 年国务院下达《九十年代中国儿童发展规划纲要》的通知，明确了儿童保护的重要性和对儿童生存、保护和发展的主要目标，并详细制定了策略与措施，强调"做好这项工作是各级政府的重要责任。由国务院妇女儿童工作机构协调有关部门，领导、组织监督本规划纲要在全国的实施"。在《国民经济和社会发展十年规划和第八个五年计划纲要》中也明确规定了对儿童发展和保护的许多重要指标，表明了政府对儿童生存、保护和发展的高度重视。我国政府为了儿童权利保障的法制建设，从实际出发，制定了以《中华人民共和国宪法》为母法的一系列的法律、法规，包括 1991 年 9 月全国人大常委会通过的《中华人民共和国未成年人保护法》，1994 年 10 月公布的《中华人民共和国母婴保健法》。尤其是在 1995 年 3 月 18 日，第八届全国人民代表大会第三次会议通过的《中华人民共和国教育法》，以及 1990 年 2 月正式实施的《幼儿园管理条例》和 1996 年 6 月正式实施的《幼儿园工作规程》，更是推进我国学前教育事业发展的重要法规。我国政府在致力于儿童权利保障的同时，还积极参与国际合作，分别在《儿童生存、保护和发展的世界宣言》和《执行九十年代儿童生存、保护和发展世界行动计划》上签字，承诺积极参与世界关爱儿童、保护儿童的行动计划。

二、依法治教、依法管理，学前教育管理逐步走向法制化

管理实践中，以往仅仅依靠政策和行政手段管理的方式所带来的弊端越来越突出；以"人治"为主要管理方式的随机性、短效性越来越不能适应我国学前教育事业的长久发展。随着我国法制建设的加强，教育立法工作越来越受到重视，管理方式开始逐步由过去以行政命令、指令为主转变为以制定相应的法律、政策为主，出台了一系列的法律、法规，变人治为法制，使学前教育的开办、管理变得有法可依，更具有可操作性与稳定性。

1952 年，教育部颁布了《幼儿园暂行规程》，这个法规性文件对我国改革开放前的学前教育事业的发展起到了重要的指导作用。1979 年，教育部印发试行了《城市幼儿园工作条例》，同年，国务院转发《全国托幼工作会议纪要》；1983 年，教育部印发了《关于发展农村幼儿教育几点意见》；1987 年，劳动人事部、国家教育委员会颁发了《全日制、寄宿制幼儿园编

制标准(试行)》;1987 年,国务院办公厅转发国家教委等部门《关于明确幼儿教育事业领导管理职责分工的请示》。由于之前我国相关法律较为缺乏,这些文件、条例实际上担负起了相关法律的作用,并具有较长的时效性,其贯彻执行对学前教育事业的发展起到了规范的作用。同时,为适应社会主义现代化建设的需要,那些经过实践证明正确的、可行的方针、政策,也将以法规的形式固定下来,进一步推进我国学前教育事业法制化的进程。

三、学前教育管理逐步走向科学化

改革开放以来,我国学前教育事业发展迅速,办园规模不断扩大,办园体制和办园类型多样化趋势明显,标志着我国学前教育事业进入新的发展阶段。与此同时,学前教育管理遇到的问题也越来越多、越来越复杂。那种单纯依靠学前教育行政管理人员自身经验或临时的会议决策,头疼医头、脚疼医脚的管理方式已经不能适应学前教育事业发展新的需要和面临的新问题,这就要求我们研究学前教育管理规律,分析学前教育管理中出现的新问题,探索新的管理形式,使学前教育管理更加科学化、系统化、专业化。

(一)法规制定、颁布与决策实施的科学化

改革开放以来,我国陆续制定出台的一些法规、文件都是在不断总结学前教育行政管理的历史经验和教训的基础之上,经过了长时间大量深入的调查、实验、研究,以及广泛征求各方面意见之后制定的。《幼儿园管理条例》、《幼儿园工作规程》、《幼儿园教育指导纲要(试行)》等学前教育管理的重要法规的制定,都经历了一个很长的酝酿、调查的过程,而且,最初颁布的都是试行方案。比如,1989 年 6 月 5 日,国家教委颁布了《幼儿园工作规程》的试行方案,期间经过试行、实验,删去和修改了一些不能适应我国学前教育事业发展的条款,直到 1996 年 6 月 1 日才颁布执行正式的《幼儿园工作规程》;《幼儿园教育指导纲要》目前仍处于试行阶段。可见,国家对于这些相关法规的制定是慎之又慎,以确保其决策的科学化。20 世纪 80 年代以来,每次出台重大的学前教育行政管理决策之前,都要邀请国内知名学前教育专家进行广泛的研讨、论证,专家们所从事的相关课题研究为学前教育管理决策提供理论指导和依据,最大限度地发挥理论研究者的专业优势,避免学前教育行政管理的主观性。

(二)重视引进西方先进的管理理论

20 世纪 90 年代以来,由于学前教育事业对外交流的日益频繁,国外一些先进的管理思想传播到了国内。开放教育思想、人本主义管理思想以及市场经济管理体制理论等对我国学前教育管理活动产生了重要影响,学前教育管理呈现了多元化的管理模式。对我国学前教育管理影响较大的管理理论及管理模式有瑞吉欧管理模式、“五常法”管理模式、岗位目标责任制、园本管理模式、集团化管理模式等,并且这些管理理论被迅速地本土化、地方化、个性化,对于我国学前教育管理的规范化起到了较大的推动作用。

(三)科研院所和大学专家学者的作用越来越受到重视

改革开放以来,国家和地方的教育行政管理部门越来越重视学前教育专家的指导作用。学前教育有关政策、法规文件的制定,国家和地方学前教育发展规划的出台等都聘请有关专

家参与,进行研讨、论证,政府部门还提供专项经费资助相关的课题研究,为学前教育政策的制定提供理论支撑。2011 年 6 月,为贯彻落实《国家中长期教育改革和发展规划纲要(2010—2020 年)》和《国务院关于当前发展学前教育的若干意见》,建立科学的幼儿园保教质量评估和监管体系,加强对幼儿园保育教育工作的指导,全面提高学前教育质量,教育部成立学前教育专家指导委员会,对国家有关学前教育质量监督管理的相关政策和制度设计提供专业咨询,这也为专家学者参与国家层面学前教育行政与管理提供了途径和渠道。

本章小结

教育行政体制是指一个国家的教育行政组织系统,我国教育行政体制改革的长远目标是建立有中国特色的社会主义教育行政体制。我国学前教育行政管理体制为“地方负责、分级管理和有关部门分工负责”。我国学前教育行政管理体制改革与发展的趋势表现在:党和政府高度重视,积极发展学前教育事业;加快学前教育管理法制化进程;学前教育管理逐步走向科学化。

【知识检测】

1. 概念检测:教育行政体制;学前教育行政管理体制
2. 思考讨论:
(1)区分中央集权型和地方分权型教育行政管理体制及其特点与优劣。
(2)请谈谈对我国学前教育管理体制的理解。
3. 评述新时期我国学前教育行政管理体制改革与发展现状。

【案例分析】

某街道幼儿园重新开办以来,经过全园教职员工的共同努力,在很短的时间内从一所规模小、投入少、师资薄的无名小园发展成为市里少数街道办园中的优秀园。虽然该园由所在的街道办事处管理,但该园现在实行园长负责制,成为相对独立的办园实体,自负盈亏,仅能维持收支平衡。该园教职工大多为公职人员,人员配置较为合理,没有多余的编制。

一天,园长接到办事处通知:该办事处下辖的另一所幼儿园由于经营不善、亏损较多,决定解散,公职教师需要分配至各效益较好的园,所以要求该园接受 3 名教师。虽然该园是自收自支,但由于该园归属办事处领导,在人事上没有任免权,鉴于该园的实际情况,如果接受上级的安排,势必对幼儿园的发展带来不利影响,园长为此感到进退两难。

作为一个独立的经济实体,该园实施园长负责制,实现了管理体制的转轨,但事实上仍与原来的体制有着千丝万缕的联系。园长虽然有权拒绝上级领导部门的人事安排，但又不敢直接拒绝，只好和上级磋商，希望能减少人员安排。

案例改编自《幼儿园管理及评析》，张燕、邢利娅编，北京师范大学出版社2002年版。

思考：

1. 如果你是园长，你该如何处理这件事？

2. 在管理体制改革的过程中，幼儿园和上级领导部门之间，如何规范彼此的权利和义务？

3. 学前教育行政管理部门如何给幼儿园的发展创造良好的外围环境？

第四章　学前教育机构管理的原则与方法

本章概要

学前教育机构管理的原则是学前教育管理活动所必须遵守的准则和基本要求，是正确处理学前教育管理过程中一系列实践问题的指导原则。学前教育机构管理的原则既要遵循学前教育的基本规律，也要依据管理学的基本规律，具体包括方向性原则、整体性原则、民主管理原则、经济效益和社会效益相结合的原则。

学前教育机构管理的方法是学前教育机构管理者为完成学前教育机构的教育任务，实现园所的教育目标，开展教育管理活动所采取的各种措施、途径和手段的总和。

学习目标

1. 明确学前教育机构管理原则的含义和确立依据。
2. 熟练掌握贯彻各原则应注意的问题。
3. 掌握各管理方法的特点和运用时应注意的问题。

第一节　学前教育机构管理的原则

一、学前教育机构管理原则的含义

对于“原则”一词，《现代汉语词典》的解释是：①说话或行事所依据的法则或标准；②指总的方面，大体上。依据第一个解释，本书中的“原则”指的是基本的行动准则、规则和要求等。原则是人们对客观规律认识的反映，是观察、看待、处理问题的准绳。管理原则是指导

管理工作的行动准则,是对管理工作提出的基本要求。任何组织要有效地运行,实现管理的目的,就必须遵循一定的管理原则。学前教育管理的原则是学前教育管理活动所必须遵守的准则和基本要求,是正确处理学前教育管理过程中一系列问题与矛盾的指导原则。学前教育管理原则不仅仅是抽象的理论,更具有实践的价值,它可以将学前教育管理原理条理化、系统化、具体化为学前教育管理工作中的具体要求,可以全面指导学前教育管理过程各个环节的工作,并指导各种管理方式的运用、各项组织机构的建立等。管理实践中,管理者遵守这些基本的原则就可以达成理想的管理效果,指导管理者少走弯路,减少盲目性,避免管理工作中的失误,为学前教育机构管理目标的实现保驾护航。

二、确立学前教育机构管理原则的依据

总的来说,制定科学合理的学前教育管理原则,既要考虑学前教育机构作为一种社会组织的特殊性问题,又要考虑社会组织管理的一般问题;既要遵循教育科学的基本规律,又要遵循管理科学的基本规律,并考虑如何使二者有机地结合,慎重、全面地予以分析和把握。

(一)教育的基本规律

教育是人类社会一种特殊的活动,是一种培养人的活动,具有一定的阶级性。一方面,教育是上层建筑,要为政治、经济、社会的发展服务,对于促进社会公平、构建和谐社会具有重要意义,同时,教育的发展也必然会受到社会政治、经济、文化发展的制约,这体现了教育和社会生产力与社会政治经济的关系;另一方面,教育要满足其促进教育对象身心健康发展的需要,这反映了教育活动与年轻一代身心发展的关系,教育活动要研究教育对象,为年轻一代的健康成长服务。教育管理原则的制定要以二者的结合,即教育的本质为准绳,把教育活动的本质特性作为制定教育管理原则的基础,既要符合社会发展的需要,又要符合学生个体的发展需要。

(二)管理的基本规律

对学前教育管理具有重要指导意义的管理规律包括整体优化原理、合理组合原理、动态平衡原理、人本原理等。

1.整体优化原理

管理主要是相对于组织而言的,任何一个组织,要实现理想的管理目标,就需要把组织管理的各类要素,如人力资源、资金状况、固定资产、时间、信息、各种资源等排列组合成为一个有机的组织整体系统。也即组织是一个整体,一个整体系统是由相互作用和相互依赖的若干个有区别的子系统组合而成,并具有特定功能和共同目的的有机集合体。组织的整体性质、功能不是各个部分的简单相加,组织整体的功能要远远大于多个部分的简单代数和。整体既要不断调整整个组织以适应对外界社会大环境的变化,也要不断通过调节内部组织系统使整个组织更好地运行,提高管理效率,以顺利实现整个组织的管理目标。作为管理者,在考虑问题时,应比普通员工考虑得更全面,站得更高;在管理组织机构时,要有整体意识、组织意识,把组织的整体目标作为所有管理活动的出发点,作为考量管理绩效的依据。

组织作为一个整体,有整体的管理目标,作为整体的各个部分,也应有各个部分的岗位

职责、岗位目标,正是组织的各个部门目标的有机结合,才构成了整体目标。因此,作为普通员工,要了解自己在整个系统中的地位与作用,认识到相对于总体目标来说自己的从属地位,要有为整体目标服务的意识,有大局观,能够从整体出发,和其他部门相互协调、通力合作,而不是各自为政、各行其是。

2. 合理组合原理

所谓组合,是指组织是按照何种结构、何种方式将各个部分要素形成一个整体。同样的管理对象,由于不同的组合方式,就会形成各个要素之间不同的组织关系,导致不同的管理效应。合理的组合可以使组织结构更严密,运行更加有序;可以使各个要素之间更具聚合性和团队精神,形成一个有机的整体;可以使各个要素之间具有更好的适应性,具有自我调节、自我控制、自我完善的功能。合理的组织安排能充分发挥每个员工的特长,人尽其才、物尽其用,使不同的员工之间扬长避短、互相补充;而不合理的组合往往导致员工之间相互斗争拆台、相互推诿,陷于内耗之中。

为了更好地提高效率,学前教育机构在组建领导班子,以及选择配班老师时,就需遵循合理组合原理。比如,为避免矛盾,选择配班老师时,既要考虑配班老师的业务水平、不同特长,也要考虑年龄、气质、性格等,合理组织班级老师。

3. 动态平衡原理

任何事物都是在不断发展变化的,作为一个组织,所处的外界环境和自身因素都在变化运动,组织内部和外部环境的任何变化,都可能打破原有组织系统的平衡,带来一系列新的问题。作为管理者,要与时俱进,不断调整自己的管理活动,针对可能或已经发生的变化,不断地对组织管理进行调整,以期达到新的平衡,而不是故步自封、墨守成规。

其实,时代的不断发展决定了管理方式必然也要发展,而不是一成不变的,比如,20 世纪五六十年代,人们思想单纯,思想政治教育曾被作为一种最主要的管理方法,而在社会主义市场经济时期,管理者仍然只停留在高谈思想教育,而不给予以一己之长做出较大贡献的员工合理回报的话,很可能导致人才的流失。同时,在组织的不同发展阶段,组织的运行具有不同的特点,管理者所扮演的角色也有很大的不同。比如,在组织的初创时期,百废待兴,管理制度不甚完善,管理者更多地运用行政指令的管理方式,管理者多是身先士卒、以身作则;而到了组织发展相对成熟、稳定的时候,组织已形成了一套完整的规章制度,管理过程更多的是照章办事,以组织管理和制度管理为主,日常管理更多的是一种“例外管理”,这时,高层管理者的任务更多的就是做出决策,而不是事无巨细、亲历亲为。

4. 人本原理

人是生产力中最活跃的因素,也是管理活动中最核心的要素。学前教育机构所拥有的人、财、物等都是管理的基本要素和管理对象,但是,人是唯一具有能动性的资源,财、物等资源都需要由人来掌控和使用,才能够发挥作用。人是第一生产力,现代管理的核心就是调动人的积极性,以调动和激发人的积极性为根本,管理的成效如何也取决于人的能动性调动、发挥得如何。在管理工作时,管理者要充分考虑到被管理者是具有独立人格的个体,要和被管理者建立和谐的人际关系,而不仅仅是一种上下级的关系,更不能把被管理者当做“会说话的工具”。人作为一种特殊的资源,从某种意义上讲,既是管理的手段、工具,但更是管理

目的。

另外，在制定学前教育机构管理原则时，管理者也应当考量学前教育机构本身的特点，协调处理好各种关系，如学前教育机构和社会的关系、学前教育机构内部不同工作之间的关系、学前教育机构不同教职员工之间的关系、投入与产出之间的关系等。以这些关系为出发点，以事实为依据，遵循教育的基本规律，科学地运用管理理论，管理者就能实现对学前教育机构的有效管理。

三、学前教育机构管理应遵循的基本原则

依据管理学的一般原理和教育的自身规律，结合学前教育机构管理的特点，学前教育机构管理应遵循以下基本原则。

（一）方向性原则

所谓方向性原则指的是学前教育机构必须坚持社会主义办园的方向，要坚持以教育婴幼儿、服务家长为目标的办园方向。

一方面，作为教育机构，托幼机构的天职就是要保育和教育婴幼儿。学前教育是基础教育的基础，儿童是祖国的未来、社会主义事业的接班人，学前教育质量直接关系着婴幼儿的健康成长，以及中华民族的兴旺和发达。《幼儿园工作规程》明确指出："幼儿园是对三岁以上学龄前幼儿实施保育和教育的机构，是基础教育的组成部分，是学校教育制度的基础阶段。"其任务是"施行保育和教育相结合的原则，对幼儿实施体、智、德、美诸方面全面发展的教育，促进其身心和谐发展"。另一方面，该《规程》还规定，"幼儿园同时为家长参加工作、学习提供便利条件。"这就要求学前教育机构要尽可能地服务好家长，为家长的工作和学习提供更多方便。纵观目前世界范围内的学前教育，无论是社会主义国家还是资本主义国家，无论是发达国家还是发展中国家，都把保育和教育婴幼儿、服务家长作为学前教育机构最主要的任务，服务性和福利性也因此成为学前教育机构的基本特征之一。

贯彻方向性原则需要注意以下几个问题。

1. 明确教育目标和树立正确的办园思想

教育是上层建筑，要为一定的政治、经济服务，所以，管理者必须要明确学前教育机构管理是一种有目的的活动，总是以一定的目标为方向的。在管理实践中，管理者首先要考虑学前教育机构是为谁服务的，要办什么样的园所，培养什么样的人。

在举办学前教育机构的过程中，管理者既要考虑经济效益，更要考虑教育效益、社会效益，尤其是公办园所，应把教育效益和社会效益放在优先位置，以教育婴幼儿、服务家长作为办园方向，以有利于婴幼儿的健康和发展，实现和满足人民群众的需要为出发点，做好学前教育管理工作。对于民办学前教育机构来说，虽然要考虑经济利益，但也只有把"教育婴幼儿、服务家长"作为办园的指导方针，切实贯彻一切以儿童的发展为核心的教育理念，处处体现为家长提供更方便的服务的立园之本，才能得到政府和家长的认可。民办学前教育机构只有为婴幼儿提供高质量的教育，为家长提供更贴合需求、更个性化的服务产品，才有可能在激烈的竞争中站稳脚跟，不断打造自己的品牌。

2. 加强思想引导和优良园风建设

学前教育机构是培养教育人的场所。为了更好地教育婴幼儿、服务家长，学前教育机构要加强保教人员的职业道德建设，注重政治思想工作，建设优秀园风，提高教职员工素质，体现良好的精神风貌，不断激励全体保教人员为实现全面育人目标、完成双重任务而奋发努力。

（二）整体性原则

学前教育机构是社会系统的一个组成部分，其本身也是一个系统整体，是由相互作用和相互依赖的各个部门、各项工作、各方面人员所组成的。整体性原则是指要实现学前教育机构的教育目标，需要以保教工作为中心，全面规划，统一指挥，合理组合各个部门、各个层次、各种因素，全面发挥学前教育机构的教育功能，以达到最佳的教育效果。坚持整体性原则可以帮助我们正确处理学前教育机构管理工作中的主要工作和次要工作、主要矛盾和次要矛盾、整体利益和局部利益、教育工作和管理工作之间的关系。

贯彻整体性原则要注意以下几点。

1. 保教结合、全面安排

保教工作是学前教育机构的中心工作，这是由学前教育机构的性质和任务所决定的，学前教育区别于其他阶段教育最主要的特征之一就是“保教结合”。学会生活自理和劳动是一个人能够生存和发展的基本条件，一个人只有先学会生存，才有可能学会学习、学会做事、学会做人，成为有用之才。学前教育机构开展各种活动时，必须以保教工作为中心，并注意二者的结合和相互渗透，坚持保教并重。

长期以来，学前教育实践中存在着“重教轻保”、“重智轻德”、“重智轻体”的现象，“小学化”问题突出。一些家长过于急功近利，错误地认为学前教育机构的主要任务就是教孩子读书、识字，而为了迎合家长的心理，一些园所过分强化对学龄前儿童的读写算训练，忽视了对他们进行良好生活习惯、行为习惯和良好性格的培养，违背了保教结合的理念。作为学前教育机构管理者，应力戒此种现象，以保教工作为中心，全面安排学前教育机构的教育教学工作和卫生保健工作。

2. 重视学前教育机构内各种因素的整体协调

学前教育机构各组织部门虽然承担着不同的职能任务，但是，他们的最终目的都是为教育婴幼儿、服务家长，所以，食堂、医务、保卫等相应人员都要密切配合一线教师的保教工作，始终以保教工作为各项工作的中心。管理者要加强对园所各类工勤人员的教育，提高员工素质，能够以教师的标准来要求自己，做到管理育人。同时，学前教育机构还要善于整合各种资源为保教工作服务，如在环境设置、教室装饰等方面也要体现出自己的教育理念、园所文化等。

3. 协调家庭、社区各方面的力量

学前教育机构作为社会大系统的子系统，必然会受到社会环境等各种因素的影响，随着时代的发展，学前教育机构和家庭、社区的关系也会越来越密切。毋庸置疑，学前教育在儿童成长的过程中占据主导地位，但是，家庭教育和社会教育在孩子成长过程的的作用是学前

教育不能替代的，这就要求学前教育管理者在发挥教育机构主体作用的同时，还要善于整合园内、园外资源，形成教育合力，以达到最佳的教育效果，更好地完成教育婴幼儿、服务家长的双重任务。

（三）民主管理原则

民主管理原则指的是在学前教育管理过程中，要处理好完成管理目标和建立良好人际关系的问题，管理者要善于处理和群众的关系，调动下级基层人员的积极性，力求全员参与，发挥管理的激励机制，为更好地实现管理目标而服务。

民主管理是现代管理的精髓，是人本管理思想的具体体现。人是管理中最积极的因素，管理的核心要素是人，人既不是“工具人”，也不是“经济人”，而是“社会人”。学前教育机构实行民主管理，可以使教职员工参加园所的决策和管理过程，发挥教职工的主人翁作用，从而最大限度地调动大家的积极性。同时，坚持民主管理的原则可以指导管理者正确处理管理过程中领导与群众、集中与民主、组织与个人之间的关系。

贯彻民主管理的原则要注意以下问题。

1. 管理者从思想上要重视走群众路线

作为管理者，要明白“水可载舟，亦可覆舟”的道理，应从群众中来，到群众中去，处理好完成工作任务和关心下属的关系，要善于听取教职工的意见和建议，通畅下级员工反映问题的渠道，切忌高高在上、目中无人、脱离群众。管理者如果过分强调自己的领导地位，只会拉大自己和群众的距离，导致其丧失群众基础、威信，甚至成为“光杆司令”，降低管理的效率。相反，越是谦虚的领导，往往越能得到大家的尊重，其民主作风有利于园所形成亲密、和谐的人际关系氛围，使大家相互尊重、相互信任、相互支持，为实现园所的目标而共同努力。

2. 要为群众参与管理提供组织保证

在学前教育机构管理中，仅有民主的思想意识还远远不够，民主管理必须要以一定的组织和制度作保证，必须为群众参与管理创造组织条件，而不是有问题后就必须或只能找园长反映。为此，学前教育机构应定期召开职工大会、园务委员会、党政联席会议等，使教职员工对园所的重大决策有知情权、审议权、投票权，有机会参与讨论和做出决定；畅通日常工作中教职员工反映问题的渠道和途径，使教职工通过正当的方式能维护自己的合法权益；重视工会在民主管理中的作用。工会是教职员工自己的组织，代表着基层的利益，可以配合园所行政工作，发挥桥梁作用。

3. 要注意民主和集中相结合

民主和集中是相对的，没有绝对的民主，在充分发扬民主管理的同时，学前教育机构管理者还必须用好自己的决策权，把握正确的办学原则和方向。对于不同岗位的基层员工来说，由于所处的岗位不同，看问题的立场和观点也就不同。有时，基层教师看待问题往往只从自己的立场出发，缺乏高度，甚至是失之偏颇。作为管理者，则要高屋建瓴，站在全园所，甚至更高的角度审视具体的问题，要从大局出发，着眼于长远，不能一味地充当老好人，也不能将所有的问题都通过教职工投票来解决，只有通过充分的沟通和权衡才能真正做出符合集体利益的决定。

(四)有效性原则

管理的根本目的在于提高效率,以最小的投入创造更多的经济效益和社会效益,充分发挥管理的生产力职能,为社会做出更大的贡献。对于学前教育机构来说,就是以较少的投入为培养出更多符合社会要求的高质量人才奠定坚实基础。

学前教育管理的有效性原则是指,学前教育管理要树立正确的效益目标,通过合理计划、科学组织、有效监控、及时反馈等措施,充分挖掘潜力,经济、合理、高效地完成学前教育机构管理和教育目标。作为管理者,不能满足于做一个忙忙碌碌的事务主义者,也不能只讲动机,不讲过程,成为不讲效果的原则领导者,而要讲求管理工作的效益。为此,学前教育机构的管理者就必须研究人力、物力、财力等方面投入带来的效能,既注重发展速度,更要讲究质量;既关注机构自身的经济效益,更要追求管理活动的整体效益、社会效益,全面提高保教质量。

贯彻有效性原则需要注意以下两点。

1. 建立合理的机制,促进学前教育机构管理的制度化、规范化、程序化

学前教育机构要科学、合理地设置组织机构,做到层次清楚、职责分明,既统一领导,又分工协作,尽可能地做到机构简、人员精,避免多头管理。各部门和人员要有职、有权、有责,要因事、因责设岗,而不是因人设岗,造成多头管理现象,导致相互推诿,出现“三个和尚没水吃”的现状。为此,学前教育机构管理要以有效性为最终目标,建立、健全以岗位目标责任制为核心的各项管理制度,规范各组织部门的权力和责任;形成稳定、正常的工作程序和制度,包括全园性制度、部门性制度和各种奖惩制度等,通过对各类人员的考核、评价,奖优惩劣,实现制度规范和组织规范的完美结合。

2. 实现人力、物力、财力的合理配置

学前教育机构的人力、物力、财力都很有限,要最大限度地发挥各种资源的作用,必须做到合理配置、有效利用。管理者对全体员工的整体状况要进行全面的了解、分析,建立员工档案,包括学历、职称、工作年限、工作业绩、能力特长、业余爱好、兴趣特征、性格、气质等。在使用各种人才时,做到知人善任,用人之长,在干部提拔、配班组合等方面通盘考虑、合理搭配。同时,对不同能力和不同水平的教师与保育员、新教师与老教师都要有不同的要求,采取不同的管理方式。

学前教育机构要坚持自力更生、勤俭办园的方针,开源节流,实现经济效益的优化。无论对于公办园,还是私立园,都要考虑如何节约开支,降低成本,力求少花钱、多办事,把有限的经费用到最需要的地方。同时,园所要加强对教学仪器和设备的管理,延长其使用寿命,防止不应有的损耗,实现物尽其用。

作为管理者,还要重视对学前教育机构时间和信息的有效管理。园长要合理安排工作,讲究统筹方法,分清主次、轻重、缓急,提高时间的利用效率,尤其是要减少不必要的会议,把更多的时间留给基层教师,防止时间浪费。信息作为一种特殊的资源,既是管理者进行计划和决策的依据,对管理过程进行有效调控的依据,也是管理者加强和教职员工相互沟通的纽带,所以,加强信息管理对于学前教育机构也具有重要的意义。

（五）经济效益和社会效益相结合的原则

学前教育机构作为一个社会组织，是国民教育体系中的一环，应该为社会主义现代化建设服务，尤其是在当前很多地区面临“入园难”的情况下，应该为维护社会公平、构建和谐社会服务。为此，学前教育机构管理理应兼顾经济效益和社会效益。

贯彻经济效益和社会效益相结合的原则需要注意以下两点。

1. 坚持学前教育的福利性和普惠性

我国学前教育的性质决定了学前教育机构要为国家、为人民服务，尤其是公办园所，更要以满足社会需要为出发点，以社会效益为根本。管理实践中，一些学前教育机构适当提高收费，以改进园所条件，提高教职员工的待遇福利本无可厚非，但是，管理者如果一味地追求经济利益，盲目跟风涨价，抬高收费价格，就会造成社会不公，丧失了学前教育机构所应有的福利性和普惠性的本质属性，这与当前我国政府大力倡导教育公平及构建和谐社会的要求是背道而驰的。

2. 采取多种措施确保经济效益和社会效益并重

目前，我国优质学前教育资源比较匮乏，不同种类学前教育机构保教质量和管理水平参差不齐，为更好地发挥优质园所的引领示范作用，教育行政主管部门创造各种条件加强园所之间的观摩、交流、研讨，鼓励那些条件较好的公办园所对一些刚刚起步的私立园所提供帮助和指导，尽可能地注重社会效益。对于私立园所来说，服务社会和追求利润二者之间并不是矛盾的，而是相辅相成的。在追求合理回报的同时，也要考虑学前教育的社会性，积极为国家和政府分忧，通过达成社会效益体现其办园品质和声誉，由此也能够得到政府更多的优惠政策和资金支持，有利于私立园所的良性循环发展。

以上原则之间是相互联系、相互制约、不可分割的，共同作用于学前教育机构的管理过程之中。学前教育机构自身是一个整体系统，同时又是社会大系统的一个小系统，其管理过程非常复杂，管理者既要处理好园所内部的事，也要处理好园所与社会环境之间的关系。以上五个原则只是一些最基本的、最基础的原则，还需要学前教育管理者在管理实践中不断地学习和探索、丰富和发展。

第二节　学前教育机构管理的方法

管理方法是在管理原则指导下的具体方法。相对于管理原则，方法更为具体，管理原则对管理方法具有方法论的指导意义。

教育管理方法既反映管理的一般规律，又和一定社会文化现象密切联系。教育管理方法包括国家、教育行政机关管理教育的方法和学校具体的管理方法。从教育机构内部具体的管理方法来看，教育管理的方法是指教育管理者为完成一定的教育任务和实现教育目的所采取的形式、手段和措施。

学前教育管理方法是学前教育管理者为实现教育目的，完成学前教育机构的教育任务，

开展教育管理活动所采取的各种措施、途径和手段的总和。举办和管理学前教育机构,不但要有正确的办园思想、明确的管理目标、优良的师资和设施设备,也离不开科学的管理方法。管理实践活动中,一些园长虽然有管理好园所的美好愿望,也有不怕吃苦、脚踏实地的实干精神,事无巨细、事必躬亲,但是由于忽视管理工作的客观规律,缺乏科学的管理方法和艺术,管理效果大打折扣,所以,研究和运用科学的管理方法,对于实现园所的管理目标具有重要的意义。

在学前教育机构管理实践中,所运用的管理方法主要有行政方法、经济方法、激励方法、法治方法。

一、行政方法

(一)行政方法的含义

所谓行政方法又叫行政指令法,是指学前教育管理者依靠上级组织机构及其所赋予的权力,通过发布行政指示、命令的方式,对被管理者产生影响的一种管理方式、方法。

行政方法是管理实践中运用得最多、最为普遍的一种管理方法。行政管理中的管理者和被管理者之间职责、权力和从属关系明确,管理者是被管理者的上级,被管理者是当然的下属,必须服从上级领导,处于管理者地位的人或组织有职位、有责任、有权力、有能力支配下属的行动。任何一种管理活动,如果没有一定的权威做后盾,都是无效或低效的,所以行政方法隐含着上级对下级的某种强制性,从某种意义上说,行政方法就是上级对下级有指挥和控制的权力,下级对上级有绝对服从的责任和义务。

(二)行政方法的特点

1. 快速有效

行政方法是上级对下级的直接指示、命令,对象明确,渠道直接通畅,不需要第三方的介入,指示、命令由管理者直接以书面或口头形式传达给被管理者,这种管理措施发挥作用比较快,能够帮助管理者集中、统一、快速地调动人、财、物等资源,要求参与任务者行动一致、目标明确。

2. 强制性

行政方法是以上级组织及其管理的权威和下级的服从为前提的。由于园所管理者和被管理者之间的所属关系明确,在管理过程中,管理者有权对下级的行为、活动进行干预、指挥。对于被管理者不服从指令的行为,管理者具有强制制裁的权力和能力,强制性是行政管理效力保障的必然要求。

3. 无偿性

由于行政指令中上下级的所属关系存在,运用行政方法进行学前教育管理,园所内所进行的上级对下级的人、财、物的调配和使用一般不考虑价值补偿,一切根据上级的需要进行统一调配。有时候,管理者虽然也会对交付给被管理者的工作任务给予一定的酬劳,但这并不是必须的。

(三)运用行政方法应注意的问题

行政方法运用广泛,快速有效,在日常管理中有着不可替代的作用,但是,这种管理方法的缺点也十分明显,需要我们在运用的过程中对此有更深的认识。其缺点表现为:①由于行政指令是上级单方面做出的决定,大多和下级缺乏有效的沟通,过分强调上级的权威性和集中统一,容易导致官僚主义和长官意志;②很多时候,这种方式是一种“临时决定”、“领导拍板”,缺乏工作制度和长效体制,易朝令夕改,随机性较大,如果没有形成制度,领导的变更就会引起相关指令的变化;③容易打乱下级的工作常态,使下级处于被动地位,疲于应付,他们的愿望和要求容易受到忽视;④这种管理方式强调园长的管理主体地位,强调的是上下级之间的纵向关系,在执行的时候缺乏下级之间的横向联系,容易影响同事关系的和谐。

为此,要有效地运用好行政方法,需注意以下几点。

1. 管理者要通过加强学习、提高自身素质来正确认识和对待权力的作用

目前,学前教育机构实行园长负责制,园所领导被赋予了较大的权力,如果其自身管理水平有限,不能很好地认识“园长负责制”的内涵,简单地认为自己是一园之长,谁都应该听自己的,到处发号施令、瞎指挥,随意强制下级员工服从自己的主观意志,打乱工作制度,滥用行政方法,缺乏管理艺术,结果往往适得其反,极易挫伤下级员工的工作积极性,使自己丧失威信,并导致管理效率的低下。因此,园所管理者不要只是靠权势(力)要求下属,而要通过展现自己的管理及专业上的才能,让教职员工心服口服。

2. 灵活有度地运用行政方法

在运用行政方法时,园所管理者要根据不同时期、不同背景的具体情况,把行政方法限定在一个必要和可行的范围之内,除非特殊状况,只对下一级的直属部门的人员交代事项,不跨级指挥;下达指示时,着重要求目标的完成,对过程不要有太多的限制,多给副职和下级以施展的空间;分配工作任务时,管理者可以多花点时间与教职员工沟通,了解其对工作的想法,引导其理解工作的重要性与意义,想办法唤起其内心执行的意愿,调动工作积极性。

二、经济方法

(一)经济方法的含义

学前教育管理的经济方法,是指学前教育机构管理者运用各种经济杠杆,指导、调节、影响教育活动,对教职员工进行管理,以实现管理活动目的的方法。具体地说,就是根据教职员工不同的工作表现和实际成绩,采取措施,制订标准进行薪酬分配的方式。比如,运用绩效工资以及各种福利、奖金、罚款等经济手段的方式,引导和调节教职员工的福利待遇,以调动其积极性,提高工作效率,促进教育目标的实现。

正如一位伟人所说的,“我们不能饿着肚子去明理宣道”,物质利益是人们工作的最基本和主要的动因。作为社会一员,一个人要生存和发展,必须以一定的物质基础作保障。运用经济手段调节各方面的利益关系,把个人利益、集体利益和国家利益结合起来,实现个人工作业绩和个人利益的联结,从而能够提高全体教职员工的积极性和责任感。

现代社会的管理，不能单靠口号、政治热情和行政命令，还要借助于经济方法，如果不承认经济利益的调节作用，无异于掩耳盗铃、自欺欺人，是不现实的。尤其是在社会主义市场经济形势下，经济方法在学前教育机构管理中的广泛运用是一种客观要求，它是调动广大教职员工的积极性、提高园所管理成效的一种行之有效的方法。经济利益的不同不仅仅是反映一个人薪水的多少，从某种意义上说，薪金等级也是对一个人工作水平、工作价值的肯定和区分。

（二）经济方法的特点

1. 间接性

经济方法的最突出特点就是不直接干预人们的行为，只是通过制定一系列和经济利益相关的措施、标准，不同工作的绩效、层级等来对人们的工作状况进行区分，工作绩效级别高的，获得的经济利益多，反之就较少，通过调整教职员工所获得的经济利益间接影响其行为。

2. 有偿性

经济管理的方法承认个人工作效益和个人收入的差异，把教职员工的工作业绩和个人经济利益直接挂钩，遵循按劳分配的原则，多劳多得、优劳多得、少劳少得、不劳不得，每个人依据其不同的劳动结果，获得不同的经济报酬。

3. 平等性

在经济管理方法中，所制定的经济利益的标准是公开、公平的，在同一价值尺度下，达到相同的标准，每个人所获得的经济报酬都是一样的，也即较高的工作效益获得较高的经济利益，对于每个人而言是平等的。

（三）运用经济方法应注意的问题

经济方法的最大作用就是把个人利益与他们的工作业绩，以及园所的整体利益结合起来，使教职员工看到努力工作的利益，有利于激发大家的工作积极性，有利于在园所内部形成有效的竞争，消除“平均主义”、“吃大锅饭”的现象，能够给园所发展带来一定的活力。但是，经济方法的运用也具有一定的局限性。心理学研究表明，人既不是“工具人”，也不是“经济人”，而是“社会人”，人们的需要是多层次的，除了物质需要之外，还有更高层次的精神需要和自我实现的需要等，为此，在运用经济手段时需要注意以下几点。

1. 管理者要认识到经济方法并不能解决一切问题

虽然钱很重要，但钱绝不是万能的。管理实践中，过度的经济导向容易导致金钱至上的错误倾向，过分地使用经济手段还容易出现相互攀比、人际关系紧张等不良现象。

2. 要坚持奖惩结合的原则

奖励和惩罚都只是一种手段，使用时务必要慎重。奖得太过，无人珍视；罚得太广，则无人畏惧。奖惩的目的都是为了搞好工作，不能为罚而罚、为奖而奖。

3. 要统筹兼顾，既要有稳定的基本工资也要有可浮动的绩效工资

管理者要考虑到人与人之间的能力差别是客观存在的，所以，在运用经济的方法时，管理者既要考虑不同工作水平的经济报酬的差别，也要提供给每个员工最基本的物质保障，保

护教职员工的合法权益。

三、激励方法

（一）激励方法的含义

激励方法是指在教育管理活动中，管理者运用思想政治工作有关理论和行为科学的激励理论，提高教职员工的思想认识，激发、调动教职员工工作积极性的方法。这种方法又叫思想政治教育方法。

管理的核心就是要调动人的积极性，人的积极性的本质特点就是自觉性和主动性。学前教育管理实践中，运用激励的方法，可以帮助教职员工认识到学前教育对于社会发展和儿童个体发展的奠基意义和价值，产生一种神圣的工作使命感，从而能够调动其积极性，创造性地开展工作，以提高园所的工作效益。在当前市场经济的背景下，学前教育行业工资待遇不高，幼儿教师的付出与其社会地位和经济待遇不甚相称，基于这种社会现状，思想政治教育的方法对于激发幼儿教师工作的积极性具有不可替代的重要作用。

（二）激励方法的特点

1. 启发性

激励的方法并不直接干预被管理对象的具体行为，而是通过对其世界观、价值观的引导，改变其思想意识，进而影响其工作状态。

2. 长期性

人的思想意识的改变和提高是一个长期的、复杂的过程，所以，激励的方法是一个长期的过程，不能一蹴而就。

（三）运用激励方法应注意的问题

1. 把深入细致的思想工作和满足教职工的合理需要结合起来

毛泽东同志指出：要调动群众的积极性，就得关心群众的疼痒，切实解决群众的衣食住行问题。因此，为调动教职员工的积极性，管理者要注意发挥物质生活需要对形成教职员工良好职业道德的促进作用，从物质上和精神上全面着手。一方面，要满足教职员工基本的物质生活需要；另一方面，要营造良好氛围，可以经常主动地找员工聊天谈心，激励员工士气，为其提供成长空间和机会，这样才能取得良好的管理效果。

2. 教育的内容要讲究科学性

管理者在对教职员工进行思想政治教育时，内容一定要符合马列主义和我国社会主义的实际情况，紧密联系学前教育领域内的方针、政策；要针对教职员工思想和工作实际，实事求是，不回避现实问题，不讲大话、空话；要掌握人性的理论，能够切中要害。行为科学的激励理论认为，人们对需要的满足感，不仅与自己付出劳动后所取得的报酬绝对值有关，而且还与处于同等情况下的其他人相比较是否感到公平有关。为此，管理者要从思想和物质两个方面满足员工的合理要求，力求切实打动、激励教职员工。

3. 谈话方式要讲究艺术性

对教职员工进行思想教育的激励工作既是一门科学,更是一门艺术。这种方法能否奏效,关键在于管理者能否按照思想活动的规律,针对教职员工的实际情况,因时、因地、因人灵活运用。因而,管理者在运用此方法时,不可生搬硬套,要选择合适的地点,创造适当的环境,营造良好的气氛;要充分认识到教职员工思想问题的长期性、复杂性,不能操之过急;要着眼于教职员工积极的一面,即使是对于犯错的教职员工,管理者也要作出整体的正面评价,肯定其优点,不可将其说得一无是处、一棍子打死。

四、法治方法

(一)法治方法的含义

法治方法指的是管理者运用各种法律、教育法令、条例、决定、指示、规章制度等对园所工作进行指导、调节和影响的方法。

法治方法对于促进学前教育管理事业的规范化、制度化,保障我国学前教育事业的健康发展具有重要的作用。新中国成立60多年以来,随着社会主义各项事业的发展,党和政府相继颁布了一系列与学前教育相关的法律法规,如《中华人民共和国义务教育法》、《中华人民共和国教师法》、《中华人民共和国教育法》等;一些专门的学前教育法规、条例也相继出台,如《幼儿园工作规程》、《幼儿园管理条例》等,通过各项法规文件的颁布执行,实现了党和政府对我国学前教育事业的领导,及时端正了学前教育工作的方向,明确了我国学前教育的宗旨,调整和引导学前教育行政中各方面的关系,对于推动学前教育工作的全面展开起了决定性的作用。

(二)法治方法的特点

1. 规范性

法治的方法是利用相关的法律武器,以相关法律为准则对学前教育活动进行指导、控制。相关法律是由国家和相关部门制定的,对所涉及的各种教育活动行为都进行了明确规定,所以,学前教育相关法律、文件是规范学前教育活动的统一准则,各级组织机构部门和个人在从事学前教育活动时都必须依法办事,在执行过程中发生疑问时,由相关部门给予解释。

2. 强制性

法律的制定是以国家强制力做后盾的,相关法律文件明确告诉人们什么是好的、什么是不好的,什么可以做、什么不可以做。法律一旦颁布实施,所有人都要按照法律行事,任何违背相关法律的行为都应受到纠正和惩罚。

3. 稳定性

由于法律法规适用于所有相关人员,具有普遍的约束力,对人们的相关活动具有重大影响,所以,它的制定、修改和废止都非常谨慎。在正式的法规颁布之前,都要向社会公布,广泛征求意见;一些重要的法规还需经过试行,从而保证其规范性、稳定性。

（三）运用法治方法应注意的问题

1. 健全教育法规，做到有法可依

实现法治方法的关键是相关法律的制定。一般而言，法律的制定具有滞后性的特点，这就要求各级行政及管理部门与时俱进，针对学前教育发展的实际情况，及时出台相关文件，并对一些过时的法律法规进行修订；要借鉴国外教育立法的先进经验，建立一套适合我国国情的学前教育法规体系。

2. 做到依法办事，有法必依

如果不能依法办事，再好的教育法规也是一纸空文。因此，在学前教育教育管理领域，教职员工要认真学习和领会各种法规文件，切实履行自己的权利和义务，社会各界也要维护幼儿教师的合法权益，做到依法办事、有法可依、有法必依。

3. 彰显人文关怀

法治的方法并不是万能的，其对人们行为的约束只能在有限的范围内。同时，法治的方法也有局限性，比如刚性过强、缺乏灵活性等，管理者不能过分地生搬硬套。另外，法律的惩罚并不是终极目的，在执行法律法规时，管理者应抱着“惩前毖后、治病救人”的态度，在依法办事的同时，彰显人文关怀。

以上几种方法是学前教育管理实践中常用的基本方法，任何一种方法的作用都有其优势和局限性，在具体学前教育管理实践活动中，它们也不是孤立存在的，而是相互联系、相互补充的，需要管理者综合采用多种管理方法，取长补短、有机结合、灵活使用。尤其要强调的是，学前教育管理学方法的运用之妙存乎一心，需要管理者用心去揣摩、实践、研究，才能获得理想的管理效果。

本章小结

学前教育管理应遵循的原则有方向性原则、整体性原则、民主管理原则、有效性原则、社会效益和经济效益相结合的原则。学习者应该既知其然，也知其所以然，并努力在管理实践过程中遵循这些原则，以有效地防止我们在处理学前教育管理具体问题时犯一些方向性、原则性的错误。学前教育管理常用的方法有行政方法、经济方法、激励方法、法治方法。在理解的基础上，学习者应更多地思考：当从事学前教育管理实践活动时，我们会怎么做，具体运用时要注意哪些问题等。要管理好一所学前教育机构，需要多种方法相互结合、多管齐下、灵活运用，在运用科学的管理方法的基础上，不断总结提升，形成管理的艺术。

【知识检测】

1. 概念检测：整体性原则；有效性原则；行政指令法；激励方法
2. 思考讨论：

(1)简述管理的基本规律。

(2)学前教育机构如何树立正确的效益观?

(3)请谈谈在市场经济条件下,激励方法的意义和作用。

【案例分析】

从高跟鞋看学前教育机构的行政指令

园长在做操时间巡视时,发现中一班的黄老师还是穿着高跟鞋带操,不免有些气恼,之前园长已经说过她三次了! 幼儿园已有制度明确规定:教职工带班时间不准穿高跟鞋。为了保持制度的严肃性,园长当面与黄老师说明其行为已经违反幼儿园规章制度,要按规定接受一定的惩罚。不料黄老师嘴巴一撇:“罚呗,我懒得换鞋。”事后,园务委员会找她做思想工作,她还振振有词,说:“我穿高跟鞋带班已习惯,从来没有发生过踩小孩或自己被扭脚等状况;我这么矮,穿高跟鞋才能显出气质和风度,树立幼儿教师的美丽形象……”黄老师私下还与其他同事说:“我就是不想听她们领导的话,她们上班可以穿高跟鞋,我们却挨罚,这不是明摆着领导整职工吗?”一时间,这件事在园里议论纷纷。

思考:

1. 园长应如何运用好行政指令法?

2. 如果你是园长你会怎么办,请给出你的建议。

下 编

学前教育管理实务

第五章　学前教育机构的开办

本章概要

在学前教育管理实务中，管理者首先面临的挑战就是如何开办一个有品质的学前教育机构。本章从学前教育机构的筹划、注册、开办三个方面，提出开办学前教育机构的建议。其中，办园定位的确立、园址选择、园舍建设、人员招聘应是筹划的要点；注册学前教育机构时，管理者应明确举办学前教育机构的条件，按照相关程序予以登记注册；获取合法的办园手续之后，管理者就可以着手宣传招生、入园编班、培育园所文化，为园所健康发展开启良好的开端。

学习目标

1. 了解筹划学前教育机构所包含的要素。
2. 明确学前教育机构选择园址应遵循的原则。
3. 了解学前教育机构注册条件、流程。
4. 掌握学前教育机构招生宣传的策略。
5. 明确园所文化培育的内容。

第一节　学前教育机构的筹划

开办一所学前教育机构是一项复杂的、颇具挑战性的活动。无论是个人还是团体，在开办学前教育机构之前，都应制定一个方案计划，从办园定位、办园地域的选择、人员架构及聘用、招生工作、就读方式、收费标准等方面进行全面的规划，并通过资格审批、注册备案，才能如期合法地开办学前教育机构。

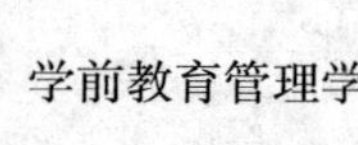

一、办园定位的确立

学前教育机构的开办应适应社会发展的需求，满足家长和儿童的实际需要，同时，举办者还应有正确的教育理念和办园思想，清晰的办园思路，从实际出发，科学定位本教育机构的办园模式。

（一）分析发展需求

1. 分析把握学前教育发展现状与趋势

举办学前教育机构首先应从宏观层面了解和把握我国学前教育事业发展的现状和趋势。当前，我国学前教育事业正值快速发展时期，为满足经济社会发展需要和人民群众对学前教育的需求，我国已颁布执行《国家中长期教育改革和发展规划纲要（2010—2020 年）》及《国务院关于当前发展学前教育的若干意见》（国发〔2010〕41 号），指明了我国学前教育事业未来的发展方向。

2. 了解当地政府有关学前教育事业发展规划

为促进学前教育事业发展，许多地区在城市建设和新农村建设过程中对于学前教育机构的布局都进行了科学、合理的规划。比如，某地提出农村学前教育机构的发展规划：“每个乡镇建设 1 所公办中心幼儿园。原乡镇（被撤并的）所在地或人口 600 户以上的行政村可建设 1 所规模不少于 3 个班的中心幼儿园分园，其余行政村要因地制宜规划和建设农村规范幼儿园或教学点。”同时，为更好地落实中长期教育发展规划，各省市结合当地学前教育现状，还制订出台学前教育三年行动计划（2011—2013 年），明确未来学前教育发展的目标任务，谋划当地学前教育事业发展规划，从而为学前教育机构的开办给予政策指导。

★资料库

郑州市学前教育三年行动计划具体目标任务

1. 学前幼儿入园普及目标：2011—2013 年，全市三年毛入园率分别达到 75%、81%、85%，一年毛入园率分别达到 86%、89%、92%。

2. 幼儿园建设计划：县（市、区）政府在制定经济社会发展规划以及社会主义新农村建设规划时，要根据本地未来人口出生状况和外来人口变化趋势，科学规划，合理布局学前教育资源。2011—2013 年，分别新增幼儿园 108 所、93 所、94 所。

3. 公办幼儿园发展目标：县（市、区）政府要统筹规划学前教育发展，新建、改扩建一批标准化公办幼儿园，促进公办幼儿园合理布局。到 2013 年，市区新建住宅区配套建设幼儿园的公办比例不低于 50%。农村每个乡镇办好 1 所公办中心幼儿园。全市公办幼儿园幼儿比例达到 60%，为实现公办主体的目标奠定坚实基础。

4. 标准化建设和上等级目标：启动标准化幼儿园建设工程，未来三年，新建标准化公办幼儿园不少于 149 所，按标准化装修、改造幼儿园 350 所。所有新建公办

幼儿园按照标准建设。支持各类幼儿园达标升级。2013 年,示范性幼儿园不低于100 所。

5. 师资队伍建设目标:根据学前教育发展规模,合理确定师生比,按标准配齐幼儿园中的各类人员,满足教育教学需要。建立园长和教师资格准入制度。大力提升教师学历层次。完成幼儿教师继续教育培训任务。

6. 0—3 岁婴幼儿早教指导。2013 年,初步建立 0—3 岁婴幼儿科学育儿指导体系,为形成 0—6 岁一体化学前教育格局奠定基础。

资料来源:郑州市政府郑政办[2011]43 号,二〇一一年六月九日

3. 分析社区需求,确定服务对象

在开办学前教育机构之前,开办者可通过调查问卷、走访、电话调查、与居民座谈等方式,进行深入、全方位的市场调研,分析各方需求,保证所开办的学前教育机构能够与所在地域发展特点及规模相适应。市场调研应包括:①地域规模。诸如拟举办地是城市社区还是乡镇:若是城市社区,需了解社区常住人口、外出工作的成人数、社区中儿童数、年龄分布等;若是乡镇,也需把握常住人口数、留守儿童数等基本信息。②地域特点。在城市社区,需了解拟举办地属于高档社区、保障房社区或是单位自建社区等;在乡镇,也需分析其经济发展状况,以此估算社区居民的家庭收入和托儿费可能的数额。③家长需求。诸如家长需要的是全日制、寄宿制,或是半日制的托儿方式,是否有特殊需求等。

(二)确立办园理念

办园理念作为学前教育机构对一定教育价值的确认,对其办学目标和发展方向有着引导和规范的作用。每个学前教育机构都有必要提炼自己的办园理念,并使之成为学前教育机构办学的指南针与精神支柱。

1. 确定办园理念的意义

首先,办园理念体现举办者的办园思想、价值追求。办园理念是对办园定位的深层思考与决策,是对办园理想状态的一种行动追求,既体现出一定的前瞻性与引领性,又具有一定的可行性与可操作性。作为举办者,必须明确本教育机构的办园理念,才能有明晰的发展目标和方向。其次,幼儿园的课程体系、环境创设、教学策略、员工聘用、师资培训等一系列工作都是建立在一定的办园理念基础之上。学前教育机构的办园理念愈明晰,其保教工作的实施和教育质量才愈有保障。最后,明确办园理念有利于形成教职员工统一的教育思想,有利于向家长宣传解读办园思想,取得家长共识,营造园所文化。

2. 制约办园理念的基础

办园理念反映着举办者对儿童发展、教育功能等深层次的理解,同时,也是举办者价值取向和家长价值观的博弈及平衡。一般来说,在确定办园理念的过程中,需理清三个基本问题:①关于儿童学习与发展的假设。即你认为儿童的学习与发展是由环境决定还是有赖于成熟,或是两者的相互作用?②举办者和家长的价值观念。两方面有时一致,有时在一些基本价值问题的认识上会存在冲突。诸如举办者认为游戏是儿童的主导活动,特别注重游戏

环境的创设,或许有些家长会认为儿童的游戏是浪费时间;举办者注重儿童社会性、情感等方面的发展,家长则更多地关注儿童知识的获得。③对学前教育功能与价值的认识。在此问题上有两种价值取向:以"知识"为本的人强调学前教育应为儿童进入小学做好准备,而以"人"为本的人则认为学前教育应为儿童一生的幸福奠定基础。基于这样的理念,对于教师就会有不同的期待和要求。前者更多要求教师在教育过程中多教儿童字母、数字等,而后者,要求教师更多地承担起观察者、教育者、儿童的朋友和伙伴等角色。

3. 办园理念确立的要求

首先,充分考虑幼儿的发展需要。基于学前儿童的发展特点,学前教育是奠基性的全面发展的教育,其目的是培养身心全面健康和谐发展的儿童。因此,办园理念作为学前教育精髓的体现,始终应以促进儿童身心健康为根本使命。其次,办园理念应立足于幼儿园实际。每个幼儿园不管其创办时间长短,都会有自己的文化与风格,只有立足于现实,并借助于理论思考,才能形成属于自己的、他人不可复制的独特理念与集体风貌,引领幼儿园富有个性地创造性发展。最后,办园理念不是简单的口号标语,应体现在学前教育机构的物质环境、课程体系、教育活动、人际关系等方方面面。同时,学前教育机构还可通过新闻媒体宣传、召开推介会等多种形式,加大宣传力度,传播办园理念中所蕴含的价值追求、教育理念和园所文化,从专业、科学的角度去引导家长的需求,树立良好的社会公众形象。

★资料库

上海市数所幼儿园办园理念概览

1. 幼儿园倡导"儿童的需要是合理的,儿童的需要是要发展的"科学理念,以"关注和引导儿童需要,开发潜能,注重和谐,为儿童的后继学习与终身发展奠定早期的素质基础"为办园宗旨,构建了关注儿童发展需要体现"科学、适切、有效"的幼儿园优质教育实践体系。

2. 幼儿园探索"愉悦教育",形成了幼儿园的愉悦教育活动方案、课程活动系列及活动特色,让幼儿在"发现中体验乐趣,乐趣中获取经验,经验中提升能力,能力中形成习惯",使幼儿在愉悦、快乐的环境中获得和谐、主动的发展。

3. 幼儿园实施"快乐体育",强调以体育德、以体启智、以体健美,使每一个孩子都能在运动中增强体魄、在运动中提升经验、在运动中获得快乐。

4. 幼儿园提倡"以幼儿发展为本"的现代教育理念。注重个性化教育,培育每一个儿童的潜质与潜能。

资料来源:上海育儿网 http://www.sh-baobao.com

(三)确定办园类型

办园定位的确立与办园类型也有关联。目前,我国学前教育机构类型呈现多样化特点,

从不同角度划分，会有不同的类型，相应地，不同类型学前教育机构在其办园定位、课程体系、管理方式等方面也会有差异。

1. 依据办园经费来源的不同划分

依据办园经费来源的不同，园所大体可分为：政府办园（由政府投入经费）、其他部门办园（由企事业、机关、部队、院校等组织举办及投入经费）、集体办园（由街道、乡镇筹措办园经费）和民办幼儿园（由举办者依法负责筹措经费）。

2. 依据招收儿童年龄的不同划分

依据招收儿童年龄的不同，园所主要有两类：招收0—3岁婴幼儿的托儿所、亲子早教机构，招收3—6岁幼儿的幼儿园。

3. 依据儿童在园时间划分

依据儿童在园时间划分，学前教育有全日制、寄宿制、半日制和临时看管性四种类型。

4. 依据某种理论或理念来划分

一些学前教育机构在办园定位中是以某种教育理论为支撑，或侧重于挖掘某种教育功能，比较有代表性的诸如蒙台梭利幼儿园、多元智能幼儿园、感觉统合训练幼儿园等。

二、选择园址

学前教育机构的选址要综合考虑本乡镇、街道、小区的地理环境、人口分布、交通状况等因素，科学抉择。同时，学前教育机构是保证儿童身心健康发展的教育场所，不同于其他办公场所，学前教育机构在园址的选择方面具有特殊的要求。不管是新建还是承租学前教育机构，在选址方面都应遵循以下原则。

（一）安全性原则

第一，办园地点安全，不得在加油站、垃圾场、停车场、高压线等场所附近设立学前教育机构。

第二，区域环境好，包括行业环境、经济环境、教育环境等，不要将学前教育机构设置在过于边远地区、治安差的地区以及临近监狱、精神病院的地方。

第三，学前教育机构在落址时要与当地派出所联系，如发生紧急情况，能及时报警并得到救援。

（二）卫生性原则

第一，学前教育机构的选址要保证空气洁净，远离农药、皮革、化肥等污染企业，以防空气污染对婴幼儿的健康造成伤害。

第二，学前教育机构的选址要保证周围环境安静。婴幼儿对外界噪声比较敏感，噪声的干扰易影响神经系统的正常发育，所以，学前教育机构的选址应远离铁路线、建筑工地、农贸市场、强噪声工厂如木材加工、轧钢厂等。

第三，学前教育机构的选址要考虑适宜居住和活动。比如，要保证有充足的日照，周围环境清洁卫生，无物质回收站、饲养场以及易滋生各种有害病菌场所；有通畅的排水设施等。

（三）便利性原则

第一，方便家长接送孩子。学前教育机构在选址时可以考虑生源相对集中的小区或地域，可以设置在居民区内、附近或方便家长接送的地段。

第二，交通便捷、宽敞。既有便捷的公共交通方便接送孩子，也方便家长骑车或开车接送孩子。

第三，农村学前教育机构可选择在乡镇中心，能够辐射周边地区。

（四）独立性原则

学前教育不是简单地看护孩子，还需组织许多教育活动，所以，学前教育机构应有独立的场所和符合要求的室内外活动场地，能够保障各项教育活动的顺利展开。

★资料库

《托儿所、幼儿园建筑设计规范》（节选）

基地选择：四个班以上的托儿所、幼儿园应有独立的建筑基地，并应根据城镇及工矿区的建设规划合理安排布点。托儿所、幼儿园的规模在三个班以下时，也可设于居住建筑物的底层，但应有独立的出入口和相应的室外游戏场地及安全防护设施。

托儿所、幼儿园的基地选择应满足下列要求：①应远离各种污染源，并满足有关卫生防护标准的要求。②方便家长接送，避免交通干扰。③日照充足，场地干燥，排水通畅，环境优美或接近城市绿化地带。④能为建筑功能分区、出入口、室外游戏场地的布置提供必要条件。

资料来源：（87）城设字第466号

三、园舍建设

城乡建设环境保护部、国家教育委员会于1987年9月3日颁布《托儿所、幼儿园建筑设计规范》，国家教育委员会、建设部于1988年7月14日颁布《国家城市幼儿园建筑面积定额（试行）》，这两个文件对学前教育机构的建筑设计、园舍建设提出明确的标准和要求，具体体现在以下几方面。

（一）室外建筑

学前教育机构的用地面积包括建筑占地、室外活动场地绿化及道路用地等，用地面积及建筑面积应达到标准。以幼儿园为例，6个班规模的幼儿园占地面积应达2 700平方米、人均占地面积15平方米、人均建筑面积9.9平方米；9个班规模的占地面积应达3 780平方米、人均占地面积14平方米、人均建筑面积9.2平方米；12个班规模的占地面积应达4 680

平方米、人均占地面积13平方米、人均建筑面积8.8平方米；15个班规模的占地面积应达5 400平方米、人均占地面积12平方米、人均建筑面积8.3平方米。建筑占地按主体园舍建筑为三层楼房，厨房、晨检、接待、传达室等为平房计算。建筑密度不宜大于30%。

对建筑物、室外游戏场地、绿化用地及杂物院等进行总体布置，做到功能分区合理、方便管理、朝向适宜、游戏场地日照充足，创造符合幼儿生理、心理特点的环境空间。

有室外活动场地，室外活动场地包括分班活动场地和共用活动场地两部分。分班活动场地每生2平方米；共用活动场地包括设置大型活动器械、嬉水池（水深不超过0.3米）、沙坑（或玩沙设施）以及30米长的直跑道等，每生2平方米。每班的游戏场地面积不应小于60平方米。各游戏场地之间宜采取分隔措施。

绿化用地每生不小于2平方米，有条件的幼儿园要结合活动场地铺设草坪，尽量扩大绿化面积，严禁种植有毒、带刺的植物。基地边界、游戏场地、绿化等用的围护、遮拦设施应安全、美观、通透。

（二）园舍建筑

学前教育机构的园舍建筑由活动及辅助用房、办公及辅助用房以及生活用房三部分组成。

1. 活动及辅助用房

活动室每班一间，使用面积90平方米，供开展室内游戏和各种活动以及幼儿午睡、进餐之用，如寝室与活动室分设，活动室的使用面积不宜小于54平方米。

卫生间每班一间，使用面积为15平方米，内设大小便槽（器）、盥洗地和淋浴池。

衣帽、教具贮藏室每班一间，使用面积9平方米，供贮藏中型教玩具、衣被鞋帽等物之用，也可兼作活动室的前室。

音体活动室全园设一个，使用面积120—160平方米，供开展音乐、舞蹈、体育活动和大型游戏、集会、放映幻灯、电影和观摩教育活动之用。

另外，托儿所还需有配乳室、喂奶室、乳儿室，其面积最低分别为8、15和50平方米，乳儿室室内最低净高2.80米，喂奶室、配乳室应临近乳儿室，应设洗涤盆。配乳室应有加热设施。使用有污染性的燃料时，应有独立的通风、排烟系统。

2. 办公及辅助用房

办公室包括园长室、总务财会室、教师办公室和保育员休息更衣室等，使用面积根据园所规模在75—139平方米之间。

资料兼会议室全园设一间，使用面积根据园所规模在25平方米左右，供教工查阅资料，阅览报刊、杂志，开会及对外接待之用。

教具制作兼陈列室全园设一间，使用面积根据园所规模在15平方米左右，供制作陈列教玩具之用。

保健室全园设一间，使用面积根据园所规模在16平方米左右，供医务人员开展卫生保健工作之用。

晨检、接待室全园设一间，使用面积根据园所规模在21平方米左右，供医务人员每天早晨对入园幼儿进行健康检查及家长与教师会见之用。

值班室全园设一间,使用面积12平方米,供教师值班住宿使用。

贮藏室使用面积根据园所规模在42平方米左右,供贮藏体育器具、总务用品及杂物之用。

传达室使用面积10平方米,供门卫人员值班及收发之用。

教工厕所使用面积12平方米,供教职工及外来人员使用。

3. 生活用房

厨房包括主副食加工间、配餐间、主副食库和烧火间。使用面积根据园所规模:主副食加工间及配餐间合计为61平方米左右、主副食库为20平方米左右、烧火间为9平方米左右。学前教育机构为楼房时,厨房宜设置小型垂直提升食梯。

设开水消毒间,使用面积根据园所规模在10平方米左右,以供烧开水及餐具毛巾、茶具等物消毒之用。

设炊事员休息室,使用面积根据园所规模在18平方米左右,供炊事人员更衣、休息使用。

上述各房舍布置应功能分区明确,避免相互干扰,方便使用管理,有利于交通疏散。生活用房应布置在当地日照最好的方位,并满足冬至日底层满窗日照不少于3小时的要求,温暖地区、炎热地区的生活用房应避免朝西,否则应设遮阳设施。严禁将幼儿生活用房设在地下室或半地下室。医务保健室和隔离室宜相邻设置,远离幼儿生活用房,如为楼房时,应设在底层。医务保健室和隔离室应设上、下水设施,隔离室应设独立的厕所。晨检室宜设在建筑物的主出入口处。

(三)室内设计

1. 房舍隔音效果好

音体活动室、活动室、寝室、隔离室等房间的室内允许噪声级不应大于50dB,间隔墙及楼板的空气声计权隔声量不应小于40dB,楼板的计权标准化撞击声压级不应大于75dB。

2. 室内采光充足

音体活动室、乳儿室窗地面积比为1/5,寝室、喂奶室、医务保健室、隔离室为1/6。活动室、乳儿室、音体活动室、医务保健室、隔离室及办公室宜采用日光色光源的灯具照明,其余场所可采用白炽灯照明。医务保健室和幼儿生活用活动可设置紫外线灯具。

3. 卫生间设施符合学前儿童身体特点

卫生间应临近活动室和寝室,厕所和盥洗应分间或分隔,并应有直接的自然通风。盥洗池的高度为0.50—0.55米,宽度为0.40—0.45米,水龙头的间距为0.35—0.4米,无论采用沟槽式或坐蹲式大便器均应有1.2米高的架空隔板,并加设幼儿扶手,沟槽式厕位的槽宽为0.16—0.18米,坐式便器高度为0.25—0.30米。炎热地区各班的卫生间应设冲凉浴室。每班卫生间内最少设备数量为:1个污水池、4个(或位)大便器或沟槽、4位小便槽、6—8个盥洗台(或水龙头)、2位淋浴。供保教人员使用的厕所宜就近集中,或在班内分隔设置。

乳儿班卫生间应设洗涤池二个,污水池一个及保育人员的厕位一个。

4. 走廊、楼梯等设施确保学前儿童安全

楼梯除设成人扶手外,还应设幼儿扶手,其高度不应大于0.60米。

楼梯栏杆垂直线饰间的净距不应大于0.11米。当楼梯井净宽度大于0.20米时,必须采取安全措施。

楼梯踏步的高度木应大于0.15米,宽度不应小于0.26米。

在严寒、寒冷地区设置的室外安全疏散楼梯,应有防滑措施。

双面布房走廊最小净宽度为生活用房1.8米、服务供应用房1.5米;单面布房走廊最小净宽度两者均为1.5米。

在幼儿安全疏散和经常出入的通道上,不应设有台阶。必要时可设防滑坡道,其坡度不应大于1∶12。

5.门、窗、墙设计符合要求

对幼儿经常出入的门有下列规定:在距地0.60—1.20米高度内,不应装易碎玻璃;在距地0.70米处,宜加设幼儿专用拉手;门的双面均宜滑、无棱角;不应设置门槛和弹簧门;外门宜设纱门;严寒、寒冷地区主体建筑的主要出入口应设挡风门斗,其双层门中心距离不应小于1.6米;活动室、寝室、音体活动室应设双扇平开门,其宽度不应小于1.20米。疏散通道中不应使用转门、弹簧门和推拉门。

外窗的要求:①活动室、音体活动室的窗台距地面高度不宜大于0.60米;楼层无室外阳台时,应设护栏,距地面1.30米内不应设平开窗。②所有外窗均应加设纱窗。活动室、寝室、音体活动室及隔离室的窗应有遮光设施。③阳台、屋顶平台的护栏净高不应小于1.2米,内侧不应设有支撑。护栏宜采用垂直装饰,其净空距离不应大于0.11米。

墙的要求:幼儿经常接触的1.30米以下的室外墙面不应粗糙,室内墙面宜采用光滑易清洁的材料,墙角、窗台、暖气罩、窗口竖边等棱角部位必须做成小圆角。活动室和音体活动室的室内墙面,应具有展示教材、作品和环境布置的条件。

(四)设备要求

根据保教工作需要,学前教育机构应配备怎样的设备,目前标准不尽相同,结合一些地区对学前教育机构验收的标准及国家教委对幼儿园教玩具配备的目录,概括总结以下要求。

第一,活动室有符合标准的幼儿桌、椅、小床、毛巾架、茶杯架、饮水桶、玩具柜、图书柜等,根据不同年龄幼儿的需求合理摆放。

第二,每班配备防暑、保暖及消毒设备;有音响、钢琴、磁铁黑(白)板等教育教学设施及满足教育教学活动、游戏活动、家园共育所需要的现代化设备。

第三,厨房配有和面机、切菜机、蒸车、电冰箱(柜)、电烤箱、电饼铛、饺子机、豆浆机、打蛋机、绞肉机、消毒柜等现代化厨房机械8种以上。

第四,玩教具数量充足,种类多样(参见国家教委颁布的《幼儿园教玩具配备目录》),根据不同年龄幼儿的发展需求按梯次配备玩教具,其中自制玩教具的数量不低于玩教具总数的1/3,体现安全、卫生、实用、多功能和可变性。

第五,幼儿读物人均3册以上,教师用书人均10册(全园不少于6种幼教杂志),及时补充更新。有一定数量、种类的(纸质或电子)图书图片资料,定期开放,借阅方便,利用率高。

★资料库

中华人民共和国国家教育委员会《幼儿园教玩具配备目录》(1992年12月9日)

编号	名称	规格	单位	参考价格(元)	配备教具			
					一类	二类	三类	学前班
					园大中小	园大中小	园大中小	
一	体育类							
W101	攀登架	限高2米	架	600	1	1	1	1
W102	爬网	高1.6米,斜网式	架	500	1	1	1	1
W103	滑梯	高1.8或2米与地夹角34度至35度,缓冲部分高0.25米,长0.45米	架	600	2	1	1	1
W104	荡船或荡桥	2×1.7×1.6米	架	500	1	☆	☆	
W105	秋千	高1.9米	架	300	2	1	1	1
W106	平衡	长2米,宽0.15—0.2米	对	180	2	1	1	
W107	压板	中间支柱高0.4—0.5米,长2—2.5米距两端0.3米处高把手,缓冲器高0.2米	个	200	1	1		
W108	体操垫	长2米,宽1米,厚0.1米	块	150	4	4	2	
W109	小三轮车		辆	40	8	☆		
W110	小推车		辆	30	4	2		
W111	平衡器		个	15	8	4	4	2
W112	高跷	高0.08米,直径约0.1米	副	2	10 5	10 5	5 5	6
W113	投掷靶		个	20	4	2	2	
W114	拉力玩具		个	3	8	8	2	
W115	钻圈或拱形门	直径0.5—0.6米	副	16	4	2	2	
W116	球拍		副	4	4	☆		
W117	球	直径0.1—0.2米	个	4	40 40 40	20 20 20	20 20 20	10
W118	沙包	重100—150克 直径0.06—0.07米	个	1	10 10	10 10	10 10	10
W119	绳	长、短	根	4	长4 短20	长4 短20	长4 短20	长1 短10
W120	体操器械(选一种)	彩旗、彩圈、彩棒、哑铃	个	3	36×2	36×2	36×2	40
W121	跳床		个	2 000	1	☆		

编号	名称	规格	单位	参考价格（元）	配备教具												
					一类				二类				三类				学前班
					园	大	中	小	园	大	中	小	园	大	中	小	
W122	滚筒	高1.2米,宽1.8米	个	400	1				1								
W123	钻筒	钻爬式,高0.7,宽0.8米	个	130	1				☆								
二	构造类																
W201	大型积木		套	1000	2				1								
W202	中型积木		套	200		2	2	2		2	2	2	2				
W203	小型积木		套	40		12	12	12		12	12	12		12	12	12	8
W204	接插构造玩具	各种片、块、管、粒等	套	20		60	40	20		40	40	20		20	20	20	20
W205	螺旋玩具		件	15		6	6			4	4			2	2		
W206	穿编玩具	串珠、穿线、绣花板等	套	50	14				12				5				
三	角色、表演、游戏器具																
W301	角色游戏玩具	医院、交通、商店、工厂、邮局、家庭等自选	套	100		8	8	6		8	8	6		6	6	4	
W302	桌面表演游戏玩具		件	10		8	8	8		4	4	4		4	4	4	2
W303	木偶	指偶、袋偶	套	4	2				1				1				
W304	头饰		套	30	4				2				1				
W305	模型	人物、车辆、动植物等	套	50	4				2				1				1
四	科学启蒙玩具																
W401	小风车		个	3		8	12			6	10						
W402	陀螺		个	1		8	4			4	2						
W403	万花筒		个	3		2	2	2		2	2	2	☆				
W404	放大镜		个	5		4	4	2		4	4	2		2	2		4
W405	寒暑表		个	1		2	2	2		2	2	2		2	2	2	1
W406	地球仪		个	20	1				☆								1
W407	磁铁块		块	0.40		30	30	30		30	30	30		30	30	30	20
W408	沙水箱(池)		个	200		2	2	2		2	2	2	1				1
W409	沙水玩具配件		套	50		2	2	2		2	2	2	1				1
W410	磁性玩具		套	100	1				1								
W411	弹跳玩具		套	40	1				1								
W412	滑动或滑轮玩具		套	30	1				1								
W413	计算器	教师演示用	个	10		1	1			1	1			1	1		1
W414	幼儿计算器		个	4		10	10			8	8			6	6		10
W415	小型计数材料	100个一盒	盒	15	若干				若干				☆				

编号	名称	规格	单位	参考价格（元）	配备教具			
					一类	二类	三类	学前班
					园大中小	园大中小	园大中小	
W416	几何图形片		盒	8	10 10 4	6 6	4 2	20
W417	图形投放盒		个	10	2 6	2 4	2 4	
W418	图形戳		套	5	8 8 4	6 6 4	4 4 2	
W419	数形接龙		盒	8	10 6	8 4	6 2	
W420	巧板	三巧、五巧、七巧	套	2	40(七巧)	30	10	40(七巧)
W421	图形钉板	0.22×0.22	块	3	10 6	8 4		10
W422	套式玩具	套人 套塔 套筒 套碗	套	10	4 4	4 4	4 4	
W423	钟面		个	10	2 大 36 小	1	1	1
W424	简易认知器		套	20	4	4		2
W425	儿童棋		套	15	10 4	10 4	10 4	4
W426	儿童牌		套	15	10 4	10 4	10 4	4
W427	天平	吊斗式、挂斗式、托盘	个	15	2 2 2	2 2	3	1
W428	拼图或图形镶嵌		盒	10	40	40		4
W429	量杯		套	30	☆	☆		
五	音乐类							
W501	风琴	或与手风琴任选一种	架	400	2 2 2	2 2 2	1 1 1	1
W502	儿童木琴	或与钢琴任选一种	架	100	1	☆		
W503	鼓		个	40	4	2	1	
W504	锣		个	15	1	1		
W505	钹		个	10	6	4	2	
W506	木鱼		个	5	8	4	2	
W507	三角铁		个	6	4	4	2	
W508	碰钟		对	8	4	4	2	
W509	沙锤		对	20	6	4	2	
W510	哇呜筒		个	5	4	2	2	
W511	双响筒		个	10	6	4	2	
W512	串铃		个	6	8	4	2	
W513	响板		付	2	10	10	10	
W514	铃鼓		个	12	10	10	10	
W515	钢琴		架	4 500	1	☆		
六	美工类							
W601	小剪刀	安全剪刀	把	2	70 70	70 70	70 70	40
W602	泥工板		块	1	70 70 70	70 70 70	40	40

编号	名称	规格	单位	参考价格（元）	配备教具			
					一类 园大中小	二类 园大中小	三类 园大中小	学前班
W603	调色盘		个	1	40	40		
W604	彩色水笔油画棒蜡笔		套	4	70 70 70	70 70 70	100	40
W605	美术面泥		袋	5	100	80	60	
W606	小画板		快	3	☆			
W607	小画架		个	20	☆			
七	图书、挂图和卡片							
W701	幼儿读物		册		人均 3 册以上	人均 2 册以上	人均 1 册以上	人均 2 册
W702	教育挂图		套	35	10	10	10	4
W703	各种卡片			5	16 16 16	12 12 12	8 8 8	10
八	电教类							
W801	电视机		台	2000	1	☆	☆	
W802	收录机		台	400	2 2 2	3	3	
W803	幻灯机		台	200	1	1	1	
W804	投影仪		台	600	1	1	☆	
W805	投影片		套	40	1	1	☆	
W806	录像机		台	2 500	☆			
W807	录像带	系列	盘	20	☆			
九	劳动工具类							
W901	喷壶		把	5	2 2 2	2 2 2	2 2 2	1
W902	小桶		个	5	8 8 6	6 6 4	4 4 2	4
W903	儿童铁锹		把	6	40	20	10	
W904	小铲子		把	5	40	20		
W905	小锤子		把	5	2 2 2	2 2 2	2 2 2	2
W906	幼儿工作台	附工具	套	200	1	☆		

注：目录分为一、二、三类。二类为基本配备，经济条件好的可按一类配备，经济条件比较差的按三类配备。目录中注☆号的是价格比较昂贵的玩教具，可根据各园条件选配。

四、人员招聘

学前教育活动是有目的、有组织、有计划进行的，以促进儿童全面发展，为此，学前教育机构需要大批专业教师承担相应的教育任务，达成教育目的。因而，教职员工队伍的组织是筹划学前教育机构的一项重要工作。

（一）人员架构及资格要求

我国《幼儿园管理条例》(1989)第九条明确指出：举办幼儿园应当具有符合下列条件的保育、幼儿教育、医务和其他工作人员。

幼儿园园长、教师应当具有幼儿师范学校（包括职业学校幼儿教育专业）毕业程度，或者经教育行政部门考核合格。

医师应当具有医学院校毕业程度，医士和护士应当具有中等卫生学校毕业程度，或者取得卫生行政部门的资格认可。

保健员应当具有高中毕业程度，并受过幼儿保健培训。

保育员应当具有初中毕业程度，并受过幼儿保育职业培训。

除上述保教专业人员之外，学前教育机构还要根据需要配备行政后勤人员，包括财会人员、炊事员、保安人员等，招聘时也应要求具备与其工作相对应的资质证书或相关工作经验。另外，学前教育机构内所有工作人员应需取得健康合格证明，禁止慢性病传染病及精神病患者从事学前教育机构的工作。

（二）人员聘用程序

1. 充分利用各种渠道招聘教职员工

招聘教职员工的渠道主要有：参加学校组织的毕业生双选会招聘活动；直接来园应聘求职；人才市场招聘；幼儿教师编制考试录用；利用广播、电视、报纸、网站等各种媒体发布招聘信息等。所发布招聘信息应简明扼要，明确机构名称、任职资格及要求、联系方式等基本信息。

2. 资料审查

资料审查包括应聘者的个人信息、体检证明，对于专业人员，还要审查其学历证书、任职资格证书、普通话证书和其他相关材料。对于符合要求的应聘人员则通知其参加面试。

3. 面试

面试是招聘教职员工最重要的环节。为保证招聘工作的公平、公正，可根据实际情况组成面试小组。面试内容一般包括：个人情况简介（有时为保证公平竞争则免去姓名）、问题解答、专业技能测试。

面试问题的设计主要是考察应聘者的职业态度、兴趣爱好、基本的专业知识和能力，问题的设计一般是情景模拟、开放式的，在解答问题过程中展现应聘者的教育观念、语言表达能力、思维能力、个性特征等。面试专业教师的问题如：你认为自己作为一名幼儿教师的强项是什么？简单描述3种适宜3岁幼儿的活动。假设班里有个孩子拒绝参加你设计好的活动，你该怎么办？家长反映班里有个幼儿咬了自己的孩子，你会作何反应？

不同工作岗位有不同的专业技能要求。以教师的专业技能为例，主要测试教师的专业基本功，包括钢琴、舞蹈、声乐、绘画、手工、讲故事、活动设计等。

4. 录用

综合评估应聘者的各方面表现，就可以决定录用结果。应聘者被录用之后，一般还需有2—6个月的试用期，试用结束，则可聘任为正式员工。

为保障双方的利益，构建和谐稳定的劳动关系，学前教育机构应与录用者签订劳动合同。劳动合同是确立劳动关系的法律文件，对于明确学前教育机构与教职员工双方的权利和义务，提高保教质量和办园效益都具有积极的促进作用。劳动合同的订立应符合三个原则：平等自愿原则、协商一致原则、不得违反法律法规原则。

我国《劳动合同法》规定的具体条款包括：①用人单位的名称、住所、法定代表人或负责人；②劳动者的姓名、住址、居民身份证或其他有效证件；③劳动合同期限；④工作内容；⑤工作时间和休息休假；⑥劳动报酬；⑦社会保险；⑧劳动保护、劳动条件和职业危害保护；⑨法律法规规定应当纳入劳动合同的其他事项。

★资料库

劳动合同样本举例

甲方(用人单位)：____________________

地址：____________　　法人(负责人)：____________

乙方(劳动者)：____________性别：__________出生年月：__________

居民身份证号码：________________　　户口所在地址：________________

常住地址：____________________

用人单位合同编号：2012 年(　　)号

用人单位劳动总编号：

为确立劳动关系，明确双方的权利和义务，根据《中华人民共和国劳动法》和国家及省、市有关规定，经双方协商同意，签订本合同。

一、劳动合同期限

本合同有效期　年，自　年　月　日起至　年　月　日止。其中试用期从　年　月　日到　年　月　日止。

二、工作内容

甲方根据需要安排乙方从事　　　　　　工作。乙方应胜任本职工作，完成所规定的教育任务。

三、劳动保护和劳动条件

甲方应提供符合国家法律法规规定的工作场所、设备、设施和必要的防护用品，保证乙方的人身安全和健康。

四、工作报酬、劳动保险与福利待遇

(一)甲方应遵循按劳分配原则，实行同工同酬，并根据乙方的工作岗位，确定每月工资报酬。试用期工资为　　元/月，试用期后工资为　　元/月，并于每月　日支付给乙方。

(二)按照国家和相关地区的规定，为员工缴纳养老保险、工伤保险、生育保险、失业保险、医疗保险，其中个人应缴部分，由乙方个人支付，甲方将直接从乙方的税前工资中扣除，甲方缴纳部分将按照社会统筹保险的规定按时足额缴纳。

(三)乙方享有国家规定的法定节假日,婚假、丧假、产假及计划生育假。

五、劳动纪律

甲方按照国家的有关法律、法规制定相关的各项规章制度。乙方必须服从甲方制定的各项规章制度和职业道德,维护甲方的声誉。有下列情形之一为严重违反劳动纪律:

1. 因乙方工作责任心不强或者缺乏必要的安全保健意识,给甲方造成损失或者给甲方幼儿造成损害。

2. 乙方因违反工作纪律或财务制度,给甲方造成经济损失。

…………

六、劳动合同的变更、续订和终止

甲乙双方经协商同意可以变更劳动合同的相关内容;劳动合同期满或劳动合同终止条件出现,劳动合同即行终止。如经双方协商同意,可以续订劳动合同。

七、劳动合同的解除

(一)经甲乙双方协商一致劳动合同可以解除。乙方解除劳动合同应在合同期满前三十日以书面形式通知甲方。

(二)乙方有下列情形之一的,甲方可以解除劳动合同:

1. 严重违反劳动纪律或者甲方规章制度。

2. 严重失职、营私舞弊,对甲方利益造成重大损害。

…………

(三)有下列情形之一的,甲方可以解除劳动合同,但是应当提前通知乙方:

1. 乙方患病或非因工负伤,医疗期满后不能从事原工作也不能从事用人单位另行安排的工作。

2. 乙方不能胜任工作,经培训或调整工作岗位仍不能胜任。

…………

(四)乙方有下列情形之一的,甲方不得解除劳动合同:

1. 女职工在孕期、产期、哺乳期内的。

2. 患病或者非因工负伤,在规定的医疗期内的。

(五)有下列情形之一的,乙方可随时通知甲方解除劳动合同:

1. 甲方以暴力、威胁或者非法限制人身自由的手段强迫劳动。

2. 甲方未按本合同约定支付劳动报酬或提供劳动条件。

八、违反劳动合同的责任

1. 甲乙双方违约不履行本合同,应由违约方赔偿给对方违约金5000元。

2. 合同期间,甲方根据情况出资派乙方参加各种进修、培训学习。培训、学习结束后,未满甲方要求的工作年限而辞职离园的,须全额退还报销的学习培训费及餐旅住宿等费用。

九、本合同依法订立,即具有法律约束力,双方必须履行。

十、甲乙双方因履行本合同发生争议,任何一方有权向上级有关部门提起仲裁和诉讼。

十一、本合同未尽事宜,按国家法律、法规和省、市有关规定执行。

十二、本合同一式二份,甲乙双方各执一份。本合同代签、涂改无效。

十三、甲、乙双方需要约定的其他事项。

甲方:(盖章)

法人:(签字)

资料来源:http://www.chinesejy.com/

第二节　学前教育机构的注册

我国《幼儿园管理条例》(1989)规定:幼儿园的管理实行地方负责、分级管理和各有关部门分工负责的原则。国家教育委员会主管全国的幼儿园管理工作;地方各级人民政府的教育行政部门,主管本行政辖区内的幼儿园管理工作。我国《教育法》规定:"学校及其他教育机构的设立、变更和终止,应当按照国家有关规定办理审核、注册或者备案手续。"正规、合法的学前教育机构必须按照要求履行相关手续,在当地政府申请登记注册和审批,以确保其取得合法地位。

一、举办学前教育机构的条件

(一)具备举办学前教育机构的主体资格

举办学前教育机构的主体资格是对可以兴办学前教育机构的组织和公民予以能力限定。我国《教育法》指出:"国家制订教育发展规划,并举办学校及其他教育机构。国家鼓励企事业组织、社会团体、其他社会组织及公民个人依法举办学校及其他教育机构。"我国《民办教育促进法》明确规定"举办民办学校的社会组织,应当具有法人资格。举办民办学校的个人,应当具有政治权利和完全民事行为能力",从而对学前教育机构的办学主体资格作了限定。

各级政府、企事业组织、社会团体可以成为举办学前教育机构的主体。社会组织必须具备法人资格。法人成立的条件有:依法成立,有必要的财产和经费,有自己的名称、组织机构和场所,能够独立承担民事责任。只有具有法人资格,才能以一个法律主体的资格取得合法的法律地位,独立享受权利,并承担相应的民事责任。

具有政治权力和完全民事行为能力的个体也可获得举办资格。有些地方对于举办者还有具体的规定和要求,比如身体健康、有本辖区常驻户口并具备幼儿师范学校(包括职业学校幼儿教育专业)毕业及以上学历的非公职人员、年龄不超过65岁等。

(二)具备举办学前教育机构的基本条件

针对学前教育机构的设置条件,我国教育法规包括《教育法》、《幼儿园管理条例》、《民办教育促进法》等都做出了具体规范,各地政府及主管部门结合当地实际,对于举办学前教

育机构的基本条件也制订了具体的实施办法。现以江苏省为例详细说明。

★资料库

江苏省幼儿园设置基本条件

一、园舍设备

1. 幼儿园(班)必须设置在安全区域内。严禁在污染区和危险区以及影响采光的范围内设置幼儿园(班),并创设绿化、美化、儿童化的活动环境。

2. 幼儿园(班)应独立设置,与住宅楼、单位用房等相连的幼儿园(班),必须有独立的出入口和相应的安全防护措施。

3. 幼儿园(班)的园舍和设施必须与保育、教育要求相适应,必须符合国家卫生标准和安全标准。

4. 班班有活动室。活动室内空气流通,阳光充足,使用面积不少于人均3平方米。

5. 有与幼儿园(班)规模相适应的室外活动场地,其中共用活动场地面积不少于生均3平方米,绿化面积不少于生均1平方米,同时应配备必要的大型玩具和体育活动设施。

6. 有适合幼儿身高的桌椅、开架的玩具橱、茶杯箱、毛巾架,有保证幼儿游戏和教育活动的玩具(人均不少于3件)和图书(人均不少于5本),有必备的教具(积木、积塑和自制玩具)和教育设备(班班有三机一幕、风琴或钢琴等),以及保证幼儿教育和生活所必需的其他设备和用品。

7. 有值班室、晨检室、保健室(橱)、教职工办公室、教职工厕所等服务用房;有符合卫生要求的厨房、消毒柜;有配套的室内多功能活动室。寄宿制幼儿园(班)必须有幼儿专用、每人一床的独立寝室,有疾病隔离室、浴室、洗衣房、教职工值班室、家长接待室等。

二、人员配备

8. 幼儿园(班)应当配备园长、教师、保健人员、保育人员和后勤人员。教职工与幼儿的比例全日制幼儿园1∶6—1∶7,寄宿制幼儿园平均1∶4—1∶5。所有人员必须持证上岗。

9. 幼儿园(班)工作人员应热爱幼教事业,热爱幼儿,有良好的职业道德,能胜任本职工作。

10. 园长应符合《全国幼儿园园长任职资格、职责和岗位要求》

11. 教师应当具有幼儿师范学校(包括职业学校幼儿教育专业)毕业及以上文化程度,取得教师资格证书,或者具有高中毕业以上文化程度并经过幼儿教育专业培训,取得幼儿园教师专业合格证书。

12. 保健人员应当具有高中毕业以上文化程度,并经过卫生保健专业培训。

13. 保育员应当具有初中毕业以上文化程度,并经过保育职业培训。

14. 幼儿园(班)所有工作人员必须持有健康证,并定期进行体检。慢性传染病、精神病患者不得在幼儿园(班)工作。

三、办园经费

15. 幼儿园(班)的经费由主办者负责筹措。主办者必须具有进行保育、教育以及维修、扩建、添置必要设备设施、为教师提供保障等稳定的经费来源。

16. 幼儿园(班)按当地政府规定的收费项目、标准收取费用。收取的费用必须专款专用,不得挪作他用。

四、招生和编班

17. 幼儿园(班)招收三周岁以上至入小学前的幼儿。

18. 幼儿在入园(班)之前,必须接受体格检查,合格者方可入园。

19. 编班人数:小班25—30人,中班30—35人,大班35—40人。

20. 幼儿园原则上按年龄分班,混合班按年龄分组。严禁以任何形式的考试或测查作为招生、编班的条件。不得与小学生复式编班。

五、园务管理

21. 幼儿园(班)要全面贯彻《幼儿园管理条例》和《幼儿园工作规程》,接受当地人民政府及教育行政部门的领导和管理。

22. 幼儿园(班)实行园长负责制,园长或负责人在主办者和教育行政部门的领导下,全面负责领导幼儿园(班)的工作。重大事项由教职工大会民主决议。幼儿园应为幼儿的发展提供安定的环境,保证园长和教师队伍的相对稳定,不得随意更换或辞退园长和教师。

23. 幼儿园应遵循《幼儿园教育指导纲要(试行)》,为幼儿提供健康丰富的成长环境,尊重幼儿的人格和权利,遵循幼儿身心发展的规律,以游戏为基本活动形式,保教并重,关注个别差异,促进每个幼儿富有个性的发展。

24. 幼儿园幼儿的膳食经费必须建立专门账户,严禁克扣幼儿伙食,收支平衡,并定期向家长公开账目。幼儿园幼儿的膳食制作和用膳必须与工作人员分开。

25. 建立健全各项规章制度,并严格执行。

26. 建立工作人员和幼儿名册,按上级教育行政部门要求,做好统计报表工作。

江苏省托儿所设置基本条件

一、园所设施

1. 托儿所(班)必须设置在安全区域内。严禁在污染区和危险区以及影响采光的范围内设置托儿所(班)。

2. 托儿所(班)必须具有与保育、教育要求相适应的符合国家卫生标准和安全标准的园舍设施。

3. 班班有活动室、午睡室,地面应铺木质地板或塑料地板,有适合孩子身高的桌、椅。婴幼儿午睡室有专用的适合孩子年龄的坚固小床。活动室有风琴或钢琴,有敞开式玩具柜,有充足的玩具和图书,有必要的教具和教育设备,如录放机、铃鼓等。班级环境布置适合孩子年龄特点,游戏材料丰富。

4. 每班有规范化的盥洗室，有流水洗手设备，蹲式水冲式儿童厕所，有活动的毛巾架、茶杯箱，有消毒柜和防暑保暖设备。

5. 有户外体育活动和游戏的场地，有塑胶软地或草地，有滑梯、转椅、平衡木、荡船（或跷跷板）等五件以上大型玩具，有足够数量的童车、皮球、塑料圈等小型玩具，有玩沙、玩水设施。

6. 有教师备课室、行政办公室，有较大型室内多功能活动室，有设施齐全的卫生保健室、儿童食堂等。

二、人员配备

7. 托儿所（班）应当配备所长、保教人员、保健人员和后勤人员。托儿所（班）的工作人员应热爱托幼事业，热爱婴幼儿，有良好的职业道德，能胜任本职工作。所有人员必须持证上岗。

8. 教职工与婴幼儿人数之比为：18 个月以下全托为 1∶3—1∶5，日托为 1∶4—1∶5；18 个月以上全托为 1∶4—1∶4.5，日托为 1∶6—1∶7。

9. 所长应具有幼儿师范（包括职业学校幼儿教育专业）毕业及以上学历，取得教师资格证书，熟悉婴幼儿年龄特点，有一定的组织管理能力和协调能力。

10. 教师应具有幼儿师范（包括职业学校幼儿教育专业）毕业及以上文化程度，并经过婴幼儿教育专业培训。取得专业合格证书。

11. 保健人员应具有高中以上文化程度，经过卫生保健专业培训，能做好婴幼儿日常卫生保健工作和全园卫生保健的指导、督促工作。

12. 保育员应当具有初中毕业以上文化程度，并经过保育职业培训。

13. 托儿所（班）的工作人员必须身体健康，持有健康证，并每年体检一次。慢性传染病、精神病患者不得在托儿所工作。

三、办所经费

14. 托儿所（班）的经费由主办者负责筹措。主办者必须具有进行保育、教育以及维修、扩建、添置必要的设备设施、为教师提供保障等稳定的经费来源。

15. 托儿所（班）按当地政府规定的收费项目、标准收取费用。收取的费用必须专款专用，不得挪作他用。

四、招生和编班

16. 托儿所（班）招收三周岁以下的婴幼儿。

17. 婴幼儿在入所（班）之前，必须按照卫生部门制定的卫生保健制度接受体格检查，合格者方可收托。

18. 编班人数：婴儿班收托 4—12 个月龄的婴儿，人数不超过 8 人；小托班收托 13—18 个月龄的幼儿，人数不超过 12 人；中托班收托 19—24 个月龄的幼儿，人数不超过 16 人；大托班收托 25—36 个月龄的幼儿，人数不超过 20 人。

19. 托儿所（班）原则上按年龄分班，混合班按年龄分组。

五、所务管理

20. 托儿所（班）要按照国家的法律法规，接受当地教育行政部门的领导和管理。卫生保健工作接受当地卫生部门的监督、检查和指导。

21. 实行所长负责制，重大事项由教职工大会民主决议。举办者应为幼儿的发展提供安定的环境，保证所长和教师队伍的相对稳定，不得随意更换或辞退所长和教师。

22. 应根据婴幼儿年龄特点和心理特点，以保为主，保教并重，提供健康丰富的成长环境，关注个别差异，积极开发婴幼儿潜能，促进每个婴幼儿健康发展。

23. 建立健全各项规章制度，并严格执行。

24. 凡已经登记注册的幼儿园举办托儿所（班）的，仍须经教育行政部门登记注册。

资料来源：《早期教育（教师版）》2004 年第 9 期

二、学前教育机构的登记注册程序

（一）登记注册机关

学前教育机构登记注册是指主管部门对申请者提交的申请设立教育机构的报告进行审核，对于符合设置要求者予以登记注册，颁发登记注册证书，使其取得合法地位，对于不符合设置标准的，则不予登记注册。登记注册的实质是确认申请者所办学前教育机构的法律地位或事实。

根据《幼儿园管理条例》的规定，城市幼儿园的举办、停办由所在区（不设区的由市人民政府）教育行政部门登记注册；农村幼儿园的举办、停办由所在乡镇人民政府登记注册，并报县级教育行政部门备案。学前教育机构的变更和撤销须向原登记注册机关办理注销备案手续。已登记注册的学前教育机构还实行年审制，对于年审不合格者，则限期整改；合格者，换发注册证书。

（二）登记注册程序

第一步：举办者提出办园申请，并提交相关文件、材料。相关文件、材料主要包括：

（1）申办报告。内容包括：举办者、性质、规模、形式（全日制、寄宿制等）、培养目标、内部管理体制、经费筹措与管理使用等。

（2）举办者资格证明。单位申请举办的，应当出具法人资格证明；个人申请举办的，应当持本人身份证明、学历证明、健康证明及所在居委会出具的个人情况证明等。

（3）房屋使用证明（租用合同或自己的园舍产权证书）。个人举办的，还应提交所在房屋四邻户主及所在村（居）委会同意举办的证明材料、所在村（居）委会或小区物业管理部门允许使用社区公用场地的证明材料。

（4）办学资产来源、资金数额及有效证明文件（银行存款证明、固定资产证明）。联合办学的，还应提交联合办学协议书；跨区域设立分支机构的，应向分支机构所在办事处教育主管部门提出申请。

第二步：审批机关给予举办者筹设期（一般为两个月），筹设期结束后向审批主管部门提

交下列材料：

(1)《学前教育机构登记注册申请表》。

(2)筹设情况报告。

(3)学前教育机构章程、规划，首届理事会、董事会或者其他决策机构组成人员名单。学前教育机构章程包括园名、地址及办园宗旨、层次、规模、形式，资产的数额、经费的来源、性质及管理办法，决策机构的产生方法、人员构成、任期、议事规则，法定代表人，幼儿园终止的事由及善后处理办法，章程修改程序和其他必须由章程规定的事项等。

(4)卫生部门核发的《卫生许可证》及《卫生保健合格证》原件、复印件，公安消防部门对其建筑物审核、验收合格的文件原件、复印件。

(5)拟聘任园长、教师及工作人员的资格证明及妇幼保健院(所)出具的健康合格证；拟对上述人员确立的工资及社会保险费用的说明。

(6)其他法律、法规要求提供的材料。

第三步：教育主管部门在对筹设情况进行审查的基础上，对办园申请做出答复，对符合条件者予以登记注册，对不符合条件者不予注册，并将原因通知申请者。审批机关应在自收到申请之日起的一定期限内，以书面形式做出答复。

★资料库

西安市学前教育机构登记注册管理办法

第一条　为了加强学前教育机构管理，促进幼儿教育事业的发展，根据有关法律、法规，结合本市实际，制定本办法。

第二条　本办法所称学前教育机构是指招收学龄前0至6岁幼儿，并对其进行保育和教育的机构，包括幼儿园、保育院、托儿所、早教中心、农村地区小学附设的学前班等。

第三条　本市行政区域内学前教育机构的登记注册适用本办法。

第四条　市教育行政管理部门是学前教育机构登记注册的主管部门。卫生、价格等行政管理部门应当按照各自职责，配合做好学前教育机构登记注册管理工作。

第五条　举办学前教育机构，实行登记注册制度。注册登记按照下列规定实行分级管理：

(一)举办各类艺术、双语、体育等特色幼儿园，跨区县举办幼儿园分园由市教育行政管理部门登记注册。

(二)中外合作举办学前教育机构，按规定报省教育行政管理部门审批，并在区县及市教育行政管理部门备案。

(三)举办本条第(一)、(二)项规定以外的其他学前教育机构，由所在区县教育行政管理部门登记注册，报市教育行政管理部门备案。

第六条　申请举办学前教育机构，应提供以下书面材料：

（一）申请报告；

（二）举办人的资格证明；

（三）拟任园所长（机构负责人）和拟聘幼儿教师及工作人员的资格证明；

（四）学前教育机构的资金数额及资金来源证明文件；

（五）学前教育机构的地址；

（六）学前教育机构的章程。

联合举办学前教育机构的，还应当提交联合办学协议书。

第七条　对提出举办学前教育机构申请的，教育行政管理部门应当在收到申请之日起30个工作日内办理注册登记手续。对符合条件的，发给西安市学前教育机构注册证，并在卫生、价格行政管理部门办理《卫生许可证》、《收费许可证》后方可开业。

第八条　学前教育机构的名称应符合下列规定：

（一）规模在3个班以上（含3个班），收托学龄前0至6岁婴幼儿的为幼儿园或保育院；

（二）规模在3个班以上（含3个班），收托0至3岁婴幼儿的为托儿所；

（三）规模不足3个班，收托0至6岁婴幼儿的为幼儿班或托儿班；

（四）利用家庭住房举办的，招收0至6岁婴幼儿的为家庭幼儿班，或家庭托儿班；

（五）幼儿园（班）、托儿所（班）的名称不得带有与实际不符的或易产生误导作用的词语，不得冠以“中华”、“中国”、“国际”等字样；

（六）其他学前教育机构的名称根据实际情况确定。

第九条　学前教育机构的招生简章和广告，应报登记注册机关备案。

第十条　学前教育机构的园长和幼儿教师及工作人员，必须具有符合国家规定的任职资格。

第十一条　经登记注册的学前教育机构应当建立财务、会计制度和财产管理制度，按价格行政管理部门核定的收费标准收费，不得擅自设立收费项目、提高收费标准。

第十二条　学前教育机构一经登记注册，不得随意变更名称、地址和主办人等，不得转让、合并、分离。如确需变更的，应当办理登记注册变更手续。学前教育机构因故决定停办时，应当办理注销登记手续。

第十三条　教育行政管理部门应当对登记注册的学前教育机构进行业务指导、督导评估、核定办园等级，按照国家规定对园所长（机构负责人）、幼儿教师及其他工作人员进行考核培训工作、资格审定和职称评聘。

卫生行政管理部门应对学前教育机构的卫生保健工作进行业务指导、检查、监督。价格、财政行政管理部门应当负责对园所的收费标准、收费行为进行审核、监督。

第十四条　学前教育机构的保育和教育工作要按照《幼儿园工作规程》、《幼儿园教育指导纲要（试行）》及《西安市贯彻〈幼儿园教育指导纲要（试行）〉实施细

则》的要求进行，不得进行违背幼儿教育规律、有损于幼儿身心健康的活动，禁止对幼儿进行体罚和变相体罚。

第十五条　违反本办法规定，未经登记注册开办学前教育机构的，由教育行政管理部门责令停办，予以取缔。

第十六条　违反本办法规定，未申领《卫生许可证》、《收费许可证》的，由卫生、价格行政管理部门按照有关规定处罚。

第十七条　本办法自发布之日起施行。

资料来源：西安市政府　市政办发[2004]104号

“学前教育机构章程”举例

机构名称：山东省××幼儿园

第一章　总　则

第一条　为全面贯彻国家教育方针，积极推进素质教育，全面启动教育现代化工程，提高保教质量，促进幼儿园持续、稳定健康地发展，依据《中华人民共和国教育法》《中华人民共和国教师法》《幼儿园管理条例》和《幼儿园工作规程》等有关法律、法规制定本章程。

第二条　幼儿园名称：山东省＊＊幼儿园，园址：济南市＊＊路＊＊号。

第三条　幼儿园适龄幼儿为2.5周岁至6周岁，为公办全日制幼儿园，一般为四年制，分托班、小班、中班、大班，有开办10个班的规模。

第四条　幼儿园宗旨：“一切为了孩子，为了孩子的一切”，“让每一个孩子快乐成长每一天”。

第五条　幼儿园的任务是：实行保育与教育相结合的原则，对幼儿实施体、智、德、美诸方面全面发展的教育，促进其身心和谐发展。幼儿园同时为家长参加工作、学习提供便利条件。

园风：和谐、奋进、快乐、创新

园训：立志高一点，眼界宽一点。品味优一点，谈吐雅一点。
奉献多一点，干事精一点。爱心真一点，微笑诚一点。
服务细一点，交流多一点。脑筋活一点，行动快一点。
态度蔼一点，说话轻一点。精神爽一点，衣着靓一点。

第二章　幼儿园组织与管理

第六条　本园在山东省教育厅的直属领导下实行园长负责制，建立以此为核心的园所行政决策机制。党支部发挥政治核心和保证监督作用，教职工代表大会民主参与幼儿园管理和监督工作，同时发挥园务会、家长委员会的作用。

第七条　幼儿园设园长1名、书记1名、副园长1名，幼儿园实行园长负责制和班长负责制，教职工实行量化考评制、岗位责任制和奖惩制等。

第八条　园长履行下列职责：

(一)重大事务决策:园长对幼儿园的重大行政事务作最后决定。

(二)财务审批:幼儿园财务经行政班子讨论决定后由园长负责审批,决定日常开支项目。

(三)招生收费:按教育局的有关招生规定招生,严格按区物价局的有关规定收取费用。

(四)保育、教育和教学工作的指挥,把握办园方针。

第九条　园长履行下列义务:

(一)坚持正确的办园方向,依法治园,保护师生的合法权益。

(二)接受上级主管部门的领导、指导和监督,定期向上级主管部门请示和汇报工作。

(三)严格执行保育教育和教学法规文件,保证教育计划和教学大纲的执行。

(四)坚持民主集中制,充分发挥领导班子的智慧力量,自觉接受教职工大会的监督。

(五)加强师资队伍建设和管理,为教师培训进修提供方便。

(六)规范幼儿园管理。

(七)积极创造条件加强幼儿园的教育现代化建设步伐,搞好园舍、教学设施、设备,校园环境等建设。

(八)强化法制安全教育,落实防范措施、防止发生意外事故。

(九)廉洁从政,以身作则,带头实干。

第十条　幼儿园的共青团、工会等组织、要自觉当好幼儿园与教职工的桥梁和纽带。除完成上级交办的各项任务外,要坚持社会主义办学方向,贯彻执行教育方针。加强幼儿园社会主义精神文明建设,加强园内教职工的思想政治工作,在幼儿园改革发展的重大活动中发挥积极作用。

第十一条　幼儿园接受上级教育行政部门及政府有关部门的督导、检查。

第三章　教职工管理

第十二条　幼儿园按照上级有关人事制度,结合幼儿园实际情况,加强人事管理,定岗、定编、定责、定工作量,年终进行量化考核。

第十三条　幼儿教师享有《教师法》及有关法规规定的相关权利,履行《教师法》及有关法律、法规规定的义务。

第十四条　爱岗敬业,教书育人,为人师表,创新进取,崇尚科学。

第十五条　严格履行岗位职责,讲究工作规范,全心全意为儿童服务。

第十六条　教师职责:

(一)认真贯彻《幼儿园教育指导纲要(试行)》,根据幼儿教育目标与任务,结合本班幼儿实际情况对幼儿进行全面发展的教育。

(二)认真履行岗位责任制,把精心照料幼儿生活、保证幼儿身心健康和进行智力开发教育有机结合起来。为每个孩子建立成长档案,详细记录幼儿的成长过程。

(三)全面掌握幼儿的成长特点,采取各种方法,培养幼儿的多种学习兴趣。

(四)科学组织幼儿一日生活。认真执行生活常规,是每个环节结构紧凑,环节

之间过渡自然、轻松，做到寓教于乐。

（五）尊重幼儿参加各种游戏活动，并通过游戏开发智力、培养能力、进行思想品德教育。

（六）讲职业道德，为人师表，以身作则，培养幼儿的文明习惯。纠正幼儿不良习惯时，要耐心启发诱导，不体罚和变相体罚。

（七）做好家长联系工作。经常征求家长意见，填写好幼儿在园联系记录，向家长传授家庭教育知识，争取家长的协助和配合。

第十七条　幼儿享有法律、法规规定的接受平等教育的权利。

第十八条　幼儿园每年一次招生，无特殊情况不招插班生。

第四章　幼儿管理

第十九条　幼儿在入园前，必须按照卫生部门制定的卫生保健制度进行体格检查。合格者方可入园。

第二十条　幼儿享有下列权利：

（一）接受平等教育，对教师不公平的评价或行为有权提出意见。

（二）参与幼儿园安排的各种教育教学活动。

（三）在园情况素质汇报单的评语等第获得公正评价。

（四）享有法律法规和幼儿园制度规定的其他权利。

第二十一条　幼儿应当履行下列义务：

（一）遵守幼儿园的规章制度。

（二）规范行为、尊敬师长、友爱同伴，形成良好的品德和行为习惯。

（三）关心班级和他人，自信、自律、自理、自强。

（四）维护幼儿园声誉。

第二十二条　家长参与幼儿园管理，成立家长委员会，对幼儿园的重大事件和活动有建议权，家长有权评议幼儿园工作和教职工工作。

第二十三条　建立家园联系制度，利用家长园地、家长会、节日活动、亲子活动等多种手段进行家园联系沟通，每学期向家长开放幼儿园半日活动。

第五章　教育教学管理

第二十四条　依据国家教委颁发的《幼儿园工作规程》及《幼儿园管理条例》等从事幼儿园的保育教育教学科研工作，幼儿园的任务是：实施保育与教育相结合原则，对幼儿实施体智德美诸方面发展的教育，促进其身心和谐发展。

第二十五条　依据新课程、园务计划，制定相应的教学计划，实施教学活动，严格执行教学大纲和教学计划，维护作息时间表、课程表、户外活动安排表、周工作安排表的严肃性，任何人不得随意擅自调课或停课，调课须经领导批准。

第二十六条　认真做好教学研究和科研工作，组织教师积极参与教学改革和教育科研，强化“科研兴园”的意识，积极组织教科研活动。

第二十七条　认真抓好教育质量的常规管理和教学评估，认真抓好拟定教学计划，即备课、上课、游戏、幼儿生活习惯和行为习惯养成各个环节的管理。规范幼儿一日活动环节，做到环环紧扣，有张有弛，动静交替。

第二十八条　幼儿园使用全国通用的普通话。

第二十九条　加强对保育、教育、教学工作的检查考核，注重平时检查，完善过程资料。提供现代化的教学设备、新颖独创的儿童玩具、安全卫生的生活设施，促进幼儿全面发展。

第六章　卫生保健管理

第三十条　全体师生努力创建美观、童趣、健康、向上、文明高雅的育人环境。

第三十一条　创造健康向上、快乐奋进的园所文化氛围，幼儿园年级、班级应开展丰富多彩的园所文化活动，努力营造宽松和谐、互动合作、礼貌尊重的人际关系和紧张有序的工作环境。

第三十二条　搞好园内整体规划，从幼儿园实际出发，创设符合幼儿特点的净化、美化、绿化、童化的绿色校园，把幼儿园建成孩子的乐园。

第三十三条　严格园内环境卫生管理，建立健全卫生包干的监督评比制度，努力创建卫生整洁的工作、学习和生活环境，确保园内无果皮、纸屑、烟头、痰迹，墙壁无污迹，公物无损坏。

第三十四条　切实加强安全保卫工作，做好防火、防盗、防电、防毒工作及时发现和排除各种隐患，确保财产安全和人身安全。严格执行接送制度，食品、药物的管理制度，防止发生失火、触电、砸伤、摔伤、烫伤、食物中毒和异物入眼、耳、鼻、口腔内等不安全等事故，确保幼儿的人身安全。

第三十五条　幼儿园必须切实做好幼儿生理和心理卫生保健工作，严格执行《托、幼机构卫生保健制度》以及其他有关的卫生保健制度。

第三十六条　制定科学合理的幼儿一日生活作息制度。

第三十七条　幼儿园建立幼儿健康检查制度和幼儿健康卡的档案，按规定每年体检一次；每半年测身高、体重、视力、牙齿一次，并对幼儿身体健康发展状况定期进行分析、评价，注意幼儿口腔卫生、保护视力。

第三十八条　幼儿园建立卫生消毒，病儿隔离制度，积极做好计划免疫和疾病防治工作，园内严禁吸烟。

第三十九条　为幼儿提供合理膳食，每周要编制营养平衡的幼儿食谱，定期计算幼儿的进食量和营养素摄取量。

第四十条　保证幼儿随时饮水的条件，培养幼儿良好的大小便习惯，不得限制幼儿大小便的次数、时间等。

第四十一条　幼儿园要逐步改善条件，夏季做好防暑降温工作，冬季做好防寒保暖工作。

第七章　财务后勤管理

第四十二条　幼儿园的经费来源是以国家财政性教育经费为主，依据幼儿园财务制度，加强财务管理，坚持节俭、规范的原则，正确编报预、决算，统筹计划，保证重点，严格把关，提高经费使用效率。幼儿园及时向上级有关部门提出收入经费安排意见或申请经费支持。

第四十三条　幼儿园严格按照教育、物价、财政部门确定的收费项目和收费标

准实行收费，不擅自提高或减免费用，依法向幼儿家长收取费用。

第四十四条　总务后勤工作必须树立为教育教学服务、为教育科研服务、为师生服务的观念，强化服务意识，主动、热情、优质、高效、超前做好服务工作；公开服务内容，接受师生评议，廉洁自律，克己奉公，讲求效率。

第四十五条　加强园舍、园产管理，严防公物流失和浪费；坚守岗位，履行职责，按照安全、保卫、采购、保管、维修等后勤各项规章制度，严格工作规范，严肃工作纪律。

第四十六条　本章程经幼儿园教职工大会通过，上级主管部门批准后实施，幼儿园依据本章程建立健全各项规章制度，原定的各类规章制度凡与本章程相抵的，一律以本章程为准。

第四十七条　本章程如有与法律、法规和上级有关政策相抵触，一律以法律、法规和上级有关政策为准。

第四十八条　本章程由园长室负责解释，自批准之日起实施。

资料来源：http://www.baidu.com/

第三节　学前教育机构的开办

一旦学前教育机构在当地主管部门经过审批注册，获得合法开办学前教育机构的资格之后，首要的问题就是进行招生宣传工作，并考虑分班入园等具体事宜，为学前教育机构的顺利运营打下坚实基础。

一、宣传招生

（一）招生信息的发布与宣传

一个新开办的学前教育机构需要通过信息宣传，扩大社会影响，广开招生门路。在招生宣传的过程中应注意以下事项。

1. 多样性

学前教育机构的招生宣传方式多种多样，报纸、杂志、期刊、网络、电台、电视、海报以及宣传册（单）等都是较好的宣传媒介。学前教育机构可以根据需要灵活选择、组合运用。

2. 针对性

学前教育机构的定位决定了其有针对性的目标服务对象。如果是普惠性的学前教育机构，可以通过报纸、广播、电视等媒体广泛宣传；如果是收费较高的民办机构，可采取到一些高档住宅区、高档消费场所组织现场咨询活动的方式；如果学前教育机构是依托在一些小区或乡村，可以集中在这些区域，采取直接发放宣传单，甚至挨家挨户宣传的方式。

3. 效益性

学前教育机构在招生宣传的过程中应量入为出，考虑宣传成本，争取以较小的投入获得最大的效益。例如，某学前教育机构在所在地区的主要商业街打出招生条幅，醒目宣传"××学前教育机构开园，欢迎报名"。这种信息发布方式快速、省钱、省时、省力，效益性较高。

4. 明了性

学前教育机构在制作宣传材料时，除介绍机构名称、地址、联系号码等基本信息外，还应概括提炼本机构的办园理念、师资队伍、教育活动、课程体系等，向家长简洁明了地传递出这一信息：本机构的保教质量是有品质的。

（二）招生

1. 招生规模的确定

学前教育机构的计划性首先体现在招生规模上。招生规模是招收婴幼儿入园名额、年龄的预计指标。学前教育机构的招生规模要根据本机构的园舍建筑、设施设备、师资队伍、办园经费、办园理念、学前儿童生源情况等方面的实际而确定，并在申请登记注册时明确注明。

由于学前教育机构的教育对象身心发育尚不完善，学前教育机构承担着保教双重任务，为此，《幼儿园工作规程》(1996)提出要求，"幼儿园规模以有利于幼儿身心健康，便于管理为原则，不宜过大"。一般而言，学前教育机构 10—12 个班的规模(包括托、幼合建的)已是大型园，6—9 个班为中型园，5 个班以下为小型园；单独的托儿所的规模以不超过 5 个班为宜。

2. 招生简章的制定

《幼儿园工作规程》在"幼儿入园和编班"一章中专门指出："幼儿园每年秋季招生。平时如有缺额，可随时补招。"学前教育机构在招生时，可发布招生简章，它是以简要的文字形式表述本机构的招生条件、报名时间、录取方式等要求事宜。学前教育机构的招生简章一般要上报主管部门批准备案，在学前教育机构外公开张贴，便于家长按照要求办理相关登记手续，为家长提供服务指南，同时也有利于本机构招生工作的有序进行。

招生简章一般包括如下内容：①招生条件。是本机构对招收的婴幼儿年龄、身体状况、智力水平、居住地等方面的要求，如一些机构附属的托幼园所的招生要求是"身体健康、智力正常、家长为本机构内的婴幼儿"。②报名时间、地点、手续要求。如可在简章中明示家长"请在规定的时间内到本机构报名，请携带婴幼儿户口册、独生子女证、父母双方工作证或所在单位开具的证明信以及孩子，进行验证、登记、面试(查看孩子有无身体或智力缺陷)"。③招生规模。在简章中标明本学期招收的婴幼儿年龄、数量以及适龄插班孩子的年龄和数量。④录取方法。告知家长录取通知方式。⑤注意事项。其他有关说明解释部分可以"注意事项"形式呈现。

二、入园和编班

(一)入园工作

1. 入园登记

入园登记是建立婴幼儿入园档案的基础,也是学前教育机构科学规范管理的体现。

入园登记手续一般包括如下内容:①填写入园登记表。根据需要可以是数份,以备园所建档、保健室存档和班级教师留存等。入园登记表内容涵盖婴幼儿姓名、性别、年龄、身体状况、是否有遗传疾病或过敏症、家长信息、联系方式、有无特殊需要等。②交纳各种费用。如保育费、伙食费、用品费等。③领取物品。包括床上用品、生活用品、学习用品等。④送交婴幼儿健康卡片。便于学前教育机构医务人员掌握婴幼儿健康免疫状况,定期为孩子组织免疫、防病注射、服药等工作。

入园登记工作应做到认真审核、细致周到。登记表格设计具体、明确,教师、保健员与家长有效沟通,尽量获取有关婴幼儿的翔实资料,便于托幼园所保教工作的顺利展开。同时,对于入园登记的有关信息资料,学前教育机构应有专人负责管理,没有得到家长或监护人的书面同意,不可以公开某些信息和资料。

【案例分享】

虚惊之后

一天中午,各班都在准备午睡,忽然从托班传来一阵急促的喊声。保健教师赶到时,看到姗姗嘴唇发紫、小手冰凉,保健教师一边掐人中,一边喊着:"姗姗,姗姗!"可姗姗一点儿反应都没有,测了孩子的体温,发现达37.9℃。班上教师介绍,姗姗吃饭、散步时还很开心,她还自己脱了衣服准备睡觉。可等教师过去帮忙盖被子时,发现坐在床上的姗姗垂下了头,怎么喊都没反应。保健教师迅速拨通了120急救电话,又派一名教师立即到附近的社区医院去请医生来帮忙,并立刻通知了家长。从家长口中教师得知,孩子有过热惊厥史,在家曾发病数次。经过妥当处置,孩子转危为安。

之后,托儿所查找入园登记,在家长"需说明孩子的健康史和疾病史"一栏,发现姗姗的家长并不曾提到过孩子的热惊厥史;在入园后的第一次家访时,托儿所专门发放家访记录表,其中"家长建议与希望"一栏家长可写上孩子需特别关注的方面,并签字确认,家长也未告知这一情况。为此,托儿所对入园登记和家访表格做了改进和细化:将入园登记表中"健康史、过敏史"一栏表述为"孩子是否患过以下疾病",列出哮喘、癫痫、心脏病、热惊厥、结核、水痘、麻疹、猩红热、腮腺炎、肝炎以及精神类病史、其他疾病、食物过敏、药物过敏等,请家长对照检查,患过的打"√",其他疾病及过敏情况须详细说明,并确认签字。在家访记录表上,列出了教师家访

时必须了解的孩子的兴趣爱好、性格特点、生活习惯、疾病史等方面的内容，在“孩子需要教师特别关注的方面”一项中，增加了“包括过敏食物、过敏药物、哮喘、癫痫、热惊厥等疾病史以及在生活、教育等方面须关注的情况”的文字说明，提醒教师和家长需就这一方面内容进行沟通。与此同时，托儿所召开全园教工大会，要求大家把好入园登记关、新生家访关、日常观察关，并请保健教师作了全园急救常识培训。托儿所还利用家长学校、家长会的机会，以案例的形式对全体新生家长进行宣传，让家长了解如实填写幼儿健康史、过敏史等情况的重要性，打消家长的顾虑，以便教师及时掌握有关幼儿的真实、准确的信息，因人而异地给予具体的观察和照料。

2. 入园体检

《幼儿园工作规程》明确要求“幼儿入园前，须按照卫生部门制定的卫生保健制度进行体格检查，合格者方可入园。幼儿入园除进行体格检查外，严禁任何形式的考试或测查”。

入园体检是指经过本地区婴幼儿保健所指定医院对申请入园婴幼儿进行规定项目的身体检查、鉴定，以此作为学前教育机构收托婴幼儿入园的依据。入园(所)健康检查表最终由保健医生归档，作为婴幼儿健康成长健康档案材料统一管理，见表5-1。

表5-1　儿童入园(所)健康检查表

<table>
<tr><td colspan="2">姓名</td><td></td><td>性别</td><td></td><td>年龄</td><td></td><td>出生日期</td><td colspan="2">年　月　日</td></tr>
<tr><td colspan="2">既往病史</td><td colspan="8">1. 先天性心脏病　2. 癫痫　3. 高热惊厥　4. 哮喘　5. 其他</td></tr>
<tr><td colspan="2">过敏史</td><td colspan="4"></td><td colspan="2">儿童家长确认签名</td><td colspan="2"></td></tr>
<tr><td rowspan="5">体格检查</td><td>体重</td><td>kg</td><td>评价</td><td></td><td>身长(高)</td><td>cm</td><td>评价</td><td>皮肤</td><td></td></tr>
<tr><td rowspan="2">眼</td><td>左</td><td rowspan="2">视力</td><td>左</td><td rowspan="2">耳</td><td>左</td><td rowspan="2">口腔</td><td>牙齿数</td><td></td></tr>
<tr><td>右</td><td>右</td><td>右</td><td>龋齿数</td><td></td></tr>
<tr><td>头颅</td><td></td><td>胸廓</td><td colspan="2"></td><td>脊柱四肢</td><td></td><td>咽部</td><td></td></tr>
<tr><td>心肺</td><td>肝脾</td><td>外生殖器</td><td colspan="2"></td><td>其他</td><td colspan="3"></td></tr>
<tr><td rowspan="2">辅助检查</td><td colspan="2">血红蛋白(Hb)</td><td colspan="3"></td><td colspan="2">丙氨酸氨基转移酶(ALT)</td><td colspan="2"></td></tr>
<tr><td colspan="2">其他</td><td colspan="7"></td></tr>
<tr><td colspan="2">检查结果</td><td colspan="4"></td><td>医生意见</td><td colspan="3"></td></tr>
<tr><td colspan="6">医生签名：</td><td colspan="4">检查单位：</td></tr>
<tr><td colspan="6">体检日期：　年　月　日</td><td colspan="4">(检查单位盖章)</td></tr>
</table>

(二)编班工作

为便于婴幼儿入园后的生活与教育活动的实施，便于保教人员对其进行养成教育，学前

教育机构需对录取的新生按规定编制一定数额的婴幼儿为一班。

1. 班额标准

一般情况下，托儿所内，乳儿班及托儿小、中班15—20人为一班，托儿大班21—25人为一班。关于幼儿园的编班，《幼儿园工作规程》规定每班幼儿人数一般为：小班（三至四周岁）25人，中班（四至五周岁）30人，大班（五周岁至六或七周岁）35人，混合班30人，学前班不超过40人。寄宿制幼儿园每班幼儿人数酌减。幼儿园可按年龄分别编班，也可混合编班。

2. 注意事项

（1）性别比例合理。学前教育机构应根据招收婴幼儿总体性别比来确定班级性别比例，每班性别比不能失调。

（2）师生比合理。我国学前教育机构每班一般是按2名教师和1名保育员进行人员配备，师生比一般为全日制1∶6—1∶7，寄宿制1∶4—1∶5，炊事员与幼儿比例为1∶45。

（3）年龄合理。若是按照年龄编班，学前教育机构一般是根据婴幼儿的"月龄"分班，充分尊重婴幼儿的年龄差异，有利于教师组织保教活动，完成相应的教育任务。

（4）充分了解婴幼儿。编班之后，本班的教师和保育员应通过家访、日常观察、与家长交流等多种方式，尽快了解把握每一个孩子身心发展特点，为教育工作奠定基础。了解内容包括婴幼儿的生活习惯、身体特点、个性特点等。

三、培育园所文化

"三流的学前教育机构靠权力、二流的学前教育机构靠制度、一流的学前教育机构靠文化"。园所文化作为学前教育机构的灵魂，是其生存的基础、发展的动力和成功的关键，因而，培育和建设园所文化应是新建学前教育机构不懈的追求目标。

（一）培育园所文化的意义

广义的"文化"是人类在社会历史发展过程中所创造的物质财富和精神财富的总和。狭义的"文化"指意识形态所创造的精神财富，包括宗教信仰、风俗习惯、道德情操、学术思想、文学艺术、科学技术、各种制度等。托幼园所作为一种集体教养机构，必定会在其保教活动过程中逐步形成独有的、为全体成员所共同认可，并有所体现的园所文化。园所文化是一种精神、氛围、内涵、价值取向，园所文化蕴涵着幼儿园的办园方向、目标确立、运营策略，它决定着园所的精神面貌，从而影响、制约全体成员的理想与追求、情感与行为，学前教育机构师生的行为规范、群体关系、学习态度、生活方式、规则制度等无不打上园所文化的烙印。园所文化潜移默化中发挥着育人的功能，是园所得以可持续性发展的巨大内驱力。

（二）培育园所文化的内容

园所文化的培育包含四个方面：物质文化、精神文化、制度文化、课程文化。园所的物质环境、规章制度、教育活动等属于技术层次，是可以直接显现的形态，而园所文化的核心是隐藏在这些形态背后的精神因素，是园所中每个成员举手投足中所显示、体验或力图追求的一

种精神风貌，是具有精神导向意义的价值体系，所以，精神文化成为园所文化培育的核心、最高层，是幼儿园文化建设的关键。

1. 培育物质文化

学前教育机构的环境、建筑、设施既是教育教学活动的场所，又是园所独有文化特征的体现，对幼儿的成长起到潜移默化的熏陶作用。为此，营造温馨和谐的物质文化氛围，建设一个绿化、美化、儿童化、教育化、特色化的园所环境，体现“处处有教育”的理念就成为培育园所物质文化的基本原则。在环境创设中，应充分利用周边环境的每个角落，力求让环境会说话。比如，可以根据婴幼儿年龄特点，开辟和设置种植园地、玩水池、故事廊、迷宫图、作品栏目等，即使是墙面，也可以结合主题教学加以布置，让幼儿园的所有建筑、设施、环境作为一种物质的文化形态，都折射出浓郁的人文气息，为教师营造积极、和谐的发展氛围，给幼儿提供健康、快乐的成长环境。

2. 培育精神文化

园所精神文化体现在机构全体成员在整个保教活动中所形成的具有独特凝聚力的园风园貌、人际氛围和精神气氛等，其核心是园所在长期的办园过程中所形成的共同价值观念、思想观念和行为方式。管理者应通过培育精神文化提升园所凝聚力，使园所发展始终具备深厚的文化底蕴和精神力量。幼儿园精神文化主要是指幼儿园的历史传统和被多数人认同的文化观念、价值观念、生活信念等，它是一所幼儿园本质的、个性的、精神风貌的集中反映，是幼儿园发展的动力。

(1)明晰办园理念。办园理念是幼儿园精神文化的集中表现，应成为园所精神文化的核心。与此同时，还应将办园理念成为全体成员的共同愿景，并将内化的理念通过园训、园歌、园标、园刊等形式加以外化，注重体现园风建设。

(2)营造适宜的文化环境。园所文化环境的构建应注重人文关怀、用心管理，创造具有亲和力的人文生态环境，使教工切身感受到民主、平等、友善、鼓舞、感化和帮助。例如，为鼓励大家敞开心扉、相互欣赏，可以设立“级组生活日”，让教师有机会定期交流、谈心，以增进级组教师之间的了解、沟通和彼此之间的默契度。还可以设立“心灵补给站”，由园长或老教师担任“心灵调剂师”，定期聆听教师的心声，寻求成长的突破口，缓解职业倦怠感，使其更加充满信心地投入到工作中。在营造精神文化环境的过程中，可以通过开展多种有意义的活动进行，如艺术活动、体育活动、休闲旅游活动、革命传统教育活动、论文评比、教案展示、教学比武等，以充实教职工文化生活，营造活泼自由的专业学习氛围，构建和谐融洽的人际关系，积淀教师的文化底蕴，陶冶情操。

(3)注重师德修养。百年大计，教育为本；教育之重，师德为基。提升教师“爱生、爱业、爱园”的精神素养，是师德师风建设的主要内容。为此，应根据学前教育机构发展规划中有关师资队伍建设的目标和措施，制定详尽的师德师风建设专项计划。组织师德专题报告、专题探讨、专题演讲、辩论活动、读书征文活动、十佳教师评选活动等手段启发教师感悟教师职业的崇高，提升精神品位，提高师德修养。

3. 培育制度文化

学前教育机构制度文化是指托幼园所的园纪园规、公约以及习俗等，如教学常规、保育

常规、教师行为规范、家长行为规范等。制度是幼儿园教育管理思想、体制及模式的凝结形式,它既是幼儿园管理的重要手段,又是幼儿园管理思想和管理风格的重要体现。制度文化对于师幼的价值观念、行为准则的形成起着决定性的作用。

(1)坚持“以人为本”的制度文化建设。制度文化建设始终要为幼儿和教师的身心健康发展提供制度保障,使他们都能愉悦地生活和成长。所以,制度的制定、制度所涉及的条款内容和实施执行应以幼儿为本、以教师为本、以家长为本。既强调制度的严格,也要强调制度的有效落实和价值引导方面的积极作用,促进教师的工作主动性、创造性。

(2)民主参与。制度文化来自于全体成员的认同。为此,制度的制定完善应坚持民主参与原则,做到考核标准透明化、考核成绩公开化、反馈指导个性化。民主参与的方式多种多样,比如:教工大会是幼儿园民主管理的核心机制,学前教育机构事关大家利益及园所发展的事件,都需经过教代会的通过;可以张榜公示管理手册、考核方案,让全体员工共同知晓,更快、更高效地认同并融入园所的管理规则和秩序之中;也可通过园长信箱等及时沟通信息、改进工作,完善、修订、补充一系列规章制度。

4. 培育课程文化

课程是学前教育机构实现教育目标的载体,通过建设课程文化,可以实现师生的共同发展。培育课程文化可从三方面入手:①可以采取教师撰写案例反思的方式,鼓励教师成为课程实施的反思者、课程开发的研究者,让孩子成为实践课程的受惠者。②可以利用节庆活动、重大社会事件,拓展丰富课程内容。许多节庆活动内涵和庆祝方式反映了民族的传统习俗、道德风尚等文化特性,节庆活动既可以让学前儿童直接了解与体验传统文化,也让其体会到节日的欢乐,增强文化认同感。③注重构建富有地域和本园所特色的园本课程。

★资料库

园所 CI 设计

园所 CI(Corporate Identity)设计包括三方面内容,即 MI(Mind Identity)理念识别系统、BI(Behaviour Identity)行为识别系统、VI(Visual Identity)视觉识别系统。VI 具体包括园徽、园旗、园训、园服、园所主色调、园所宣传品、园所环境建设、标志性的文化设施建设。

本章小结

学前教育机构的开办是一项复杂的系统工程。在学前教育机构的筹划阶段,办园定位的确立是一个重要环节,办园定位愈明晰,后续的工作也愈有方向。学前教育机构的注册是确保其合法地位的必由之路,应按照相关要求准备申请材料,予以登记备案。学前教育机构开办即时性的工作是宣传招生、入园编班,长远的、持续性的工作则是培育园所文化。上述各个环节流程均是学前教育机构的开办不可

或缺的。

【知识检测】

1. 概念检测:办园理念;学前教育机构登记注册;园所文化

2. 思考讨论:

(1)确立办园理念有何意义和要求?

(2)学前教育机构选择园址应遵循怎样的原则?

(3)如何组织入园登记和体检?

3. 设计一份学前教育机构招生简章。

【案例分析】

新学年即将开学,某亲子园需要招聘教师,在某幼儿园网站上公布了一则招聘启事,内容如下:

亲子园因教学需要,现招聘亲子园教师20名,要求:

相关专业毕业;具有教师资格证;口齿伶俐,能吃苦耐劳,对孩子有爱心,热爱幼儿教育工作;有2年或2年以上亲子园教学经验的老师优先考虑。

有意者请与李老师联系。联系电话:××××××××,期待您的加入。

×××亲子园

招聘公布几天之后,无人回应。招聘单位经过思考,改弦易辙,做出调整,在网站上重新发布如下招聘启事。

亲子园需要你的加入,只要你具有一颗热爱孩子的心,愿意为更多家庭带去最新的育儿观念。

如果你是一位有宝宝的老师,你可以在亲子园享受宝宝免费参与亲子活动、借阅最新育儿书刊等优惠;如果你是一位年轻的老师,可以在亲子园享受到每年2次以上的外出培训机会,职称评定等各类评优优先考虑,提前掌握小婴儿的教养方法,免费参加教师主题聚会活……另外你可以有自选授课时间、授课对象的权力,薪酬以时薪计,续聘人员享受期终一次性奖励。欢迎加入小脚印大家庭!

联系电话:××××××××;联系人:李老师。

×××亲子园

令人惊奇的是招聘启事公示没多久电话铃声就一直没间断,亲子园仅用一下午的时间就完成了招聘计划。

思考:

两则招聘公告为什么会有截然不同的效果?具有什么启示?

第六章 学前教育机构的组织建设

本章概要

学前教育机构作为一种规范组织，其组织建设对于完成学前保教任务、提高工作绩效具有基础性意义。首先，应遵循因事设岗、责权一致、统一命令等原则设置组织结构，有效集聚人力、物力、财力等资源，协调各方关系，使成员明确自身的责、权、利。其次，应建立健全整体性制度、部门性制度、岗位责任制、激励性制度等。在制度管理中要重视制度落实工作，通过宣传教育内化于心；管理者做出表率，以身作则；有章可循，严格督查。再次，应加强学前教育组织文化建设，组织文化有导向、规范、凝聚、激励等功能。组织文化建设中应遵循统整组织发展目标、以人为本、内涵建设、渗透于各项活动中等原则，通过七大工程形成一套与时俱进、锐意进取的组织文化和价值观体系。

学习目标

1. 了解学前教育机构常见的组织结构。
2. 明确园所管理体制改革对于发挥管理职能，提高管理效益的意义和作用。
3. 明确规章制度的建立与执行应遵循的原则。
4. 掌握学前教育机构组织文化建设的策略、方法。

第一节　学前教育机构内的组织机构建设

一、组织概述

（一）组织的含义

早在中国古代就有“树桑麻，习组织”之说，其中“组织”一词有把丝麻织成布匹之意，演变至今，“组织”有梳理、整理各种关系使之成为系统之说。“组织”的英文为 organization，源于器官 organ，因器官是自成系统的具有特定功能的细胞结构，所以，该词又演化为专门之人群，运用于社会管理中。

在现代社会，组织是体现一定社会关系，具有一定结构形式并且不断从外部汲取资源以实现其目标的集合体。从广义上说，组织是由诸多要素按照一定方式相互联系起来的系统。从狭义上说，组织专指人群，运用于社会管理之中，即人们为实现一定目标，相互协作结合而成的集团或团体，如工会组织、企业组织、军事组织等。

（二）组织的分类

根据不同的标准可以把组织分为不同的类别。

从组织目标的角度，可以把组织分为公益组织，如政府机构、研究机构、消防队等；工商组织，如工厂、商店、银行等；服务组织，如幼儿园、医院、社会机构等。

从成员心理的角度，可以把组织分为正式组织和非正式组织。正式组织反映出管理者的思想和信念，但其成员并不一定关注或接纳其心理和思想；而非正式组织则是自然而然形成的心理团体，其中友谊和感情因素占据主要地位。

从个人与组织的关系角度，也可以从两个维度来分类。一是从权威和权力运用程度分为功利型组织、强制型组织和规范型组织。功利型组织在管理过程中，除利用合法权威外，还运用物质利益等功利性报酬手段，这在企业管理中比较常见；强制型组织在管理过程中，通常运用强制权力来控制组织，比如监狱、劳教所、监护性精神病院等；规范型组织在管理过程中，以内在价值及地位加以控制组织，这在学校、医院、社会团体中较常见。二是从个人参与组织活动的程度，也可以把组织分为三种类型：疏远型组织、精打细算型组织、道德涵养型组织等。疏远型组织成员在心理上不介入组织，而是完全在强制外力下成为组织成员的。在精打细算型组织中，成员往往是以自身所得为依据参与组织活动；道德涵养型组织成员则积极参与活动，自觉自愿完成组织任务。

学前教育机构作为一种服务组织，同时也是规范型组织，其中难免受到非正式组织的影响，我们应通过一系列管理活动，发挥其非正式组织的正向功能，促使其发展成为成员与组织共同目标一致的道德涵养型组织。

（三）组织的要素

组织包含五个基本要素：结构、参与者、目标、技术、环境。

结构是组织在职、责、权方面的动态结构体系,关注如何进行分工、分组和合作等问题。组织结构是表明组织各部分排列顺序、空间位置、聚散状态、联系方式以及各要素之间相互关系的一种模式,是整个管理系统的“框架”。

参与者即组织的构成者和推动者。根据组织钻石结构模型,组织的两个基本要素即组织结构和参与者。组织的一切决策和行动均由参与者作出,参与者的主观能动性是组织能动性的来源。因此,组织需要高素质的组织参与者。

目标指组织所要达到的目的,是组织中一切成员的行动指南。目的是组织统一的诉求,没有了组织目的,组织不可能建立。组织目标为组织指明了前进方向,也为组织活动确立了发展路线。

组织技术是在组织过程中所使用的工具、装备、方法、工艺和设施等。技术的创新对于组织目标的顺利达成起到推动作用。

组织环境分为两大类别:外部环境与内部环境。所有组织都处于一定外部环境中,并与外部环境发生着物质、能量或信息等各种交换关系,包括政治环境、经济环境、文化环境、市场环境、地方政府、竞争者、顾客等。组织内部环境指组织内成员或群体间关系模式所构成的环境,如制度环境、文化环境、结构环境等。组织应根据外部环境的变化调整内部环境,才能使组织内外要素相协调。

(四)组织的特征

有序、健康发展的组织应具备持续性、可靠性、可控性等三方面特征。持续性是支撑组织延续下去的基础。可靠性指成员在组织中的行为不是随机的,而具有确定性,成员确定行为的落实为实现组织目的奠定了行动基础。自然人的行为往往是不可控制的,而人在组织中的行为是可以控制的,因此组织也具有可控性。

二、学前教育机构内组织结构的设置

学前教育机构是履行教育职能的组织基础,合理的组织机构设置对于完成学前教育保教任务、提高工作绩效具有重要意义。

(一)学前教育机构内组织结构的设置目的与设置原则

1.设置目的

学前教育机构内组织结构设置是否合理,对于学前教育机构的生存与发展起着至关重要的作用。组织机构合理设置,能保证成员之间分工明确、职责清晰,可以减少矛盾与摩擦,避免无休止的协调,保证保育、教育、总务、外联等各部门工作的正常运转,保障组织管理过程的通畅进行,从而提高工作绩效。

因此,学前教育机构组织结构设置的目的就是要通过创设合理灵活的组织结构,动态反映时代、社会等环境变化对学前教育提出的新要求,并且有效集聚人力、物力、财力等资源,协调好组织各部门之间、成员之间、工作之间的关系,使成员明确自己的职权责,从而提高工作效能,顺利实现教育目标。

2. 设置原则

学前教育机构在进行组织结构设计时应遵循以下原则。

第一,因事设岗原则。组织设计的主要目的在于保障组织目标的实现,使组织目标经过层层分解落实到具体岗位和部门,这就是“事事有人做”。为此,要考虑岗位的特点和需要,因事设岗,因职用人。当然这并非意味着忽视人的因素,因为任何组织都首先是人的集合体,人参加组织不仅为了满足客观需要,更有通过组织活动展现才华、提高能力、体现自身价值的需要。因而在提供教育服务的同时,考虑人力资源的特点,充分发挥人的潜能,不仅仅达到“事事有人做”的目标,还应真正保证有能力的人有机会去做他们真正胜任的工作。

第二,责权一致原则。组织要完成一定任务,需要通过组织结构设计,合理利用人、财、物等各种资源。组织设计工作除了要明确各部门的工作任务和责任,还应规定相应的调配人力、物力、财力、信息、空间等资源的权利。没有明确的权力,或权力过小,则可能使任务难以完成;权力过大,则会导致滥用权力的发生。因此,要从组织效率的目标出发,定岗定员定编,明确责权,使事事有人做、事事能做好。

第三,统一命令原则。组织中,除位于金字塔顶端的最高行政指挥外,其他成员在工作中常常会接收到来自上级部门的指令,根据上级的指令开始、结束或调整、修正自己的工作。然而,一旦下属同时接受两个上级指令而二人并不保持一致的话,那么工作就会造成混乱,令下属感到无所适从。因为无论按照谁的指令做事,都可能会遭到另一个上级的指责。如果下属利用两位上级的指令不统一而消极怠工,不做任何事情,甚至逃避责任,这就给工作带来极大危害。因此,组织中的任何成员应接受一个上司的领导或接受统一指令。

该原则在实践中常常受到来自多方面的挑战,常见的有两种情况,见图6-1。

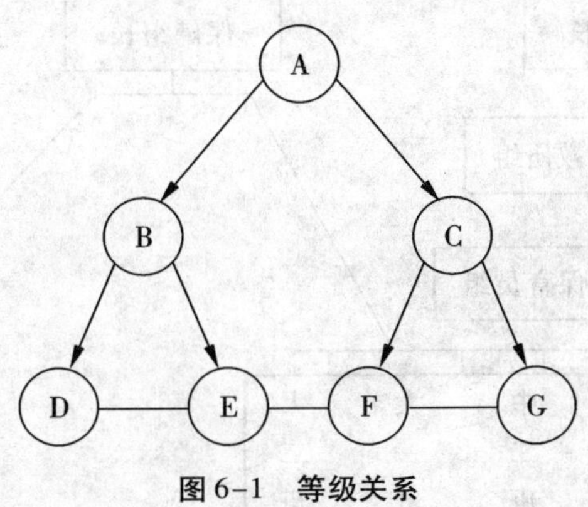

图6-1　等级关系

第一种情况:通常D、E只接受B的领导,F、G只接受C的指令。B、C不应跨越对方责权范围向对方下属下达指令,如果跨越行使权力和指令,则会导致员工D、E、F、G出现双重领导的现象,导致他们工作无从下手、无所适从,影响工作效率的提升。

第二种情况:通常A只能对B、C传达指令,但如果由于某原因A直接向D、E、F、G下达命令,虽然这些员工往往对自己上级的上级的指令会积极执行,但如若这种情况反复出现,也导致多重领导。越级指挥的现象会带来越级请示的行为,长此以往会影响B、C这类中层管理者的工作积极性,增强其工作依赖性,甚至导致中间管理层的瘫痪。

为防范上述两类问题的出现，在组织设计中要贯彻统一命令原则，将各个职位形成连续等级链，明确其责权利，实行各级首长负责制，切实保证工作的顺利开展。

（二）学前教育机构的常见组织结构

1. 机构设置

学前教育机构的组织机构通常包括行政机构和非行政机构两部分。

行政机构的核心人物是园长，由其主持园务委员会，讨论如何贯彻有关教育方针政策，坚持科学教育方向，研究决定机构重大问题，是决策指挥层。依托其工作性质和职能分工，学前教育机构下设保健组、保教组、总务组来贯彻指挥层决策，从各方面开展保教工作。最基层的单位是班级，班级教师在相应管理部门领导下担当具体工作职责，落实保教任务，完成工作目标。

非行政组织即党团组织和群众组织。党团基层组织要教育成员发挥其先进模范作用，团结全员职工努力实现工作任务。群众组织如工会、教代会对行政工作也起着监督作用，并积极配合行政组织开展各项活动，发挥民主管理、民主监督和信息反馈作用。

根据各学前教育机构的实际条件和需求，有不同的组织体系建立模式，见图6-2。

模式1

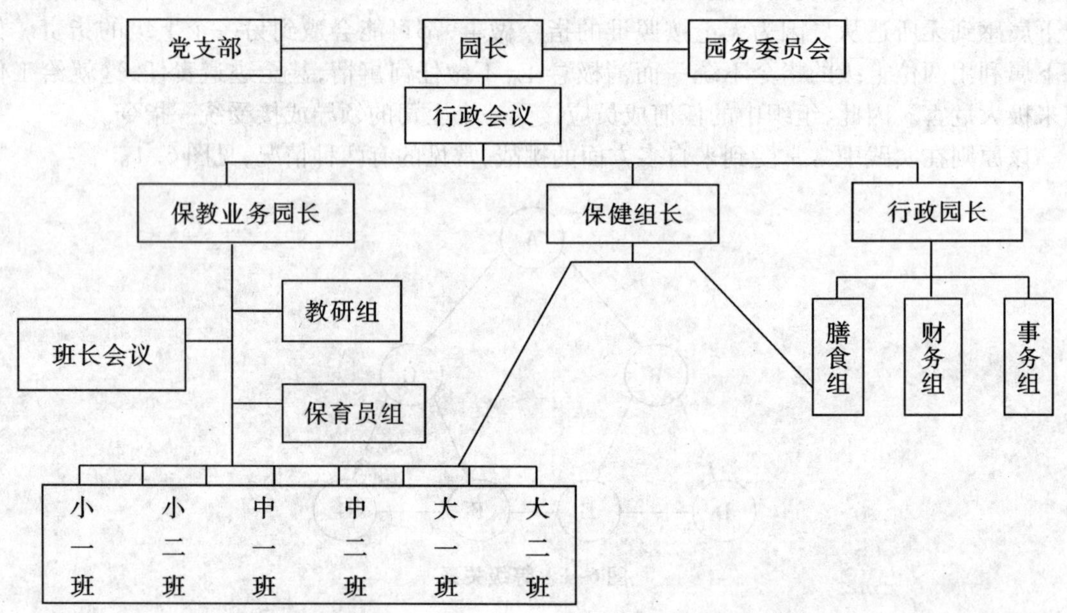

模式 2

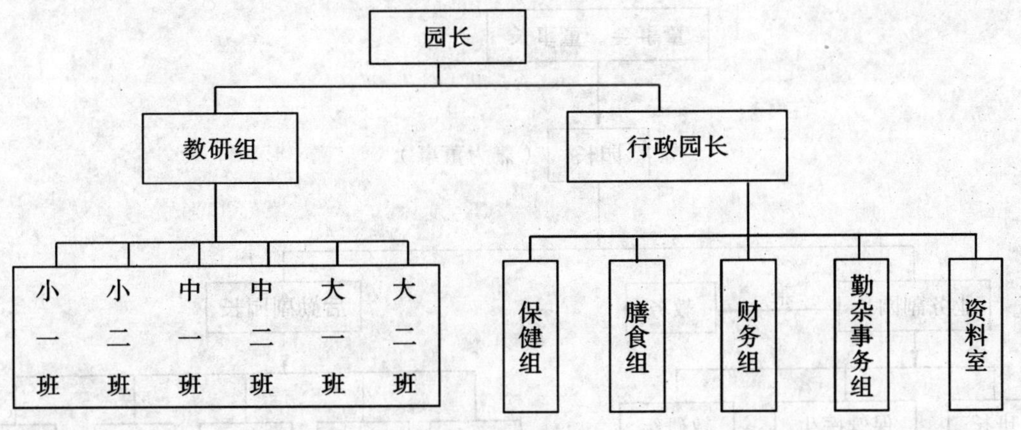

园长
教研组
行政园长
小一班
小二班
中一班
中二班
大一班
大二班
保健组
膳食组
财务组
勤杂事务组
资料室

园长
财务勤杂组
膳食组
保健组
业务园长
教研组
班长会议
小一班
小二班
中一班
中二班
大一班
大二班

园长
会计（兼档务及总务）
保健员（兼食堂管理）
小班班长
中班班长
大班班长

模式 3

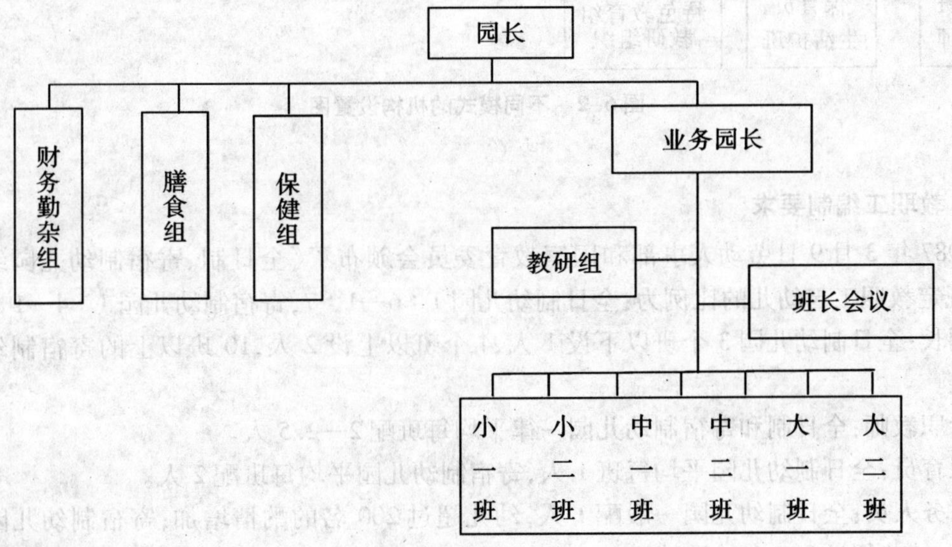

模式 4

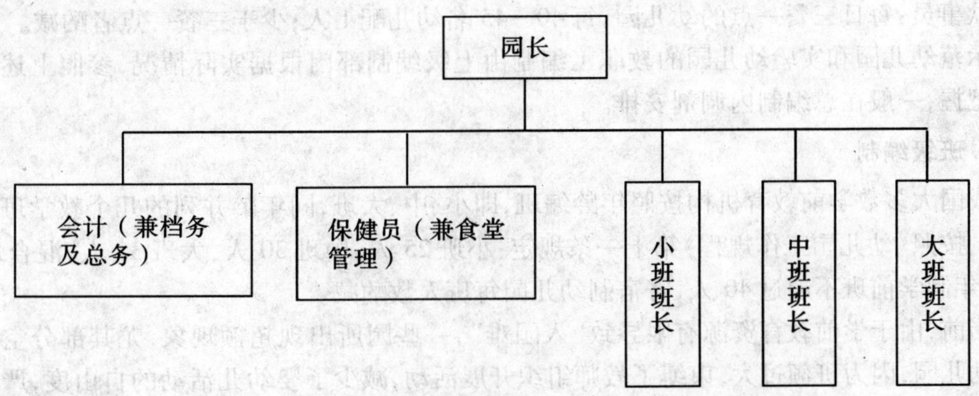

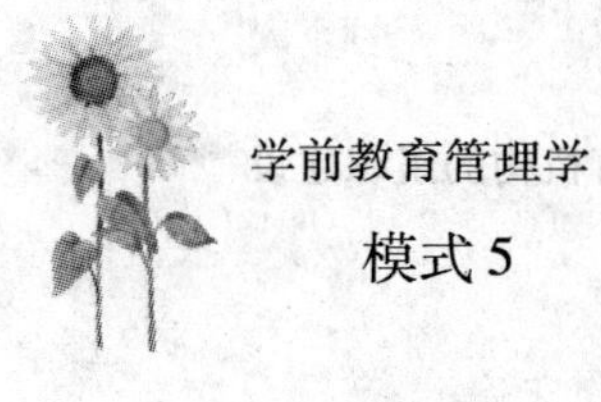

模式 5

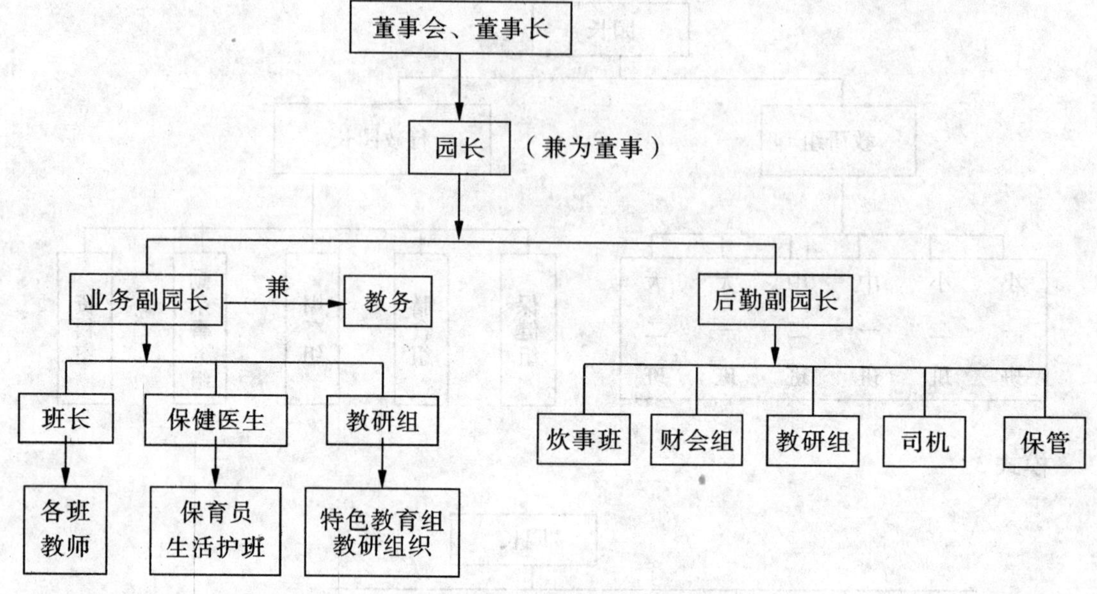

图 6-2　不同模式的机构设置图

2. 教职工编制要求

1987 年 3 月 9 日劳动人事部和国家教育委员会颁布了《全日制、寄宿制幼儿园编制标准》，规定教职工与幼儿的比例为：全日制幼儿园 1∶6—1∶7，寄宿制幼儿园 1∶4—1∶5。

园长：全日制幼儿园 3 个班以下设 1 人，4 个班以上设 2 人，10 班以上的寄宿制幼儿园设 3 人。

专职教师：全日制和寄宿制幼儿园一律平均每班配 2—2.5 人。

保育员：全日制幼儿园平均每班 1 人，寄宿制幼儿园平均每班配 2 人。

医务人员：全日制幼儿园一般配 1 人，幼儿超过 200 名的酌情增加；寄宿制幼儿园一般配 2 人，幼儿超过 200 名的酌情增加。

财会人员：3 个班以上幼儿园设专职会计 1 人，出纳视幼儿园规模设专职或兼职 1 人。

炊事员：每日三餐一点的幼儿园，每 40—45 名幼儿配 1 人；少于三餐一点者酌减。

示范幼儿园和实验幼儿园的教职工编制由上级编制部门根据实际情况，参照上述标准具体把握，一般在总编制内调剂安排。

3. 班级编制

我国大多数学前教育机构按照年龄编班，即小、中、大班，同年龄并列的几个教学班设年级组。按照《幼儿园工作规程》第十一条规定：小班 25 人，中班 30 人，大班 35 人，混合班 30 人；一年制学前班不超过 40 人，寄宿制幼儿园每班人数酌减。

当前，由于学前教育资源有限导致“入园难”，一些园所出现超额现象，尤其部分空间狭小的幼儿园，因为班额过大，束缚了教师组织开展活动，减少了婴幼儿活动的自由度，严重影

响保教质量的提升。因此,教育主管部门及学前教育机构应采取积极有效措施,努力改变办园中只求经济效益而忽视教育质量及儿童健康发展的不利局面。

第二节　学前教育机构的规章制度建设

在组织管理中,通常要以制度的创立为基础,制度是保障各项工作顺利进行的重要因素。但在管理实践中,一些管理者常常把制度当做“管、卡、压”的工具,只强调制度的外在强化制约功能,忽视其制度的教育和内化功能,还有诸如制度制订的不民主性、制度管理过程中的不公平性、制度执行中的随意性等,这些都会削弱管理制度正向功能的发挥,降低管理绩效。

一、学前教育机构规章制度的含义及作用

(一)学前教育机构规章制度的含义

所谓制度,一般是指组织系统中要求成员共同遵守的,并按照一定程序办事的行动准则和操作规程的体系①。因此,制度不仅仅是文本规定的章程、规范、条例等,它更是一种文化,是在特定价值判断基础上的行为规范体系。随着文本化管理时代的到来,制度文本成为学前教育机构制度管理的依据。如果制度都是朝令夕改和口耳相传的,那么这种缺乏文本理念的管理就是没有权威的管理。因此,制度管理应该建立一套文本系统的组织制度规范。

学前教育机构规章制度是为了实现学前教育机构目标,对各类工作人员的工作和职责加以系统化、条理化的规范,形成一种行为准则和工作规程。

学前教育机构规章制度涉及各个方面的工作,具体有以下几个方面。

1. 各部门岗位责任制

学前教育机构应在工作总目标的指导下,定员定编,定岗定责,确定各部门各类人员的工作任务、工作目标和质量标准,如园长职责、教师职责、综合办公室工作制度、资料室工作制度、保健室工作制度、库房管理办法等。

★资料库

教职工岗位职责

保教主任职责:

一、认真传达贯彻园长及园务会各项决议,根据园长及市、区教育行政部门的要求,制定保教工作计划,带领并指导保教人员制定好各种计划和工作总结。

① 何幼华:《幼儿园管理创意设计》,华东师范大学出版社2006年版,第　页。

二、认真贯彻《幼儿园工作规程》，有计划地开展专题教研或科研活动，组织教改试验和观察教育活动，组织好各个节日庆祝活动，深入教育第一线检查，指导班上生活管理、卫生保健、教育活动计划落实情况。

三、协助园长做好保教人员思想工作和培养青年教师，鼓励并支持保教人员在教育实践中大胆创新。

四、经常与保健室和后勤部门联系，互相支持、配合，共同搞好幼儿的保健工作和饮食营养工作。

五、做好教材教具的计划、购买和分配，并负责或指导资料员保管好教材、教具、服装等，有目的地收集和分析本市、区和外省市幼教改革信息，促进本园教改工作。

后勤主任职责：

一、在园长领导下，认真做好幼儿园的后勤管理工作，关心幼儿饮食卫生、活动场所的创设，为幼儿创造一个良好的生活、游戏环境。

二、接受园长的委托，抓好幼儿每天营养搭配，制订食谱，养育好幼儿，并定期向家长报告伙食收支情况。

三、督促医务人员，执行“预防为主”的方针，认真做好卫生保健工作，把好防病治病和食物、用品消毒关。

四、负责抓好后勤人员的思想和业务工作，提高烹调技术，协助园长，合理地安排好后勤人员工作，不断改善服务质量。

五、协助园长做好幼儿园的园舍维修、水电供应、卫生设施、仓库管理等项工作。

六、园长因公外出、脱产学习或因病休息时协同保教主任共同全面负责幼儿园的各项工作。

教师职责：

一、认真贯彻国家幼教法规和未成年人保护法，努力做好班级工作，使幼儿在体、智、德、美几方面得到发展。

二、结合本班幼儿的年龄特点和个体差异，制定班级教育工作计划，并有计划、有秩序地组织实施，开展各类教育活动。

三、观察、分析并记录幼儿发展情况，做好各项活动的记载和效果记录。积累经验，找出差距，研究改进措施，不断提高保教质量。

四、树立正确的教育观、儿童观，热爱、尊重幼儿，坚持积极正面教育，做到为人师表，禁止任何形式的体罚和变相体罚。

五、积极参加教育研究活动和业务学习活动，认真备课，不断改进教学形式、方法，科学合理安排幼儿一日生活。

六、积极创设良好环境，自制玩教具，给幼儿提供丰富的游戏、操作材料。

七、严格执行幼儿园安全、卫生保健制度和幼儿一日作息制度，带班时做到“人到、心到、手到”。

八、与班内保教老师、卫生老师配合管理本班幼儿生活，做到教中有保、保教并重，培养幼儿良好的进餐和睡眠姿势，注意幼儿的衣着整洁卫生，减少各种疾病的发生。

九、与家长保持经常联系，了解幼儿家庭教育环境，商讨符合幼儿特点和个体差异的教育措施，有目的有计划地做好家访工作，搞好家长开发活动，共同配合完成教育任务。

保育员职责：

一、负责本班房舍、设备、环境的清洁卫生工作。做到每天小扫除，每周大扫除，经常保持活动室内空气的流通，保证幼儿有一个舒适、干净的环境。

二、按照消毒制度的规定，认真做好水杯、毛巾、碗、筷的消毒工作，认真做好水杯架和饭前餐桌的消毒工作。每天要定时冲洗厕所，做到厕所槽内无污垢，保持厕所内清洁无臭味。

三、在教师指导下，组织好幼儿一日生活，做好保中有教，全面了解幼儿的饮食、睡眠情况，保持幼儿仪表整洁，精心护理幼儿生活。

四、在医务人员和本班教师指导下严格执行幼儿园安全、卫生保健制度，夏天做好防暑降温和防蚊、蝇工作，保证幼儿开水供应，每天擦净席子。冬季做好防寒保暖工作，定时拆洗和翻晒幼儿的被褥、枕套，定期清洗、消毒玩具，保持睡具、玩具的清洁卫生。

五、妥善保管幼儿的衣物和本班的设备、用具，防止霉烂、损坏、丢失。

保健医生职责：

一、根据卫生部门的要求与《幼儿园工作规程》、《幼儿园教育指导纲要》的有关规定，制定幼儿园的卫生保健工作计划，并健全幼儿园内各项卫生保健制度。协助园长组织实施有关卫生保健方面的法规、规章制度，并监督执行。

二、执行“预防为主”的方针，认真做好每天的晨间检查，做到“一摸”、“二看”、“三问”、“四查”，发现病情，及时隔离，做好消毒、传报、登记工作，并和家长取得联系。

三、密切与当地卫生保健机构的关系，及时做好免疫和疾病防治等工作，填好预防接种卡，避免漏种或复种。

四、研究调配和改善幼儿膳食，开展膳食调查和营养计算，检查饮食、饮水和环境卫生，抓好厨房的营养卫生监督，做好食物检验，制订每周食谱，办好伙食，保证幼儿有足够的营养。

五、负责督促各班搞好卫生保健、消毒隔离及环境卫生工作，落实“四定”制度，定期进行全园的卫生保健、消毒、环境卫生的检查，做好分析评比工作。

六、定期测量幼儿的身高、体重、胸围、头围、坐高等，并及时做好记载、统计、分析，要注意保护幼儿的视力、牙齿，做好病牙的矫治工作。幼儿烧至38 ℃须到隔离室休息待查。

七、负责登记各项保健资料，每周定期向园领导汇报全园卫生保健工作情况，每月统计各班幼儿的发病率。

八、采取多种形式向全园工作人员、幼儿和家长宣传卫生保健等常识，配合园长做好工作人员的计划生育和晚婚工作。

九、妥善管理医疗器械、消毒用具的药品（尤其是有毒药物），以防发生事故。

炊事员职责：

一、热爱本职工作，树立一切为幼儿服务的思想，努力提高服务质量，根据幼儿生理和年龄特点制作营养丰富、易于消化的饭菜，促进幼儿身体健康。

二、努力钻研业务，提高烹调技术，做到色香味俱全、米饭软硬适当、花色品种多样，促进幼儿的食欲，保证营养的质量。

三、严格执行营养卫生要求，把好食物验收关；青菜先洗后切，做到无沙、无尘、无杂质；食具餐餐消毒，熟食加盖，生熟分开；凡已腐烂变质食物不能给幼儿吃，严防食物中毒。

四、搞好厨房的清洁卫生，保持厨房干净、整洁，每天小扫，每周大扫，厨房用具要定期擦洗干净。

五、注意个人卫生，上班要戴好工作衣帽，上厕所或干脏活后要用肥皂把手洗干净，定期进行体格检查。

六、落实食谱计划，坚持按时开餐，做好食物保温工作，做到公私分明，禁止多吃多占现象，团结协作，不断改进服务态度。

七、做好安全工作，防火、防毒、防盗，不出事故。

会计员职责：

一、贯彻执行会计法和财务工作方针政策，为教育教学服务。

二、执行财务制度，工作认真细致，及时公布幼儿的伙食账目，账目清楚，手续完备，日清月结，按时交报表。

三、严格财经纪律，不许挪用公款，以身作则，办事公道，坚持原则。

四、认真履行监督职能，发现问题及时处理和向有关领导反映，坚持勤俭办园的方针，精打细算，协助园长搞好学期和年度预算，合理安排经费，计划开支。

五、努力钻研业务，专业知识熟练，服从领导分配，除做好本职工作外，兼做园长分配的其他工作。

六、对家长、同事热情和蔼，不怕麻烦，虚心听取各方面意见，改进工作。

出纳员职责：

一、认真做好往来账目，做好现金收支和银行结算工作。

二、严格执行现金管理制度，做到日清月结，手续齐备，库存现金不得超过银行规定限额，数目清楚，不得以工作之便牟取私利。

三、每月及时统计幼儿出勤天数及职工出勤天数，计算幼儿伙食费并及时编制工资表，及时收结幼儿各项费用，按时发工资。

四、坚持原则，手续健全，发票必须有经手人、验收人、领导签名方能报销。

五、不断提高业务水平，熟悉各项费用支出，勤俭节约，工作热情、细心，态度和蔼。

保管员职责：

一、对全园的财产全面管理，做到随时收验、入库、分类保管，存放地点清楚明确，做到心中有数，每半年清点一次，账物相符。

二、新购入物品凭发票入账，领用或借出物品手续齐全，领用人和借用人必须签名或盖章。

三、严格做好三防（防盗、防火、防潮）工作保证物品的安全、卫生、整洁，杜绝霉烂变质，做到手勤、脚勤。

四、做好开学前的物品准备工作，对各班财产进行清点，做到有计划供应；学期末对财产进行一次核对，生活用品做到日清月结。

五、及时供应所需物品，对园里的桌椅、做到有数有账，发现丢失和损坏及时追查。

采购员职责：

一、按食谱要求有计划地配合食堂，及时采购好所需物品，做到价廉物美。

二、关心集体利益，尽量做少花钱、多办事，节约开支、减少浪费，执行物品验收制度，严禁利用工作之便牟取私利。

三、配合制订好食谱。

四、负责采购幼儿园日常所需一切用品，协助后勤主任做好后勤有关的工作。

传达室值班员职责：

一、坚守工作岗位，实行坐班制，严禁擅离职守，防止幼儿走失，做好安全工作。

二、负责报纸杂志的订阅及书信等收发工作，不得遗失，不得出差错。

三、负责本园门口“三包”区域的卫生工作和绿化管理工作。

四、提高警惕严防坏人破坏，除本园工作人员、幼儿及家长，未经联系一律不准入园。

五、除教学需要外，凡是园内财产，不能搬出园外，公物出门必须有批准手续。

六、对幼儿、家长及外来人员，说话和气，礼貌热情。

水电维修工职责：

一、负责全园水、电的管理及维修，保证水电畅通（除停电、停水之外）。

二、负责检查园内大型运动器械的保养工作，发现问题及时维修，消除安全隐患。

资料来源：学前教育网

2. 学前教育机构整体工作标准和程序

学前教育机构还应根据其工作的特殊性，建立起科学、健康、稳定的工作秩序，确定工作质量标准，保障整体工作正常运转，如建立常规工作秩序，并安排学期中例行活动等。尤其是保教工作，更要根据婴幼儿身心发展特点，从编班、排校历、安排一日作息、安排教育活动到制订工作计划、研讨保教活动、检查教育质量等形成健全的规范体系。

★资料库

消毒标准

消毒内容	消毒时间	消毒标准
毛巾	1次/日	1∶250的84消毒液浸泡10分钟
水杯	1次/日	消毒柜消毒45分钟
餐巾	1次/餐	洗干净后消毒柜消毒45分钟
桌椅	1次/日	1∶250的84消毒液擦洗
门把、水龙头	1次/日	1∶250的84消毒液擦洗
厕所	1次/日	1∶250的84消毒液冲刷10分钟
室内空气	1次/周	紫外线照射30分钟，冬季每半日通风10—15分钟
玩具	1次/周	1∶250的84消毒液浸泡10分钟
床单、枕巾、被套	2次/月	1∶250的84消毒液浸泡20分钟，清洗，然后用洗衣粉洗涤，用清水洗净。
被褥	1次/月	阳光暴晒4—6小时
图书	1次/月	阳光暴晒

资料来源：学前教育网

3. 教职工行为规范

学前教育机构还应根据教育目标和工作性质，对教职工职业道德和行为方面提出规范性要求，培养优良的行为习惯和工作作风。

★资料库

教职工劳动纪律

一、教职工严格遵守园内作息时间，不迟到、不早退、不旷工，请假必须经领导

批准。

二、上班时间没有重要的事情不接、不打私人电话。

三、严格遵守幼儿一日生活制度。

四、为保证幼儿的安全和有效工作，在工作时间内不闲逛、不扎堆、不串班、不办私事等与工作无关的活动。不准挑拨是非，不在园内争吵辱骂和打架。

五、上班时，不咬嚼口香糖、不听随身听。

六、不用孩子的东西，不吃孩子的食品。班内的收录机等不能随意拿到宿舍使用。

七、教职工言谈举止应堪为幼儿表率，不两手抱肩、不叉腰、不背手、不叉兜，衣扣要系好。带班教师上岗时不穿高跟鞋和拖鞋，不梳披肩发。

八、带班时要做到低声教学，微笑服务，教育幼儿要做到“四心”（热心、耐心、细心、诚心）。

九、每天保持本班组的清洁卫生，玩具、用品等各类物品放置整齐、有序。

资料来源：学前教育网

4. 其他各类活动规定

学前教育机构组织的各类活动都应有其制度和规则，以保证各项活动有序、协调进行，如家长工作制度、文体活动制度、会议制度等。

★资料库

学习会议制度

学习制度：党政管理人员（领导班子）两周学习一次，全体教职工每周政治学习、业务学习各一次。

会议制度：

一、全园会：每学期召开两次，开学前和学期末进行。

二、园务会和部门会议：每月一次，月底进行。

三、领导班子会：每周或两周一次。

四、班务会：每月一次，月底进行。

五、伙委会：每月一次，月底进行。

六、党组织生活：两周一次。

七、共青团组织生活、工会委员会：每月一次，月中进行。

资料来源：学前教育网

(二)学前教育机构规章制度的作用

学前教育机构规章制度建设是一项常规工作,对于提高管理绩效、形成良好园风具有重要意义。

1. 增强责任意识

规章制度就是学前教育机构的“法”,它明确规定了成员应当做什么、不应当做什么、应当怎样做事等,使各个岗位人员的工作有章可循、有法可依。在贯彻并执行规则制度的过程中,各类人员各司其职、各负其责,保证了“事事有人做”,切实增强了员工的责任意识。

2. 保障正常工作秩序,营造和谐园风

规章制度的全面性、规范性能够制约组织成员按行为规范去落实工作任务,并帮助学前教育机构形成正常工作秩序,做到人人有事做、事事有人做、做事有标准、工作有保障,形成一种健康向上的园风、园纪。好的规章制度常常可以成为一本宣传学前教育机构文化的手册。

3. 协调相互关系,提高管理绩效

规章制度是组织活动的准则,它规范了各部门各岗位的工作职责,并规范了各部门工作如何衔接、协调。它对劳资双方的权利和义务也进行了明确的规范,这样可以大幅度防止劳资纠纷的发生,客观上维护机构正常的工作秩序开展,避免一些争议问题。规章制度把全员组合为一个统一体,实现了管理“一加一大于二”的效应。

二、学前教育机构规章制度的种类

学前教育机构规章制度大致分为:整体性制度、部门性制度、岗位责任制、激励性制度等四大类。

(一)整体性制度

整体性制度可以统一各岗位工作人员行为,指导集体共同活动,能帮助机构建立科学、健康、稳定的工作常规。

一般包括全员性工作规范,如教职工职业规范和工作守则、教职工考勤制度、交接班制度、值班制度、学习制度、例会制度、卫生制度等;还包括保教工作秩序规范,如接送制度、安全制度、家长联系制度等。

★资料库

交接班制度

一、为保证保教工作的顺利进行,各班教师、保育员必须认真做好交接班工作,认真填写交接记录本,建立每月一次班会制度,经常交流本班情况,采取切实可行的、有效的措施,搞好保教工作。

二、当班老师应及时认真完成当班的各项任务，并对幼儿的健康、学习等情况做好记录。对当班时所发生的问题妥善处理，向接班老师做好口头、书面交代，以免发生意外。

三、接班老师应首先清点幼儿人数，及时、仔细查看交接班记录本，掌握上一班幼儿情况，对遗留问题做好妥善安排处理。如因交接手续不清引起的事故，则追究当事人的责任。

四、交接班记录本每学期末应上交给园领导，平时要随时抽查。

安全保卫制度

一、全园教职工应坚守岗位，高度负责，保证幼儿身边有人，随时清点人数，严防幼儿走失。

二、加强对幼儿的常规教育，培养良好的行为习惯，随时检查幼儿鞋带、衣物，发现不安全因素，及时处理解决。向幼儿进行安全教育，加强自我保护意识，提高自我保护能力。教会幼儿知道幼儿园的名称、家庭地址、父母姓名等，防止意外事故发生。

三、带幼儿外出活动，必须请示领导，选好安全场地，有组织有纪律地进行。并随时清点人数，走路时注意不离队、不掉队。

四、外来人员必须登记后经允许方能入园，一般情况当班老师不能会客和接电话，建立健全幼儿接送制度，不准陌生人来园接幼儿，防止冒领。

五、车辆必须停在指定区域，严禁进入幼儿活动场所或停放在走道上。

六、一切不安全用品、药品必须由专人妥善保管，热水、热汤应放置适当位置，电器设备应安装合理，严防中毒、烫伤、触电等事故的发生。

七、全体教职工应自觉遵守门卫制度，做好防火、防盗工作，下班后应关好门窗，做好巡视工作，安排好节假日值班人员，切实做好保卫工作。

八、要注意房屋、场地、家具、玩具、用具的安全，定期进行检查维修，避免砸伤、摔伤等事故发生。

九、幼儿在园如发生骨折、缝针等重大事故，当班人员必须及时向园领导汇报并送医院治疗，并及时通知家长，写出事故发生情况报告，根据情节轻重，给予当事人相应处理。

资料来源：学前教育网

（二）部门性制度

1. 保教工作制度

保教工作是学前教育机构的主要工作内容，保教工作制度的健全与否对开展工作起着举足轻重的作用。保教工作制度包括学籍管理制度、保教工作常规、家长工作制度、备课听课制度、教研活动制度等。

★资料库

备课、听课制度

一、教师必须认真学习《幼儿园工作规程》和《幼儿园教育指导纲要》，以该《规程》和《纲要》为依据，研究制订好各类教育教学计划。

二、认真学习教育理论知识，不断吸收新的信息，指导运用于备课。

三、深入钻研教材，结合本班幼儿年龄特点和实际发展水平备好课，突出重点，突破难点。

四、按时按质制订好系列计划，如学期计划、月计划、周计划、日计划、课时计划、游戏计划等，每周写一篇以上的观察笔记和教育笔记。每周星期五上午准时将下周计划和笔记交园领导审阅。

五、备课时间除做案头工作外，还必须制作教育活动所需的各种教具、学具，准备提供各种玩具、材料。

六、坚持集体备课与个人备课相结合。主班教师每天下午准时来备课室备课，配班教师每日上午准时来备课室备课，不得迟到。

七、备课时不得外出或闲谈，不做与备课无关的事情。需要外出时需向园领导请假，经同意后，方可外出。

八、鼓励改革、创新，每学期进行一次评比，对设计新颖、富有创造性的计划、笔记、教案、教育活动设计等予以奖励。

九、组织相互听课、相互学习，取长补短，每学期组织相互听课不少于20次，并认真做好记录和评议工作。

十、园长每学期必须有针对性地下班听课40次以上，保教主任下班听课80次以上，做好听课记录，及时进行评议，肯定成绩，找出差距，提出建议和希望。

教研制度

一、成立教研组，订立科研计划，按照计划定期开展教学研究活动。

二、每学期组织群众性的教学观摩和教学研究活动，鼓励创新，观摩后，组织讨论、评议、评分，并作为教师业务考核内容存档。

三、定期进行业务学习，经常开展学术研究讲座，定期组织教师、保育员进行业务学习和培训。

四、每学期初各班要根据班上工作实际，写出教学科研计划及实施方案，期末写出专题总结或经验论文等，在园内进行交流、评比。

五、每学期期末，对各班进行教育质量检查和班级工作评估，开展评选优秀班级活动。

六、积极参加各级教育领导部门组织的各种教研活动。

七、对于在公开期刊上发表或参加市以上交流的经验论文、实验报告等，给予物质奖励。

八、每年组织保教人员到其他幼儿园参观学习一次，开阔视野、取长补短。

资料来源：学前教育网

2. 卫生保健制度

学前期是人身心发展最迅速的时期之一，卫生保健工作的开展对于保障婴幼儿身体健康成长起着关键作用。卫生保健制度包括生活作息制度、健康检查制度、营养卫生制度、防病制度、体格锻炼制度等。

★资料库

膳食管理制度

一、幼儿伙食实行民主管理，定期召开伙委会，不断改进工作，提高膳食质量。

二、炊事人员及保健人员每两周制定幼儿食谱，食物的调配力求做到平衡，主副食品种多样，并定期计算幼儿进食量和营养素摄取量。

三、严格分清幼儿与职工伙食，做到公私分明。

四、炊事人员认真搞好饮食卫生和个人卫生，一切炊具、餐具，要定期擦洗，严格消毒（用蒸气煮沸 15 分钟以上）。

五、炊管人员定期召开业务会议，虚心听取群众意见，提高烹调技术，讲究科学烹调（如蔬菜要先洗后切等）。

六、严格执行幼儿的作息制度，按时送饭菜到班，两餐间隔不少于三个半小时。

七、保教人员注意进餐护理，进餐前后不处理幼儿发生的问题，保证幼儿吃好。

资料来源：学前教育网

3. 总务工作制度

兵马未动，粮草先行，总务后勤工作是全园整体工作的基础。后勤工作包括财物、财产管理制度、安全保卫制度、物资采购和验收制度、档案资料管理制度等。

★资料库

财务财产管理制度

一、设会计、出纳管理财务收支事务，以上级财政规定为会计事务处理准则，做到经常核对账目，保证账目相符，根据上级批准的计划和预算，支付各项资金，保证

资金使用合理。

二、支付款报销手续要健全,报销单据必须有经手人及验收人签署,方可由会计师审核报销支付,凡违反财经制度的,一切开支有权拒绝报销。

三、财务人员要加强请示汇报,重大开支不得擅自处理,要经领导审批方能支付。

四、园内各种财产都要登记注册,贵重物品要有专人负责保管,对自然损坏的物品做到定期维修,对人为的不合理损坏物品应追究责任,并按制度赔偿。

五、管理人员要定期、不定期地到各班检查掌握物资使用情况,避免积压与浪费,应每月按上班实际需要的日用品发放一次,在节约的基础上保证各项供应工作。

六、加强房屋、设备管理,并及时做好房屋、水电维修工作,保证安全,防止出事故。

资料来源:学前教育网

(三)岗位责任制

建立和健全岗位责任制,需要明确工作任务和人员编制,定岗定员,责任到人,各尽其职,避免"有人没事干,有事没人干"的局面和苦乐不均的现象。因此,岗位责任制是各项规章制度管理的核心所在,落实岗位责任制有助于管理工作的科学化和制度化。

学前教育机构岗位责任制包括园长职责、保教主任职责、教师职责、保育员职责等。其建立原则是因事设岗、职责相称;权责一致、责任分明;任务清楚、要求明确;责任到人、便于考核。

★资料库

园长访谈——幼儿园岗位责任制的制定与执行之探讨

岗位责任制是幼儿园各项规章制度的核心。岗位责任制起着明确职责、调整和处理各个岗位之间的职务、责任、权利和关系的作用,使组织的各类人员能在其位、行其事、尽其责。下面是对几位园长关于幼儿园岗位责任制方面的事项进行的访谈。

提问:请您谈谈如何制定幼儿园岗位责任制?

李岩园长(北京市崇文区第二幼儿园):幼儿园的工作是一个整体。就拿卫生保健工作来说,它跟整个幼儿园工作都密不可分,涉及各个部门,包括老师、保育员、后勤、食堂等,所以在工作制度上,我们强调整体上的合作,部门与部门之间的把握。例如,保健医生发现我园的龋齿率有上升的趋势,于是我们共同分析原因:晚点的食物是不是太粘牙了?教师对保护牙齿的工作是否还不够重视?园领导对这方面的管理是否疏忽了?保健医生在平时对这方面的检查是否到位?……分析

原因后,我们共同为解决这个问题而制定具体措施,包括食堂里的晚点不能做得太粘牙,饭后改用淡茶水漱口,老师加强对孩子们刷牙质量的把关,医务室的保健医生要加大这方面的检查力度……任何一个问题的真正解决都需要方方面面的共同合作,所以说,我们的工作应当是既有个人的工作职责,又更要强调集体的合作,只有这样才能真正把工作做好。个人的力量只有融入到集体的合力中才能发挥最大的效益,比如完成孩子的进食量就是一个需要集体合力来解决的问题。食堂的饭要是做得好吃,但有的健康食物并不是孩子们爱吃的,如青菜、肝……这就需要教师的帮助,老师给孩子们讲吃青菜的重要性,在喂孩子饭时,把孩子爱吃的肉放在勺子的最里面,孩子只有大口吃下一勺饭,才能吃到好吃的肉。再就是保健医生通过制定科学合理的食谱来保证孩子不仅每天吃得饱,还要每天吃得健康。

提问:我们都知道处理好岗位之间的关系非常重要,您能不能谈谈该如何处理好这个问题呢?

于渊莘园长(北京市朝阳区劲松第一幼儿园):卫生保健、教学、总务三个部门要形成合力,他们工作之间有一个交叉点,比如说体能测试,表面上看起来交上测查表之后汇总就行了,但是实际上它牵扯到多个部门的工作。我检查的重点就放在他们三个主任交叉的内容上。通过这个交叉点,各个主任之间开始互相配合了,总务要提供体能测试所需要的物质设备,卫生保健要对在户外活动时的运动量、安全等各方面提供一些保障,而教师要在运动量上、运动方法上、策略上、习惯培养上教育幼儿,三个部门在交叉点上形成很好的配合。我们对班主任的考核就看她在工作交叉点上是否负起责任,我通过教师来考核主任,看教师工作情况,分析主任的工作。我们主任是竞聘上岗,主任上岗的时候,要做竞聘演讲,老师要投票,所以,主任是有压力的。她也特别重视对教师的要求,主任之间对教师的要求到位了,就能形成合力,每个主任才能做得更好,教师也才能更认可她。

提问:请您就您所在幼儿园的实际情况谈谈如何发挥岗位的作用?

冯惠燕园长(北京市第一幼儿园):我们的人事改革步方案要求不管是在编内的还是编外的,包括不同身份的人员,全部实行聘用合同制。聘用人员可以自报岗位,每个岗都有条件要求,聘用期为 1 年。按聘用定岗,不重身份,重岗位、重能力。采取层层聘用,我聘用主管领导,主管领导聘用班组长,班组长聘用教师、保育员、夜班工作者等。教师可自荐班组长,而且自荐的积极性特别高,因为她自荐上班长才有权聘用班上的其他人员。我们有 13 个班,就有 13 个班长,还有保健组组长、后勤组组长等共十几人。组长聘用主班教师,没当上主班教师的可应聘保育员,没当上保育员的再去应聘夜班岗,夜班岗都没应聘上的人员,在园里做机动人员。原来有些人愿意上机动岗,因为机动岗人员的工资和教师差不多,可工作量就小多了,可现在实行新的分配制度后谁都怕上机动岗,紧迫感和危机感很强。实行聘用合同制必须责、权、利到位。在聘用过程中也会有人情的成分在里面,这是不可避免的。也有可能两个组长都聘用同一个教师,这中间也要协调。所以班组长在上报聘用人员时都是两套方案,两套方案中聘用人员不同,如有重复聘用人员的,我们要在中间进行协调解决,当然现在也有一些问题,比如班长跟谁好、跟谁不错就

聘谁,有时也存在互相包庇的现象。但因为都是班长自聘的人员,所以如果班里出现问题,班长要主动承担责任,积极处理问题。比如班里有孩子出了外伤,班长会带领本班的人员以一种积极的态度主动去处理,而且要跟家长进行沟通。如果孩子的工作做得特别好,家长就能够理解教师的工作。

资料来源:丛中笑主编《幼儿园民主管理与制度规范》(对话:幼儿园管理丛书第3分册),华夏出版社2005年版。

(四)激励性制度

岗位责任制的落实与否靠激励性制度来衡量,激励性制度可以通过奖功罚过来调动组织成员积极性,并且进一步明确各岗位职责,有利于建设积极向上的组织团队。激励性制度是在考核评定和其他各项工作制度基础上制订的,是强化管理的一种手段,奖惩制度既包括对个人的也包括对班组的,既有综合的也应有单项的。奖惩制度中考评是一个关键环节,考评组成员应具有代表性、权威性、公正性,以便公正客观地进行评判。

三、制定学前教育机构规章制度的原则

(一)政策性

政策既为学前教育机构的生存提供了环境保障,又为其不断提升保教工作质量和水平提供了方向。因此,学前教育机构规章制度建设是一项政策性很强的工作。在制定规章制度时,要体现出党的领导和我国社会主义方向,无论是保教工作还是人力资源管理工作等都要与国家相关政策协调一致,实行依法行事,强化法治意识。

(二)可行性

各项规章制度从本机构教育对象和机构内现有资源出发,使各项规章制度既符合婴幼儿身心发展规律,又符合本机构实际情况。因此,在进行制度建设时应避免照搬照抄的做法,也应防止过高要求;规章制度条文要简明具体,有明确的业务规范要求和实施办法,便于执行和操作。

(三)群众性

规章制度作为学前教育机构的"法",应具有一定的权威性,但其并不是管理者个人意志的体现。各项规章制度的制定要走群众路线,充分发扬民主,发动群众参与和民主讨论,在民主决策的基础上确定。只有这样才能既使制度更切合工作实际,又可以在制度制定的过程中,调动群众积极性,从而提高实施环节中的自觉性。

(四)具体性

学前教育管理机构的工作事无巨细,具有繁琐性的特点。针对该特点,其规章制度建设也应注意具体性,即规章制度要精细化制定,从各个角度、各个类型和层次具体到各个项目都应健全制度。具体到每一个制度从工作规范到工作质量标准、从操作要求到奖惩评价、从

责任小组到责任人,都应有具体的说明。

四、学前教育机构规章制度的执行与完善

(一)内化于心,注意宣传教育

制度的贯彻与执行并非仅仅靠管理者的行政指令,而应该在宣传教育的基础上,使制度内化于心,切实提升全体教职工落实制度的自觉意识。因此,应采用多种形式宣传学前教育机构的各项规章制度。例如,每学期期初集中教育,学习和领会学期工作重点和各项规章制度,或每学期开展"文明月"活动,在"文明月"中学习各项规章条例,落实岗位责任制,使教职员工进一步明确自身职责,形成文明的园风园貌。总之,制度贯彻应该注重潜移默化的渗透,在宣传教育活动中,提升教职员工的自我调控能力,增强其维护制度和规范的责任感。

(二)以身作则,管理者做出表率

有人说,西方制度的载体是文字,他们的法律往往是以条文形式出现;中国制度的载体是人,法律条文的内容和涵义在于人的解释,这些解释往往来自于大家业已形成的习惯,而这些习惯很多并非由确切的文字规范开始,而是由公认的有影响力的示范开始的。换句话说,榜样的带头示范作用是制度形成的关键所在。比如,"忠孝礼义"真正用文字解释很困难,但岳飞的精忠报国让我们懂得了什么是忠,二十四孝的故事让我们知道了什么是孝,程门立雪让我们明白了什么是礼,关云长的故事让我们感受到了什么是义。

榜样的行为潜移默化于组织成员心中,被大家所认同,成为成员心中的行为准则。因而,在进行制度建设时,学前教育机构的管理人员要以身作则,当好表率,发挥榜样的人格影响力量,让人去感染人。其实,这个过程也是制度宣导的过程,是将制度和规范植入员工心中的过程。

(三)有章必循,严格督查

学前教育机构规章制度要想成为具有严肃性和约束力的"法",就应注意有章必循,严格督查。一是上级组织要强化对下级组织的督促检查。管理者要经常深入基层,了解和检查制度落实情况,并把督查指导与评价奖惩结合起来,及时肯定表彰好的行为,批评并处罚违反规章制度的行为。二是要发挥群众监督作用。动员广大教职员工参与制度的落实工作,鼓励广大教职员工相互督促,共同提高,使学前教育机构形成正确的集体舆论。三是要注重制度执行的一致性和一贯性,做到有章必循,避免因人而异和前紧后松的现象。

第三节　学前教育机构的组织文化建设

众所周知的迪士尼公司对于员工的选聘十分重视。员工经过层层甄选进入公司后,还要经过正规化程度较高的、连续性的入门训练,如了解公司历史、经营哲学、服务标准等。同时,公司也为员工创造了多种具有迪斯尼文化特征的社交场合,使其员工逐渐认同公司文化,并体现出"像是个尽兴游乐的孩子"一样的激情。这种合乎组织实际需要的文化赋予了

迪斯尼公司发展的原动力,并使之生生不息。从中我们可以得出一个结论:做好组织文化建设工作,是组织可持续发展的重要保障。随着时代的进步和社会的发展,学前教育机构的组织文化也应与时俱进,建立起一套锐意进取、先进的组织文化和价值观体系。

一、学前教育机构组织文化的含义与功能

(一)学前教育机构组织文化的含义

“文化”一词源于拉丁文“cultura”,本意是“耕作”、“培养”的意思。中国最早把“文”、“化”两个字联系起来,出现于《易经》中“观乎天文,以察时变;观乎人文,以化成天下”,意思是圣人在考察人类文明时,用诗书礼乐教化天下,以构造修身、齐家、治国、平天下的理论体系使社会变得文明和有秩序。

其实文化就是人类的一种生活方式,是人类在长期生存与发展竞争中积累下来并世代相传的关于如何适应环境、与自然作斗争、协调人类内部关系的行为模式。它反映了人类对于物质与精神世界的全部认识,并通过人类的哲学信仰、意识形态、价值取向、行为方式、风俗习惯等多方面表现出来。

对于每一个组织来说,由于其特殊的环境条件和历史传统,每种组织也都形成了自己特定的组织文化。美国企业界和学术界通过研究日本企业的成功经验,认为日本企业成功的原因大多归于“软”因素——员工的归属感、向心力、员工与企业的共同价值观念等,这些都属于文化的因素,并由此提出了“组织文化”理论。

组织是按照一定目的和形式建构起来的社会团体,为了满足运作要求,应有共同的目标、共同的理想、共同的追求、共同的行为准则和与此相适应的机构和制度,否则组织就会成为一盘散沙。而组织文化的任务就在于创造这些共同的价值观念体系和共同的行为准则。因此,组织文化是组织在实践活动中形成的并被普遍认可和遵循的有特色的价值观念、团体意识、工作作风、行为规范和思维方式的总和。

(二)学前教育机构组织文化的功能

1.导向功能

导向功能又被称为组织的号召力。组织文化作为社会集合体的共同价值观,与组织成员必须强行遵守的规章制度和行为规范不同,这是一种软性的约束,是通过价值观的渗透和内化,使组织自动生成的一套自我调控机制,从而引导着组织整体及成员个人的价值取向及行为取向。

2.规范功能

规范功能又被称为组织的约束力。尽管组织文化是一种软约束,但也是一种理智的约束,是对组织成员思想、观念上的约束和引导。《孙子兵法》强调“攻城为下,攻心为上”,对于管理者来说,通过制度规范和奖惩措施对组织成员的约束是外在的,而管理的上上策是通过组织核心价值观的渗透和植入,使组织成员从内心上延续这种共同的认知系统,自我管理、自我完善,有效地实现组织发展和个人发展的有机结合。

3. 凝聚功能

凝聚该功能又被称为组织的黏合剂。组织文化是组织成员共同创造的群体意识,使成员的思想感情与组织命运紧密相连,对组织产生归属感和认同感。这种成员之间、成员与组织之间的相互信任和依存关系,使其行为、思想、感情、信念等有机整合在一起,形成相对稳固的文化氛围,凝聚成一种无形的合力,从而激发组织成员的主观能动性,并为组织的共同目标而努力。

4. 激励功能

激励功能又被称为组织荣誉感。组织文化的先进性和前瞻性能够激发组织成员的工作积极性和创新精神,并随着组织实践的不断深化和更新,推动组织文化从一个高度向另一高度迈进。

二、学前教育机构组织文化的结构与内容

(一)学前教育机构组织文化的结构

一般来说,组织文化有三个层次的结构:潜层、表层、显层。

1. 潜层——精神层

精神层文化是组织文化的核心和灵魂,是广大员工共同而潜在的意识形态,它决定着整个组织文化的性质和状态,包括管理哲学、敬业精神、人本主义的价值观念等。

2. 表层——制度层

制度层文化是组织文化的中间层次,是体现具体组织文化特色的各种规章制度、道德规范和员工行为准则的总和,也包括组织内分工协作的组织结构。制度层文化是由精神层文化转向物质层文化的中介。

3. 显层——物质层

物质层文化是组织文化中最直观、最容易感知的部分,是组织文化抽象内核的外在体现,包括组织行为、组织名称、标志、宣传手册、衣着制服、建筑风格、工作环境等。

(二)学前教育机构组织文化的内容

组织文化一般包括组织精神、组织价值观、伦理规范以及组织素养等。

1. 组织精神

和人类一样,组织也应有精神。美国管理学家劳伦斯·米勒曾说:“一个组织很像一个有机体,它的技能和构造更像它的身体,而坚持一套固定信念、追求崇高的目标而非短期的利益,是它的灵魂。”组织精神一般是通过精心培植并逐渐形成的全体成员的共同的思想境界、价值取向和主导意识。它蕴含着对本组织形象、地位、风气的理解,折射出组织的整体素质和精神风貌,成为凝聚组织成员共同信念和精神源泉。组织精神一般是由凝练的语言概括而成,如中国空空导弹研究院幼儿园的组织精神为“做有思想的老师、办有文化的幼儿园”。

2. 组织价值观

组织价值观是组织判断事物并指导行为的基本信念、总体观点，包括组织存在的意义和目的、组织中规章制度的必要性、组织中各层级和各部门以及成员的关系等。组织价值观有不同层次，优秀的组织往往会不断更新组织信念，追求更崇高的目标、更高尚的社会责任和更卓越的目标，如日本三菱公司的"顾客第一"，中国福利会幼儿园的"把最宝贵的东西给予儿童"，都传达了组织所追求的价值观。

3. 伦理规范

伦理规范与行为规范不同，伦理规范是上升到道德层面，通过社会公众舆论规范人们的行为。组织文化内容中的此项内容既体现社会文化的一般性要求，又体现出组织各项管理的特殊需求。因此，以道德规范为内容与基础的伦理规范是规章制度的有益补充、完善和发展。正是这种补充、完善与发展，使组织价值观融入了新的文化力量。

4. 组织素养

组织素养主要指全体成员共同所有的潜在意识形态，包括思想道德、文化素质、工作能力、心理素质、身体素质等。组织素养反映出教职员工的修习和涵养，组织素养越高，员工的敬业精神和管理者的人本主义价值理念越到位。

三、学前教育机构组织文化建设的原则和方法

具体到学前教育机构应培育怎样的组织文化，也即园所文化，本书第五章第三节已有阐释，在此，侧重于对学前教育机构组织文化建设的原则和方法加以论述。

(一)学前教育机构组织文化建设的原则

学前教育机构承载着保教儿童和服务家长的双重使命，由于其特殊的社会价值，在进行组织文化建设时应遵循如下原则。

1. 统整组织发展目标

组织文化建设应该围绕组织发展目标的愿景，并以此来激励和凝聚教职员工不断奋进。组织文化需要全体教职员工有共同的价值观，并为之付出努力，应有一个自上而下统一的目标来引导。比如，有的学前教育机构实施的是快速扩张型战略，其组织文化中必须有反应快速、行动迅速、讲求奉献、敢创新高的精神；有的学前教育机构实施的是保持型战略，则组织文化中应体现出稳扎稳打、实事求是的风貌。

2. 以人为本

学前教育机构中的任何工作都离不开人，其教育目的也是为了人的发展，所以，学前教育机构组织文化建设要尊重人，包括尊重教职员工的权利、儿童的权利、家长的权利等，不断满足人的发展需要。组织文化建设是一项全员参与的活动，要充分发挥广大教职员工的主力军作用，提高文化建设的自觉性、主动性，认同组织文化，创造性地开展工作。

3. 注重内涵建设

组织文化最核心的层面是其精神内核，而所谓的标志、符号、环境创设、衣着服饰等是最

表层的形式。但在实践中，很多学前教育机构在组织文化建设过程中过分追求组织文化的表层形式，却忽略了其精神内核。因此，应通过教育、宣传等活动把组织文化的核心价值观渗透给教职员工、家长和婴幼儿，使其内化为其价值理念，并通过各种活动表现出来，形成完整的组织文化。

4. 渗透于各项活动中

组织文化最核心的精神因素对组织内部的凝聚力、组织绩效的提升固然有着重要的作用，但这种影响不是单独发挥作用，必须全面渗透于各项保育、教育和管理活动中。因此，组织文化不仅要贯穿于制度文化建设中，而且要渗透于各项管理活动中，从而提炼出管理文化、教师文化、儿童文化、家长文化、教研文化、沟通文化、礼仪文化、饮食文化、安全文化等。

（二）学前教育机构组织文化建设的方法

学前教育教育机构文化建设是一项复杂的系统工程，其中包括多个子工程，通过系统分析可以从中找到一定规律。比如孟凡驰教授的观点，组织文化建设要实施七大工程：审计工程、提炼整合工程、意志化工程、物化工程、形象化工程、典型培育工程、测量评估工程①。

1. 审计工程

审计工程，就是要发动全体员工，对组织发展历史过程中形成的文化给予定格分析，对机构所具备的无形资产进行深入思考和全面总结，要充分论证本机构的优势与劣势分别在哪里。根据时代的变革，在新的发展机遇下应丰富哪些内容，丰富的方式、手段和渠道应该怎样确立。这一做法类似于医生在下处方前的诊断，所以称之为文化审计。审计工程完成之后，依据对上述问题的分析形成一个研究报告。

2. 提炼整合工程

提炼整合工程，就是把组织文化从理念、行为到外显形象都做一个系统整合。经过系统筛选后，用科学的概念给予冠名，并加以提炼整合，形成一个逻辑体系，在此基础上构建一套文化理念去指导组织未来的发展。

3. 意志化工程

意志化工程，就是组织文化体系形成后，运用各种手段和方法，对教职员工进行深入教育宣传，在实践中加以具体指导，形成员工的自觉意志，不能停留在表面上、停留于文件上，或挂在墙上就止步不前。该项工程应达到入耳——听得进去、入脑——启发思考、入心——记得住并去体验、入血液——转化成DNA，举手投足都体现着组织文化。

4. 物化工程

物化工程，就是文化体系形成后调整各项制度、体制和机制，包括奖惩机制和晋升分配机制等，使组织的硬件、方法制度、日常管理和组织文化体系高度一致。比如，某学前教育机构提出的人才理念是德才兼备，但员工晋升制度和规定提倡的却是论资排辈，就会让教职员工觉得所谓的组织文化只是在作秀。因此，制度、体制、方法、手段必须和组织文化配套

---

① 孟凡驰：《企业文化实践的观点共识和基本规律》，《企业文明》2008年第8期，第27页。

起来。

5. 形象化工程

形象化工程，就是通过服装系统、礼仪系统、标志系统、办公系统等把组织文化外展给社会，确立其在社会公众心目中的形象。内化于心、固化于制、外化于形，这样的文化建设才是完备的。

6. 典型培育工程

典型培育工程，是指从培养典型入手，以点代面，推动组织整体文化的提升。若将组织文化应用于各个活动环节之中，其难度不言而喻，通过培养典型，可以发挥榜样示范带动作用，有利于组织文化的渗透和建设。

7. 测量评估工程

测量评估工程，就是使组织文化量化，使其与质量分析相结合，纳入年终评价体系，成为对教职员工、对班组、对组织机构整体工作绩效的评价要素。通过评估工程能够使组织文化深入贯彻，不至于流于形式，也能够获得反馈信息，促进组织文化的完善和发展。

综上所述，组织文化是组织发展的战略旗帜，是使学前教育机构基业常青、生生不息的底蕴。在管理实践中，学前教育机构可以借鉴实施这些管理理论和方法，更加有效地建设组织文化。

本章小结

组织制度建设的重要性已被越来越多的管理者所理解，完善、合理的组织制度，能使各项工作有章可循，提高工作绩效，形成良好的组织文化。组织结构建设是组织制度建设的首要环节，应注重因事设岗、责权一致、统一命令，从而有效整合各种资源。制度建设是各项工作顺利进行的重要保障，在建立健全学前教育机构各项规章制度，使各项工作有章可循、有据可依的同时，还要注意制度的执行和落实，可以通过宣传教育，管理者以身作则、严格督查等途径使制度真正成为学前教育机构的“法”。组织制度建设不仅仅停留在文本化制度建设上，其更高方向应是培植园所文化，形成一整套积极向上的价值体系，从而推动管理实践的深化发展。

【知识检测】

1. 概念检测：组织制度；岗位责任制；组织文化

2. 思考讨论：

（1）确立学前教育机构规章制度有何意义？

（2）学前教育机构规章制度落实时应注意哪些问题？

（3）如何建立适宜的学前教育机构组织文化？

3. 实地走访某学前教育机构，尝试对其组织文化建设情况进行评议，写出改进方案。

【案例分析】

面对制度与情面

新上任不久的某部门负责人姜老师业务能力强，工作热情、积极，经常加班加点地工作，并能主动配合园长完成幼儿园的各项工作，是园长的得力助手。

有一天，园长提前到园，检查签到情况。这天正逢姜老师担任行政值班，应提前30分钟到岗，但30分钟后，她才到园。园长马上向姜老师了解情况，她才记起来今天是自己值班。因为这几天正忙着组织教师设计、制作玩教具，昨晚还在加班，竟然把值班的事全给忘了。园长听了姜老师的解释，首先肯定了她的工作热情，并诚恳地告诫她，作为领导，虽然工作繁忙，但不能顾此失彼，更不能以此作为迟到的理由，要防止类似事情的发生，同时，作为领导，还要带头严格执行幼儿园各项规章制度。

每月一次的月终考核开始了，依据考勤奖惩制度的有关规定，姜老师迟到30分钟，要扣发当月考勤奖。园务会上，有的老师对扣发姜老师的奖金提出不同意见：有的认为姜老师迟到是因忙于幼儿园的工作，她平常加班加点拿不到加班费，迟到一次竟如此惩罚，未免太严了；有的认为，不管怎么说，姜老师也是领导成员，园长应该给她留一点面子，不扣或少扣奖金……园长耐心地倾听大家的议论，等大家都充分发表完意见后，便组织到会的园务委员会成员重温了幼儿园考勤制度。园长指出，如果姜老师迟到后找一个理由，不扣发奖金，那我园执行考勤制度将是一种怎样的局面呢？如果因为姜老师是园长的好搭档，为了情面就可以妥协，那我们如何面对全园教职员工？通过学习讨论，大家明确了制度制定和执行的目的、意义，提高了认识水平，统一了思想，姜老师也愉快地接受了扣发奖金的处理，并主动在全体教师会议上做了深刻的检讨，会场上响起了热烈的掌声，大家对园长严格执行制度十分满意，对姜老师勇于承认错误表示钦佩。

思考：

结合这则案例，谈谈制定和执行规章制度的意义，以及在执行过程中要注意哪些问题？

第七章　学前教育机构的管理过程

本章概要

在管理过程理论中较为广泛认可的当属PDCA循环理论，它把管理过程分为计划、执行、检查、总结四个环节，这四个环节循环往复，螺旋上升，推动整个管理活动的持续发展。计划，要在客观估量机会和分析前提条件的基础上，确定目标，拟订可供选择的方案，之后认真进行评价和选择最适合方案，并制订派生计划，编制预算，从而形成真正的行动方案。在执行环节中，首先要关注组织、协调工作，建立健全组织制度，使执行有据可依，并科学利用各种资源，协调各种关系，降低资源浪费和内耗，提升组织工作绩效；其次要注重激励、教育工作，调动教职员工的工作积极性，改进其工作方法，保障计划顺利执行。检查在管理过程中起着承上启下的作用，为了确保检查的有效性，要注意明确检查目的，确立合理的检查标准，检查形式要多样化，结果与过程并重，并与指导结合起来。总结是管理过程中的最后一环节，该环节在实施中容易出现走过场、流于形式的现象，所以要特别注意以计划为依据、以教职员工为主体、以检查为基础、以研讨为重点，以探寻规律为目的，真正实现该环节积累经验、增强工作预见性、提升管理水平的作用。

学习目标

1. 了解管理过程的含义。
2. 理解“戴明环”的步骤。
3. 明确学前教育机构计划制订的步骤。
4. 理解学前教育机构管理过程中执行、检查、总结环节中的注意事项。

关于管理，我们可以从不同角度去研究，而把管理作为过程来研究，更有利于使管理者从纷繁复杂的管理活动中探索出基本的管理环节，对于提高管理绩效有着十分重要的意义。

第一节　管理过程的含义及环节

管理是一种普遍的社会现象和社会活动,会随着时代的发展不断演进,同时也会随着时间的推移形成多个环节。从时间进程的角度来探究管理,是管理过程理论研究的切入点。

一、管理过程的含义

管理是什么?早在1916年,法约尔就提出管理是以计划、组织、指挥、协调与控制等职能为要素组成的活动过程。这个关于管理的早期定义,揭示了学者们最初是从过程的角度来认识管理的。作为过程,应该有始有终,有一定的环节和步骤,因此管理过程就是组织为实现预定目标,由管理者引导成员共同活动的步骤、程序以及与之相对应的观念和运作方式。即为实现预定管理目标而进行管理的客观程序,是对管理规律的综合性揭示。

管理作为一个过程,是由不同的阶段构成,每个阶段都有其突出的职能。尽管管理过程是一种宏观的、纵向的运作方式,管理职能是一种微观的、横向的运作方式,但二者又是相互联系的,管理过程要在管理职能的有效支持下才能顺利展开,管理职能的运作是蕴涵于整个管理过程之中的。

从纵向的管理过程来看,仁者见仁、智者见智,从而形成了不同的管理阶段理论①:

七阶段说:美国的管理学者曾把管理过程划分为计划、组织、用人、指导、调整、报告、预算七个阶段。

六阶段说:日本管理学者把管理过程划分为计划、信息、预算、分析、评估、复始六个阶段。

五阶段说:苏联管理学者把管理过程划分为提出目的、获取信息、制订计划、建立反馈、结束总结五个阶段。

四阶段说:美国管理学家戴明把管理过程划分为计划、实行、检查、总结四个阶段,该阶段说最具有代表性,在众多国家、众多领域受到人们的广泛认可。

二、管理过程的环节:“戴明环”

威廉·爱德华兹·戴明是美国管理学家、统计学家,他因对世界质量管理发展做出的卓越贡献而享誉全球。以他的名字命名的“戴明品质奖”,至今仍是日本品质管理的最高荣誉奖项。

(一)“戴明环”简介

戴明于1950年提出了PDCA循环的概念,又被称为“戴明环”。该循环最早应用于质量

① 屈玉霞:《幼儿园经营与管理》,科学出版社2007年版,第43页。

管理领域，但随后的管理实践证明，这是使一项活动有效进行的一种合乎逻辑的工作程序，后来成为管理学中的一个通用模型。“戴明环”包括四个基本环节：计划（plan）、执行（do）、检查（check）、总结（action）。四个环节循环往复，螺旋上升，构成一个完整的管理过程，推动管理活动的持续发展，见图 7-1。

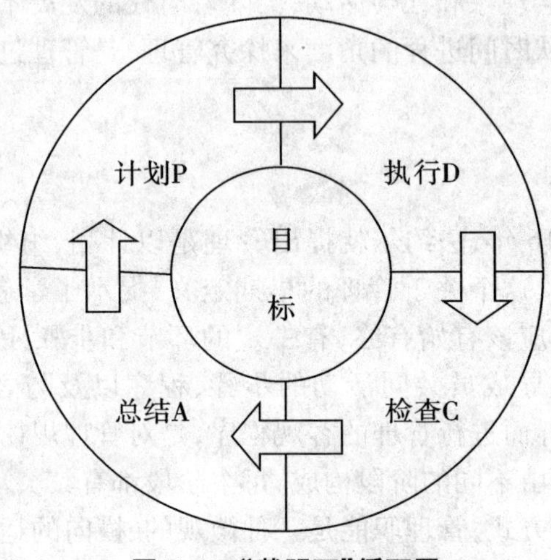

图 7-1 “戴明环”循环图

PDCA 四个英文字母及其在 PDCA 循环中所代表的含义如下：

P（Plan）——计划目标，确定方针和目标，确定活动计划。

D（Do）——执行，实地去做，实现计划中内容的细节。

C（Check）——检查，总结执行计划的结果，注意效果，找出问题。

A（Action）——行动改进，对总结检查的结果进行处理，成功的经验加以肯定并适当推广、标准化；失败的教训加以总结，以免重现，未解决的问题放到下一个 PDCA 循环。

（二）“戴明环”各个环节之间的关系特点

1. 大环套小环，小环保大环，推动大循环

PDCA 作为管理过程的基本方法，不仅适用于学前教育机构整个系统的管理，也适应于各部门、各班组的子系统管理。各级部门根据机构目标，都有自己的 PDCA 循环，层层循环，形成大环套小环，小环里又有更小的环。大环是小环的母体和依据，小环是大环的分解和保障。各个部门的小环都围绕着总目标，朝同一方向运转，通过循环把各项工作有机联系起来，彼此协同、相互促进，见图 7-2。

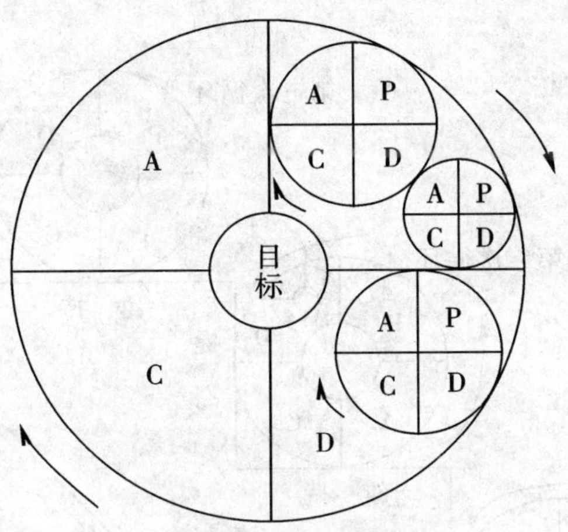

图 7-2　“戴明环”内部循环图

2. 环环相扣，相互渗透

“戴明环”的诸环节之间存在着相互联系、相互渗透、相互制约、相互促进的关系。在实际工作中，各个环节间存在着反馈回路，见图 7-3。

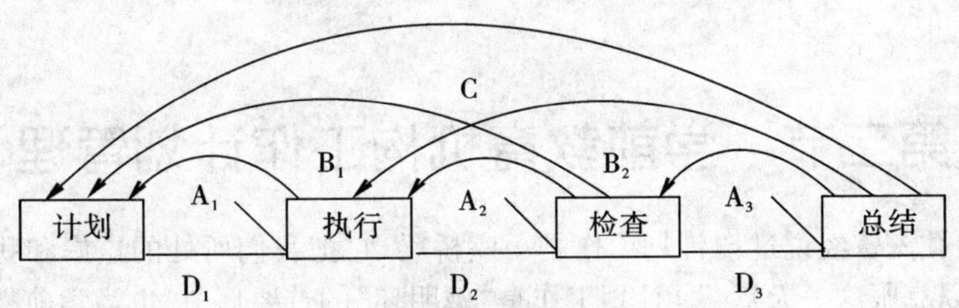

图 7-3　“戴明环”各环节渗透反馈图

3. 循环往复，不断前进

PDCA 循环就像爬楼梯一样，一个循环运转结束，再进入下一个循环，再运转和提高，不断前进和发展，见图 7-4。

由于戴明的管理过程理论把复杂的管理环节划归为简单符号和图像的表达形式，十分清晰易懂，也具有很强的操作性，从企业管理到科研管理和学校教育管理等领域都得到了普遍应用，对改善组织管理起到了积极作用。“戴明环”理论给学前教育机构管理最大的贡献主要在于提供了一种科学的管理思想方法和管理工作程序，推动着学前教育机构管理向科学化方向迈进。

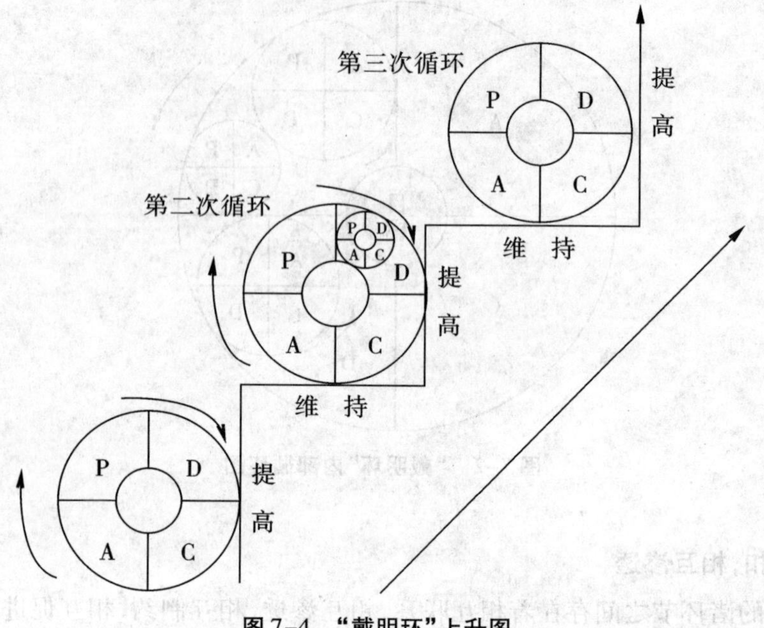

图 7-4　“戴明环”上升图

第二节　学前教育机构工作计划管理

哈罗德·孔茨曾经说过:“计划工作是一座桥梁,它把我们所处的这岸和我们要去的对岸连接起来,以克服这一天堑。”①计划工作是“戴明环”的首要环节,也为学前教育机构管理提供了更好落实保教工作的明确道路。有了计划这座桥梁,模糊不清的未来也会变得更加清晰明朗。

一、学前教育机构工作计划的含义

在汉语中,“计划”一词既可以当做名词来使用,也可以当做动词使用。从名词意义上说,计划是用文字或指标表述的,组织部门或成员在未来一段时间内,关于行动方向、内容、工作安排的管理文件或方案。从动词意义上说,计划是为了实现目标,预先进行的工作安排,这项工作包括环境调查、科学预测、在时间和空间上进一步分解任务和目标、选择任务和目标实现方式、目标进度制定等。计划是组织中各种活动有条不紊进行的保证。

学前教育机构计划是围绕其核心目标任务展开的,对工作内容、步骤、方式方法及资源配置等的通盘预先安排和谋划。该工作是学前教育机构管理的起始点和基础。古语云“凡

① 哈罗德·孔茨、海因茨·韦里克著:《管理学》(第九版),经济科学出版社 1993 年版,第 66 页。

事预则立,不预则废”,“人无远虑,必有近忧”,这两句格言中的“预”、“远虑”,高度概括了计划的重要性。尤其是处于当今社会经济变革发展的时代背景下,学前教育机构为了生存和长足的进步,更应该高瞻远瞩地制定发展目标和战略,进行严密的规划和部署。

二、学前教育机构工作计划的分类

学前教育机构工作计划种类较多,可以按照不同的标准进行分类。主要分类标准有:按期限进行分类、按覆盖范围进行分类、按职能进行分类和按工作性质进行分类。不同的分类方法有助于我们全面地了解计划的各种类型。在实践中,由于某些管理者认识不到计划的多样性,使得在编制计划过程中常常忽视某些重要的内容,从而降低了计划的有效性。

(一)按期限划分

按计划的期限或时间,学前教育机构工作计划可以划分为短期计划、中期计划和长期计划。

长期计划通常是对学前教育机构的发展方向和方针,绘制了长期发展蓝图,如××幼儿园3—5年办园规划。

中期计划通常是对长远规划和目标的分阶段目标设想,如××幼儿园2002—2003年第一学期工作计划。

短期计划通常具体规定了部门在目前到未来各个较短时期,特别是最近时段内,应从事何种活动,从事该活动应达到何种要求,为组织成员在近期内行动提供了依据,如月计划、周计划、日计划等。

中、长期计划为学前教育机构的健康科学发展指明了发展方向,短期计划则是中、长期计划的具体化。在学前教育机构管理中,要注意把三种计划有机结合起来,大处着眼、小处着手,逐步分解组织愿景,并在具体落实工作中达成目标。

(二)按覆盖范围划分

从覆盖范围,学前教育机构工作计划可分为整个机构工作计划、各部门工作计划和个人计划等类别。

整个机构工作计划在每学年或每学期都要制订,也称为园务计划。该计划应对计划期间内的整体目标进行规划,在此基础上,对卫生保健、保教工作、总务后勤、教师培训、家长工作、危机预案、教学研究等工作提出工作要点,对整个教育机构、各班组、各部门工作具有指导作用。

部门工作计划与整个机构工作计划是从属关系,该计划应落实整个机构工作计划提出的任务和要求,对各部门工作甚至各个岗位工作作出较为详细的安排,这类计划一般由部门负责人主持制订。

个人计划是每位教职员工结合自身岗位需要,对部门工作计划的操作性安排,也是对工作任务的个体化分解,有一定的自由度和灵活性,能够体现教职员工的工作积极性和创新精神。

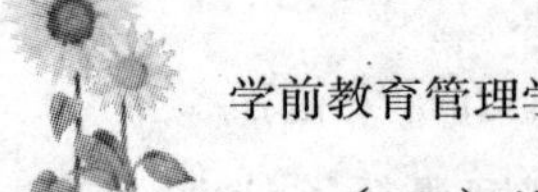

(三)按职能划分

按职能空间,学前教育机构工作计划可以分为业务计划、财物计划和人事计划。

业务计划主要包括保育工作安排、课程教学任务安排、膳食卫生工作安排、园务活动安排、销售促进安排等内容。

财物计划与人事计划则是为业务计划服务的,是围绕业务计划而展开的。财务计划研究如何从资本提供和利用上促进业务活动的有效进行,如建立新的融资渠道或采用新的融资方式,促进整个机构的扩大发展;人事计划研究如何为业务规模维持或扩展提供人力资源保障,如为保证组织发展提高教职工素质,准备必要的干部力量或组织人事培训等。

(四)按工作性质划分

从工作性质上看,学前教育机构工作计划可以分为常规性工作计划和临时性工作计划。

常规性工作计划,包括卫生保健工作、教育教学工作、教职工培训、总务工作、招生工作等,通常是周而复始的,每年都要落实和贯彻的工作。尽管以上工作内容每年要求不尽相同,每年都有一定的创新之处,但一般来说整个学期内的工作流程大体相同。

学前教育机构在面临一些临时性任务时,也需要制订临时工作计划,或对原有工作计划进行修订,如上级布置的职称评定工作、中层干部调整工作、“国家培养计划”工作、创建示范性学前教育机构工作等。临时性工作计划既可以单独拟订,也可以对常规计划进行补充,将特殊安排纳入到常规工作计划之中。

三、学前教育机构工作计划的编制

计划的拟订、编制是一个过程,为了保证计划的合理性,确保组织决策的落实,计划编制过程中应采用科学的方法。

虽然计划有多种类型,形式也多种多样,但管理人员在编制计划时,实质上都遵循相似的逻辑和步骤。

(一)估量机会

对机会的估量,要在实际的计划工作开始前就着手进行,它虽不是计划的组成部分,但却是计划工作的真正起点。在该阶段,需要对未来可能出现的变化和机会进行初步分析,看清楚自己的优劣势,了解自己利用机会的能力,分析不确定因素可能带来的影响,勾勒出未来的发展图景。

(二)确定目标

确定目标是管理决策工作的主要任务。目标是期望的成果,为学前教育机构和各部门成员指明了方向,描绘了未来发展蓝图,也可以作为评量实际工作绩效的标准。因此在评估的基础上,应首先确立学前教育机构整体目标。在这该环节,要明晰目标,并制定相关战略、政策、规程、程序、预算任务等,指出工作重点。

(三)确定前提条件

前提条件是有关实现计划的环境的假设条件。确定前提条件的重要性不仅在于可以使

计划工作更有效,而且在于教职员工越是透彻地理解和同意该计划实现的前提条件,则计划工作就越发协调。

(四)拟订可供选择的方案

计划工作第四步就是拟订可供选择的行动方案。一个行动方案,通常是用文字或图表表达出的计划书,是目标、策略、程序、措施、资源等要素的综合体。该环节工作需要发挥管理者的创造性,既能大胆设想,又要细致推敲,使方案尽可能严密、可行。

(五)评价和选择各种备选方案

评价实质上是一种价值判断,它是在前提和目标的基础上,权衡各种因素,比较各个方案利弊,对方案进行的分析、判断过程。选择则是在评价基础上的抉择。从根本上讲,该步骤是方案的决策过程。需要注意的是,决策不是一个瞬间,而是一个过程,从预测环境到拍板定夺,都需要管理者调查分析,也需要发挥管理者明智的决策力。

(六)制订派生计划

派生计划是总计划下的分计划,总计划需要派生计划来保证。例如,在学前教育机构改革发展整体方案下,进一步制订其师资队伍建设计划、教育教学改革计划、家长工作计划等。

(七)编制预算

在确定好计划后,应把计划转变为预算。这样一方面可以使计划指标更明晰,另一方面也更易于对计划的执行进行控制。定性的计划,往往在可比性、可控性和奖惩方面较为困难,而定量的计划通常更具有约束力。

★资料库

2006—2007学年上学期××幼儿园保教工作计划

幼儿园的保教质量关系着幼儿的发展,关系着幼儿园的发展。为孩子提供优质的保教服务,培养幼儿全面发展是幼儿教育的根本任务。本学期,我们将在园长的带领下继续抓好本园的保教工作,使保教质量更进一步提高,积极争创区示范幼儿园。

一、指导思想

坚持以《幼儿园工作规程》(以下简称《规程》)和《幼儿园教育指导纲要(试行)》(以下简称《纲要》)为指导,进一步学《纲要》、用《纲要》,认真学习区教师进修学校和镇教管中心对幼儿教育工作的意见,结合本园实际,尽力让《纲要》的理念与精神落实到我园的保教管理和保教第一线中,使幼儿在园中能快乐地玩耍与学习,使幼儿园的保教质量继续呈良好的发展态势,较好地促进儿童富有个性的发展。

二、幼儿园保教现状分析

随着幼儿园人事制度的改革,幼儿园保教队伍不断壮大。一是人员的变化,新

进了十几名从小学转岗过来的教师；二是岗位的变化，现在的教师既要从事教师工作，又要从事保育工作，不像原来的单纯教师和保育员，加之幼儿园现在是一园两点，一共11个班级，给幼儿园带来了机遇与困惑。我们只有抓住机遇，解决困惑，才能让全园保教质量越来越高。

三、本期幼儿园保教主要目标

规范一日保教活动；制定符合本园实际的保教常规制度与检查制度，落实保教常规管理；拓展教研工作思路，达到以研促教的目的；提高教师综合能力，培养一专多能的教师；培养幼儿富有个性的发展。

四、具体目标与措施

(一)修改幼儿园保教常规制度，落实现有的《幼儿园保教常规制度》和《幼儿园保教常规检查制度》，规范优化一日活动

1. 修改完善保教常规制度

幼儿园保教常规制度与检查制度随着新的岗位调整发生了新的变化，本学期，我们将结合实际修改完善保教常规检查制度，使其更具有操作性。要解决的问题是：幼儿园一部分教职工既有教师工作又有保育工作，一部分只有保育工作或者只有教师工作，怎样来规范一日保教常规，也就是怎样将《规程》中的一日保教常规体现在我们的保教管理中；怎样进行有效的检查与评价，既能对保教工作进行有效的引导与监督，又能通过制度的落实调动教师积极性。这学期将结合实际，解决这一问题，修改制度，预计在下一学期实行修改后的教学常规制度。

2. 搞好教师和保育员两条线的保教常规，规范优化一日保教常规

本学期的教学常规制度和常规检查制度仍按照学期初制定的实行。首先，我们将利用业务学习时间对教师或保育员进行相关的理论学习，明确教师职责与保育员职责，使大家做到分工明确而又相互配合。开展现场研讨，思考怎样做才是优良的一日保教常规。其次，每位教师应该将常规制度融入到幼儿园的保教工作中，多研读《纲要》上所讲的各领域的教学目标、要求与指导要点，同时注重幼儿一日活动各环节的具体内容、要求，根据幼儿生长发育规律、年龄特点来安排活动，做到动静交替，并以游戏为主。对幼儿的要求做到细致、具体，督促幼儿，规范幼儿的行为。教师和保育员在工作中要注重保教并重，共同配合，协调组织好幼儿的一日学习、生活。

计划的制订是执行常规的一个重点。本学期，大家要认真及时地制定各种计划，并按时上交或贴于规定的地方。在过去一年里，老师们设计了一些教案保存在电脑里，本期我们可以共享。但是，我们在学习的过程中，应该将它化为自己的东西，这就需要教师们根据我们每天所要组织的活动，结合本班幼儿的发展状况来整理好自己的教案，要突出活动的重难点，并以书面的形式呈现出来，做到有的放矢，教学的时候针对性才会更强，每周还要及时写出教学反思。在听过其他教师的上课后也应该把它与自己的教学相结合，思考怎样来更好地组织活动。

各班的班长要重视幼儿园全园性工作与本班工作的结合，重视本班保教的衔接工作，三位教师要经常沟通交流，注重教育的一致性。班长要定期分析本班班务

工作现状，管理好本班的班务工作。

3. 落实保教常规管理

管理人员要按计划落实保教管理。幼儿园整体的工作计划要注重为班级计划、教师工作计划服务。管理人员要做到早安排，经常深入一线，观摩活动，了解保教现状，及时有效地实施保教管理，注重互帮、互学与引导、支持并重，对教学过程、一日保教活动进行探讨，思考并提出适宜的意见与建议，管理中要做到严格、公正、及时。教师在此过程中，要学会对自己工作负责，实行自我管理、自我决策，思考"我要做什么、我应该怎么做、为什么这样做"，这样才能从根本上使保教人员的保教行为迸发出创造的火花，优化一日保教活动。管理人员要定期对全园保教现状进行交流分析，思考今后工作中应该怎样做才能更好地服务于保教一线。

（二）拓展教研工作，以研促教

幼儿园在职教师已经达到三十几名，本学期园本教研工作将根据在职教师人数情况和教师本人所任学科情况进行分组，将教师合理分成五个组：语言、艺术、科学、健康、保育，由我园现任骨干教师担任组长，每组开展三次活动，前四组每一个人参加一组，然后再将全体教师分成三组参加保育组教研活动，也就是每一个人一学期参加四次教研活动。关于教研活动内容，幼儿园只在开学初制定大致的教研工作方向，具体的由各教研组长根据本领域和本组参与人员的现状来确定研究内容，形式不限，理论学习、优质课探讨等都可以。

本期我们教研工作的大致方向就是各领域目标、要求的研究，指导要点的解析，幼儿一日保教常规的研究。各教研组长要考虑新、老教师通过教研活动都要有所成长。我们期望通过教研既能培养一专多能的教师，培养新的骨干教师，又能探索出一些教研的方法，提高教研的质量，并能通过研究来提高教育教学的质量，达到以研促教的目的。

课题研究不能放松，科研才能兴园。各课题研究组本期要结合本园开展的一些工作和本园的特色发展方向，结合自身课题研究的进度，确定研究内容，制定并落实计划，注重研究成果的收集，扎实做好课题研究工作。

（三）抓好园本培训和教师帮带工作，提高教师的基本功及教学能力

1. 抓好园本培训工作

园本培训是教师专业成长的途径之一。本学年，园本培训将围绕三个主题进行学习：对《纲要》及《规程》的学习，教师的基本功培训，教育教学技巧方面的培训。幼儿园将认真落实培训计划，及时有效地进行培训，并按标准严格进行考核。同时，我们将在园本培训的基础上增加培训内容，由支教的两名教师组织学习，使大家接触更多的幼教信息，有机会得到更进一步的成长。

2. 开展好帮带工作

帮带活动也是帮助教师提高教学能力的一块阵地，幼儿园要利用已有条件开展好帮带指导活动，骨干教师每人帮带两名以上的教师，特长教师每人找一人为互助对象，利用业余时间帮带，形成共同学习的氛围，加快进步的步伐。帮带教师对帮带过程及效果要写好记录，为今后的帮带提供参考。

（四）重视家园联系，实现一致教育

《纲要》总则里指出，“幼儿园应与家庭、社区密切合作，与小学相互衔接，综合利用各种教育资源，共同为幼儿的发展创造良好的条件”。现实生活中很多现象都需要我们通过家园合作加强沟通。比如，“一个小宝两个样”，孩子在幼儿园能自己吃饭，一回家就要追着喂。再如，一些家长强烈要求孩子三岁就开始写字，而幼儿园对三岁的孩子是不教写字的。对此，本期的家园联系工作中，除了利用家园联系栏和日常接待介绍幼儿园的工作外，还将结合家长学校工作围绕三个主题提高家长工作的针对性。

这三个主题是：小、中、大班孩子的年龄特点是什么；幼儿应该学什么；教师应该教什么，怎样教。幼儿园将围绕这三个内容，在家长会、家长开放日、幼儿园宣传栏上进行宣传。各班教师也应结合本班的一些实际问题，对全体家长或个别家长进行相关的宣传，共同做到家园联系工作。

（五）搞好交流活动，促进合作共进

首先，做好两点间的交流。本期将利用教研这一阵地加强两点教学活动的交流互动，互学所长，互补所短，促进思想与教学的共同融合。其次，做好与小学的交流。在交流互动中，纵向地看待孩子在大班和在一年级的共同与异性，思考教学的适宜性，探讨大班怎样来做好与小学的衔接工作。

（六）各月大致安排

9 月初开展环境创设评比活动，学习教师一日常规要求与保育员一日常规要求，开始实施幼儿园保教常规制度与检查制度。

10 月份，全园师幼早操活动竞赛。

11 月份，家长开放日活动。

12 月份，迎新年准备活动。

1 月份，幼儿评价工作。

争创区示范幼儿园是我园的近期目标之一。本期，全体保教人员都应该深入学习《纲要》、《规程》，为目标的实现不断努力，注重一日保教常规，并将新的理念带入自己日常的保教行为和保教管理中。树立爱心、责任心，将自己的理想与工作实际结合，培养好每一位孩子，争取将幼儿园的保教工作推上一个新的台阶。

第三节　学前教育机构工作计划实施过程中的管理

过去十年，“执行”可能是中国最常用的管理词汇之一，无论是政府官员、社会组织领导者，还是企业家、经理人，在谈到战略规划和计划实施时，总是再三强调“执行”。执行之所以重要，在于它是连接目标和结果间的桥梁，是贯穿整个管理周期全过程的中心环节。所谓“知易行难”，一个再好的计划，没有实施、没有行动，也只是纸上谈兵。对于学前教育机构管

理同样如此。因而,要加强计划实施过程中的管理,确保机构整体目标的达成。

一、计划的执行

执行的依据来自于计划,计划的执行确保行动方案落到实处,通过执行而显现出工作成果。在执行阶段,学前教育机构管理者需要做好如下工作:组织、协调、激励和教育工作。

(一)组织、协调工作

1. 健全组织制度

任何计划,没有合理有效的组织机构和工作规范作保障,就不可能得到圆满落实。组织是为了实现机构整体目标而建立起的组织机构和工作规范,是协调和规范成员责、权、利关系,并确保工作顺利进行的保证。因此,管理者在执行环节,应明确分工部署,并采取有力措施,使计划按时、按层次,切实落实到各部门和各成员身上,使工作事事有人做,人人有事做。同时,在计划执行中,要求成员要按照工作规程、行为准则约束自己的行动,保证计划顺利实施。

2. 科学利用各种资源

将计划付诸行动以实现组织目标,需要一定的资源保障,其中包括人力、物力、财力、时间、空间、信息等资源条件。然而,资源条件往往是有限度的,因此管理者要对资源充分挖掘、合理利用,做到物尽其用、人尽其才,使有限的资源创造出更高的价值。例如,某学前教育机构因地制宜,利用乡土资源,开发户外游戏场地,从儿童原有生活和经验出发,既节约了资金,又彰显了特色;反之,还有某幼儿园为了追求排场和奢华,花几十万修建一个大门,造成教育资源的浪费,很不值得。

3. 协调关系

计划虽然对各项工作都进行了详细安排,但由于各个部门、人员任务、利益、环境以及能力、性格等不同,在落实计划过程中可能会出现冲突和矛盾,这就会降低工作效率,甚至阻碍机构整体目标的实现。因此,管理者还要在执行过程中,协调问题,减少矛盾,化解冲突,降低内耗,提升管理绩效,更好地实现组织机构整体目标。

(二)激励、教育工作

1. 建立激励机制

激励是管理的重要机制,应贯穿于管理的全过程,尤其在执行环节。激励机制可以激发教职员工工作的主动性、积极性和创造性,可以促使计划工作高效完成。因此,作为管理者,应根据组织和成员的特点,加强对激励机制建立和运作的研究,采取适合的激励方法,以此来培养和谐的人际关系,调动员工积极性。在本环节中特别要注意激励的公平性、层次性,坚持物质激励和精神激励相统一、自我激励和组织激励相统一。

2. 加强教育指导

由于计划的制订通常带有一定的前瞻性,所以计划在执行过程中难免出现不同程度的

困难,如教职员工经常会出现畏难情绪和逃避工作、患得患失的心理。如果不进行必要的教育指导,就会严重影响工作任务的完成。即使教职员工没有出现上述情况,但如果不组织常规教育,其工作热情不会持久。因此,管理者应经常开展教育指导工作,鼓舞员工士气、提高工作热情、改进工作方法、强化责任意识,保证计划的顺利实行。

二、计划实施的检查

(一)检查在管理过程中的意义

检查在管理过程中起到承上启下的作用,是计划执行阶段的必然延伸,更是总结阶段的前提和依据。通过检查可以掌握工作进展情况,及时发现问题、解决问题、推广经验,保障各项工作顺利进行。因此,在管理过程中,不可忽视检查环节,因为其对于检验决策、获取反馈,从而调整计划、指导日后工作具有举足轻重的作用,更可以督促教职员工的工作,提升其责任感,促进组织目标的达成。

(二)检查的类型

检查按照不同的标准可以划分为不同的类型。

按照时间来划分,有经常性检查和定期检查。经常性检查指在平日计划实行阶段内进行的不定期检查,具有及时、灵活的特点,有助于及时发现问题、解决问题。定期检查指阶段性的集中检查,如期初、期中、期末检查等。学前教育机构工作具有阶段性,因此这类检查方式可以较系统地对计划执行阶段的工作进程和工作质量进行分析,为后期工作开展提供指导。

按照检查内容划分,有全面检查和专题检查。全面检查是一种常规性检查方式,有益于全方位掌握计划落实情况;专题检查是针对工作中的某个方面进行的检查,可以较为细致地了解某个突出的重点问题。

按照执行主体划分,有领导检查、员工互查和自我检查。在当前学前教育机构管理中,后两种检查方式越来越受到重视,它们和自上而下的管理结合,可以起到自我调控和自我管理的作用。

学前教育机构管理者应根据工作实际采取相适应的检查方法,或多种检查类型综合运用,多方面了解情况,掌握大局,以便对执行过程进行全面而有效的管理。

(三)有效检查的注意事项

1. 明确检查目的

首先,机构管理者应意识到检查究竟是为了什么。其目的就是为了保证计划和目标的实现,为了提高工作绩效,而不是通过检查对教职工进行“管、卡、压”。同时,还应帮助与指导教职工正确地对待检查,形成一种对检查的共识,让教职员工认识到检查的目的。只有当机构中每个成员都看到检查的必要性与合理性,把检查当做获取信息、改进工作、完善自我的重要手段时,检查才可能有效地开展下去。

2. 确立合理的检查标准

检查要以计划规定的要求为标准,有目的、有计划、有步骤地进行。特别要防止标准的

主观化，否则检查标准不统一，难以协调教职员工的思想和行为，从而造成工作步调上的混乱。当然在确立检查标准时，应注意其系统性和可操作性，既要全面监督计划的落实，又要使检查落到实处。

3. 检查形式多样化

管理者在进行检查计划落实的过程中，应综合运用多种检查形式，如实地观察、查阅工作记录、查阅教案、听取汇报和召开会议等形式，以便获取更加全面的信息资源，从而有助于了解真实的工作现状。

4. 结果与过程并重

检查既要注重结果，又要重视工作过程，将二者结合起来加以考察分析。只注重检查结果，并以此作为评定计划落实或工作绩效高低的依据，并不能深入了解问题的内涵，因此还需要检查工作过程，这样更有利于调动教职员工的积极性，也更加有利于计划的有效落实。

5. 检查与指导相结合

检查工作不仅仅在于评定等级、甄别优劣，更重要的是发现问题、总结经验，并通过指导工作，推动工作的顺利落实。常用的指导方式有以下两种。

(1)集体指导。针对检查过程中发现的共性的、普遍性的问题，可以召开会议，对问题进行讨论和分析，并提出改进方案和指导性建议。当然在检查工作中也经常会发现一些工作的亮点，应及时总结经验并树立榜样，给教职员工的工作指明方向。例如，某幼儿园在检查保育员工作时，发现有一位保育员不仅保育工作完成得很出色，而且能把日常生活中的细节融于教育之中，保教结合得很恰当，于是及时组织全体保育员观摩其典型工作环节。通过观摩和集体学习，使全体保育员明确了其工作职责，也提高了全园保教工作的质量。

(2)个别指导。管理者针对个别教职员工的工作情况和实际问题，给予有针对性的具体指导。例如，某幼儿园在检查实习生工作时，发现有个别班实习生缺勤现象比较严重，于是该园管理者及时和实习生所属学校进行联络，并通过切实改善实习生生活环境和进行思想疏导工作，减轻其思想包袱，使其积极投入到实习工作中去，并较好地完成了实习任务。

三、计划实施的总结

(一)总结在管理过程中的意义

总结是管理过程中的最后一个环节，是对全部工作的全面回顾，对计划、实习、检查进行总的分析和评价过程。总结的目的在于分析工作的经验和教训，探索工作规律，为下一周期的管理过程提供有价值的信息资源。因此，总结起着积累经验、增强工作预见性与自觉性、提升管理水平等作用。

(二)总结的类型

从内容方面来看，总结可以划分为全面工作总结和专题总结。从部门方面来看，总结可以划分为全园总结、部门总结、班组总结和个人总结。从时间方面来看，总结可以划分为长期计划总结、短期计划总结：长期计划总结一般为三年工作总结和年度、学期总结，短期计划

总结则有季度总结、月总结等。通常总结和计划相对应，有计划则应有总结与之相呼应，通过总结推动管理过程不断运转，促使机构管理科学化发展。

（三）总结阶段的注意事项

在管理实践中，很多机构管理者能够认识到总结的特殊价值，但因为种种原因，往往难以发挥其真正的价值，致使总结工作流于形式，热热闹闹开场，圆圆满满收场，总结环节成了歌功颂德、集体表彰的环节，大家欢声一片，表扬与自我表扬相结合，但却不能真正从总结中汲取经验和教训，经验得不到传递，问题却在继续延伸，从而使下一个管理过程只能在原有水平上不断重复。为了避免上述问题，在本环节要注意以下问题。

1. 以计划为依据

总结应以目标、计划为依据，对照结果评判工作成效与不足，总结经验与教训。根据计划的目标进行总结，对已完成的工作和成绩，予以肯定，以此鼓舞教职员工士气；对尚未落实的工作，应进行原因分析，以便确立新的工作对策。总结要以计划为依据，主要是为了保证其不偏离学前教育机构总目标，避免浮夸、弄虚作假的不正之风。

2. 以教职员工为主体

总结并非学前教育机构管理者的独角戏，而应动员全体教职员工参与总结工作之中，以教职员工为主体，适时开展评比和汇报、交流经验、树立榜样，从而使教职员工能积极反思其工作，提升其工作能力，最终促进机构整体管理绩效的达成。

3. 以检查为基础

总结工作还应当以检查环节所获得的信息为基础，向教职员工发布相关信息。这样就可以避免和遗漏一些重要问题，使总结脱离“假、大、空”的教条，从而使优良经验得以延续，教训得以吸取，将问题消灭于下一周期的管理过程之中。

4. 以研讨为重点

在以往管理中，通常认为总结就是吸取经验教训，其实这在实际工作中是远远不够的。只有对已经出现的问题或可能出现的问题进行深入分析和研讨，由教职员工通过自己的研究提出可行性措施，才能有效防范问题的发生。因此，管理者要加强研讨的力度，形成研究的氛围，调动教职员工集体的智慧和力量，才能使总结工作真正促进组织工作绩效的提升。

5. 以探寻规律为目的

总结需要对过去的成绩和问题进行评价，但这不是其最终目的。总结工作应从现有成绩和问题中寻找规律，将管理实践从感性认识上升到理性认识，从而获得规律性认识，并用以指导今后实践。因此，学前教育机构管理者在总结工作阶段，不应只是以收到总结文稿为目的，特别要纠正过往总结工作记流水账、单纯罗列现象的问题。要注意引导教职员工从成绩和问题中寻找规律，并用规律性认识指导今后的工作，促进工作质量不断提升。

本章小结

从时间进程角度探究管理问题，可以把管理过程分为计划、执行、检查、总结等

环节。计划是管理过程的出发点，计划的制订包括以下工作内容：客观估量机会、客观分析前提条件、拟订可供选择方案、评价和选择适宜方案、制订派生计划和编制预算等。执行是管理过程的关键环节，执行可以使工作目标落到实处，在该环节应注意组织、协调和激励、教育工作，切实保障计划的实现，并提升教职员工工作热情。检查在管理过程中起着承上启下的作用，在该环节要注意明确检查目的，确立合理的检查标准，检查形式多样化，检查结果与过程并重，检查与指导结合等问题。总结有提升组织绩效和管理者水平的积极作用，因此要注意以计划为依据、以教职工为主体、以检查为基础、以研讨为重点、以探寻规律为目的，防止片面歌功颂德，使总结环节失去其真正价值而流于形式。

【知识检测】

1. 概念检测：管理过程；计划；实行；检查；总结

2. 思考讨论：

(1)请举例说明计划执行阶段应注意哪些问题?

(2)请简述如何使检查工作更有效。

(3)请简述总结阶段应注意的问题。

3. 根据学前教育机构计划制订的程序，请制订一份学期工作计划。

【案例分析】

案例1：××幼儿园五年发展规划

2001年是新世纪的开始，也是落实“十五”规划的第一年。为了进一步贯彻教育方针，高标准地实施和落实幼教法规，加快幼教改革的步伐，提高办园质量，特制定本园五年发展规划。

一、指导思想

深刻领会“全教会”精神，以现代教育理论为指导，以贯彻《幼儿园工作规程》为主线，以《幼儿园教育指导纲要(试行)》为依据，全面落实东城区教育事业发展规划，解放思想，更新观念，全面推进素质教育。坚持以发展为第一要务，以质量为中心，以改革为动力，以培养队伍为重点，以服务于家长、社会为宗旨，促进幼儿身心健康、全面和谐发展。

二、奋斗目标

在继承本园优良传统的基础上，与时俱进，坚持全面发展，倡导个性发展，实现持续发展；以“发展孩子、服务家长、成就教师”为宗旨，把一幼实验园办成一所具有浓厚艺术教育氛围、儿童身心和谐发展、与国际大都市相匹配的现代化学前教育精品园。

(一)管理目标：尊重教育规律，致力教育改革，优化教育结构，开拓教育创新，

培养两支队伍,建设一流环境,创办品牌名园。

(二)教育目标:幼儿园教育是基础教育的重要组成部分,是学校教育和终身教育的奠基阶段。本园的教育必须遵循幼儿身心发展规律,尊重幼儿的年龄特点和学习特点,以游戏为基本活动,保教并重,寓教育于生活及各项活动之中,关注个别差异,促进每个幼儿富有个性的发展。

(三)发展目标:高质量保持市级示范园的光荣称号。

三、具体任务与实施

(一)加强管理,依法办园

认真学习有关办学的法律、法规,把《幼儿园工作规程》、《幼儿园教育指导纲要(试行)》作为幼儿园教育的根本大法贯彻执行;把《教师法》、《民办教育促进法》、《劳动法》、《未成年人保护法》等,作为稳定队伍、做好各项工作的基本法规贯彻执行。

健全和完善管理体系。管理层次:董事会领导下的园长负责制,职、责、权、利到位;管理程序:科学化、规范化、制度化;民主管理:成立以教师为主的教职工代表大会和工会组织,保障民主管理和监督。健全和完善各项规章制度及岗位职责,修改教职工评价标准,用高标准规范教职工的教育行为。

坚持人事制度改革,做好"聘用合同制"试点工作,调整和完善改革方案、细则、岗位等级工资标准等,及时总结改革经验。

尝试按照市场经济的运用规律,探索幼儿园发展的新路。结合本园实际进行办园体制、投资方式、课程模式等方面的改革,出思路、出经验、出成绩。

研究和掌握新时期、新形势下家长对教育的心理、需求和要求,坚持为不同需求的家长服务,解决家长的后顾之忧,做好家长工作,争取家园同步教育。充分发挥教育资源的作用,积极为社区服务,尝试开办1—3岁亲子园。

(二)加强队伍建设,提高整体素质

1. 育人十法

以良好的师德塑造人,以先进的观念引导人,以常规的工作规范人,以骨干的力量带动人,以教育的科研提高人,以制度的改革激励人,以本园的特色成就人,以人文的环境稳定人,以名园的品牌树立人,以一幼的精神发展人。

2. 推进基础工程和名师工程

基础工程:开展多方位、多角度、多形式的干部、教职工培训活动,从提高教育认识入手,升华为教育观念,形成教育理念,构成教育思想内涵,转化为教育行为,达到提高队伍整体素质的目的。名师工程:在教师整体优化的基础上,积极培养市、区、园骨干教师,创造条件促拔尖子教师脱颖而出,力争名园出名师。

3. 文化水平目标

干部:5年内园领导百分之百达到学前或管理大专以上文化水平。教师:每年培养1—5名学前大专生及本科生,5年内在岗教师百分之百达到学前大专以上文化水平。

4. 业务水平目标

干部：不断提高干部的自身素质及管理水平，5年内培养中层干部2—3名，班、组长以上干部达到园级管理人员标准。教师：5年内培养区级骨干教师2—3名，园级骨干教师3—6名。5年内培养小中高教师1—2名，每年培养2—3名小学高级教师。按照有关规定，做好社会聘任教师职称评定工作。其他：各岗人员的实际工作能力，必须达到本岗位工作标准。全体教职工的师德修养要全部达到"北京市幼教工作者师德规范"的标准。全体教师努力完成"十五"期间继续教育内容，以提高教职工的整体素质，促进本园工作可持续发展。

（三）保持市级示范园标准的保教质量

1. 保教工作

教育理念：幼儿为本的教育，素质能力的教育，积极主动的教育，健康人格的教育，良好环境的教育，轻松愉快的教育，和谐发展的教育，园本务实的教育，家园合作的教育，改革创新的教育。

（1）加强幼儿的思想品德教育，培养其良好的行为习惯。

（2）根据《北京市幼儿教育发展纲要》的要求及幼儿实际发展水平，不断提高幼儿观察、认知、语言、思维、动手等方面的能力，发挥和发展其主体性品格，使幼儿活泼、主动的发展。

（3）认真贯彻和落实保教合一的原则，做到保中有教、教中有保，促进幼儿身心健康和谐发展。

（4）园内各项活动内容丰富，形式多样，能引起幼儿参加活动的兴趣和积极性。各年龄班幼儿的发展水平90%以上达到《验收标准及细则》的一类标准，其余达到二类标准。

（5）重视安全工作，做到无责任事故，杜绝重大意外事故发生。

2. 卫生保健

（1）认真实施幼儿卫生保健工作条例，不断提高卫生保健工作水平，保持和超越"一级一类"卫生保健标准。

（2）加强体育锻炼，促进幼儿身体发展，体质测查全部达标。

（3）注重幼儿身心健康，培养幼儿活泼、开朗的性格，以及能够与人交往、与人合作的能力。

（4）全园幼儿生长发育指标90%达标，幼儿缺点（弱视、龋齿、听力）矫治率达100%。加强体弱儿、肥胖儿的管理。

（5）加强幼儿膳食管理，不断提高幼儿膳食的质量，保持膳食水平达《验收标准及细则》中的一类标准。

3. 教科研

（1）完成市"十五"课题《幼儿园艺术教育"四性"的实践与研究》。重点研究通过对艺术教育人文性、综合性、愉悦性、游戏性这"四性"的实践与探索，促进幼儿艺术能力与人文素养的整合。艺术能力指幼儿艺术的感知与欣赏、表现与创造、反思与评价、交流与合作的能力；人文素养指幼儿对他人尊重、关怀，对他人友善，与他人分享。要求教育目标突出人文性，教育内容突出综合性，教育过程突出愉悦

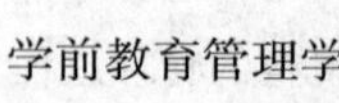

性,教育方法突出游戏性,教育评价突出多元性。

(2)完成区“十五”重点课题《幼儿园办园体制改革的实践与研究》。重点研究幼儿园办园体制、投资方式、人事制度改革等。

4. 社区教育

(1)充分发挥幼儿园的辐射作用,积极开展社区教育,建立社区家长学校,坚持为社区居民提供科学育儿等方面的指导,探索开展社区教育的新途径。

(2)建立“0—3岁零点早教基地”,启动“精品助平民”早教工程,力争让本社区的每一位婴幼儿都能接受到不同程度、不同方式的早期教育,以促进早教工作可持续发展。

(3)配合市、区教委教师继续教育工作,坚持开展对本社区内其他园所教师培训工作,以不断提高本社区内学前师资水平。

(四)达到市级示范园标准的办园环境

(1)改造幼儿活动室,并对其进行装修,以扩大本园幼儿及社区婴幼儿的活动空间。

(2)改造楼顶活动平台,修建遮阳棚,建立幼儿风雨操场。

(3)建立幼儿专用活动室:图书室、阅览室、美劳室、科学室、体能训练室、钢琴室、亲子室、感觉统合训练室等。

(4)完善教学楼内及院内的环境创设,突出儿童化、情趣化、教育化、艺术化。

(5)安装并维修大型运动器械;建立健全各专用活动室设备,完善电器化设备,各班安装幼儿计算机。

(6)不断调整和完善教职工工作环境,建立并完善教师资料室、备课室、休息室、浴室、计算机室等。

四、措施保障

(1)加强党的建设,充分发挥党支部在全面推进素质教育、不断提高办园质量中的政治核心作用。充分发挥每个党员、青年团员的先锋模范作用,以“三个代表”思想为指导,深入实践,脚踏实地地做好各项工作。

(2)坚持执行教委领导下的园长负责制,坚持依法办园,全面贯彻落实党的教育方针和幼教法规,努力提高办园质量。

(3)切实加强思想政治工作,坚持党管干部的原则。充分发挥教育工会、教工团的作用,党、政、工、团齐抓共管。

(4)不断提高教职工参政议政的意识和能力,加强幼儿园的民主决策和民主管理,充分发挥教代会的作用,建立健全各项规章制度,保证幼儿园的民主监督和民主管理。

(5)加强幼儿园与社会、家庭的沟通,建立完善家园联系制度,认真听取家长的反馈意见,充分发挥家长参与教育的作用。

(6)加强教职工的思想道德教育,树立良好的园风。进一步完善教职工培养计划,净化园内风气,美化、优化园内环境。

(7)加强理论学习,不断提高教职工的改革意识,充分认识改革的必要性和紧

迫性,促使自己跟上改革的形势。在教育改革中,树立先进的教育思想,并将其落实在教育行为中。

(8)积极筹措教育资金,充分挖掘教育资源,不断改善办园条件,为幼儿创设良好的教育环境。

思考:

1. 分析该园“五年发展规划”目标制定的是否明确、具体、突出重点?

2. 分析该园实现“五年发展规划”的保障措施是否得力? 可行性怎样?

3. 分析该园“五年发展规划”的不足之处,并提出自己的建议。

案例2:××幼儿园2002—2003年第一学期工作计划

一、上学期工作的简要回顾

上学期,我园以积极有效地贯彻落实《幼儿园管理条例》和《幼儿园教育指导纲要(试行)》的精神为主线,发挥示范园的辐射和示范作用,在区教委“加强校长办学思想研究”的专题下,召开了我园园长办园思路与实践的研讨会。这一专题活动的开展,确立了园长作为幼儿园管理的中心角色,对幼儿园的发展、办园质量和效益的提高,起着至关重要的作用。也促进园长更加重视理论的学习和应用,引导园长开始对所积累的经验进行理性的思考与总结。“以人为本,科学管理,研究育人”,概括了我园几年来的办园思想与实绩,此次研讨活动收到了良好的效果。

在队伍建设上,发挥思想政治工作的作用,结合教师人员结构“多元化”的实际,坚持教育管理与关心爱护相结合,通过考核测评及互评的机制,提高教师自我意识和自我评价的水平,进而形成“目标同向、行动合力”的教师集体。

另外,积极地开展园本科研。完成了我园市级“十五”规划课题的开题报告和六个子课题的开题论证工作,为课题的实施打下一个良好的基础。

二、本学期工作的指导思想

以“十六大”精神为指导,积极有效地贯彻落实《幼儿园管理条例》和《幼儿园教育指导纲要》的精神,以园本科研为中心,以园本布局(市政扩路)为重点,以建设队伍为保障,加强示范园的自身建设,积极地致力于“建名园、出名师、创一流”的办园实践,深化幼教改革,全面推进幼儿素质教育。

三、重点工作及措施

(一)园务管理

学习十六大会议精神,依法办园,提高管理水平。

1. 关注“十六大”会议的召开,学习领会“十六大”文件精神,努力使教职工的思想统一到党的“十六大”精神上来,提高教职工的政策理论水平。

2. 以市政扩路幼儿园场地调整为重点,发挥教职工的主人翁责任感,协助园里开展工作,确保在扩路及园内调整施工期间家长和幼儿的安全和稳定,保证教育教学的正常开展。

3. 十月迎接区人大来园督导《幼儿园管理条例》的贯彻落实情况。

4. 认真搞好收费自查工作,特别是捐资助学款情况的自检,严格执行上级对捐

资助学款管理的各项要求。

5. 加强园内各班财产管理，通过检查、核对、奖惩等方式，发挥物质资源有效、节省、充分、合理的利用。

6. 深入细致地做好思想工作，协调人际关系，促进班组合作（厨工组）。

7. 学习并明确《学生伤害事故处理办法》的规定，增强责任、安全意识，减少事故，确保幼儿在园和“十六大”期间的安全。

（1）坚持综合性检查每月一次。

（2）加强日常警示与宣传教育，防患于未然。

（3）做好幼儿外出及各项活动的细致工作。

（4）各班有安全教育的教育内容。

（二）队伍建设

激发教师“爱岗敬业，无私奉献”的工作热情，提高教师队伍的职业道德素质。

1. 贯彻实施《宣武区教育系统贯彻<公民道德建设实施纲领>的意见》，切实加强教师的职业道德教育，有意识地创建情境，为教师提供有益、正确的信息，使教师在教育实践中获得积极的情绪体验。

（1）园内为教师提供北京图书馆阅书卡，提供学习的条件。

（2）推荐《读者》刊物，为教师提供精神食粮，确立正确的人生观、价值观。

（3）注意表扬工作中的先进典型，做好正、负两方面的信息反馈。

（4）加强激励机制。

2. 鼓励支持教师子课题的开展与实施，做好“芳星杯”评优活动的推荐工作。

3. 通过建立组会制度和厨房工作制度，提高厨工的综合素质，增进班组合作。

4. 保育员组加强常规工作的交流与研讨，提高新同志的工作技能和水平。

（三）保教工作

努力开展园本科研，开掘园本课程，深化幼教改革。

1. 进一步深化开展《幼儿园教育指导纲要（试行）》的学习活动。

（1）听市教委对该《纲要》辅导的录音。

（2）针对该《纲要》内容进行笔试。

（3）教育专刊上相关文章。

（4）外出辅导学习。

2. 完成《幼儿数学探究教育》“十五”规划课题的课题论证，并按其研究步骤实施本学期的研究内容。

3. 借鉴香港、南京多元智能课程模式，在此基础上，结合本园本班的特点，加以活用，提倡教师的创新，开发“园本课程”。

4. 参加“芳星杯”评优活动。

5. 资料员要熟悉并掌握资料管理的全面工作，健全各项管理制度。

（四）家长工作

1. 依据各项制度，规范落实家长工作，并提高教师家长工作的艺术性。

2. 在扩路工程期间，做好家长工作，确保家长情绪稳定。

（五）卫生保健

1. 园领导和保健人员要学习新颁布的《卫生保健工作细则》，并加以落实。

2. 研究、探讨卫生保健知识的教育教学方式，并大胆做一些尝试。

3. 严格卫生保健各项制度，巩固成绩，使卫生保健的整体工作质量再上新台阶。

（六）后勤工作

1. 树立“服务一线，服务育人”的思想，为一线教学提供必要的保障。

2. 对于后勤工作，要善于发现问题，不断地完善各项制度。

3. 高度重视安全保卫工作，注重日常巡视检查，发现问题及时纠正，并做好相应的宣传工作。

四、逐月工作安排（略）

资料来源：丛中笑主编《幼儿园管理操作实务参考（上）》（对话：幼儿园管理丛书第 7 分册），华夏出版社 2005 年版。

思考：

1. 分析该园学期计划的特征，并指出其优点。

2. 在研究本案例的基础上，你可尝试着将逐月计划续写出来。

第八章　学前教育机构的常规管理

本章概要

学前教育机构的常规管理包括保教工作管理、卫生保健工作管理、总务工作管理、公共关系管理、安全管理与危机防范等。其中,保教工作管理是学前教育机构管理的中心工作,它涵盖了日常保教工作管理、课程管理、质量管理、教研工作管理。卫生保健工作管理是学前教育机构中十分重要的管理内容,它包括环境管理、健康教育和管理、生活管理、健康档案资料管理,做好卫生保健工作管理对促进学前儿童身心健康成长有着重大的意义。总务管理是学前教育机构赖以正常运转的有力保证,是全体教职工和学前儿童生活、工作、学习的后勤保障。公共关系管理是构建内外部良好育人环境的重要举措。安全管理与危机防范则为学前教育机构的正常运转和学前儿童的健康发展保驾护航。各类常规管理均有其显著的特点和管理要求,对本章的学习应注意理论阐述与实践运用的结合,以不断提高反思能力和管理水平。

学习目标

1. 了解学前教育机构常规管理的基本原则。

2. 掌握学前教育机构保教工作管理的内容与要求,了解各项保教工作管理内容的程序及方法。

3. 掌握学前教育机构卫生保健工作管理的意义,明确卫生保健工作管理的具体内容。

4. 明确学前教育机构与家长公共关系建构的意义、内容和策略。

5. 明确学前教育机构常见的危机现象,提升危机意识。

6. 掌握危机管理要义,明确如何应对危机事件。

第一节　学前教育机构保教工作管理

一、学前教育机构保教工作管理概述

（一）学前教育机构保教工作管理的含义

“保”即保育，就是保护婴幼儿的健康与安全，是指通过建立合理的生活制度，照料婴幼儿的生活，提供均衡的营养，预防疾病和事故，开展多种多样的体育活动，增强婴幼儿体质，促进其健康成长。“教”即教育，就是依据《幼儿园工作规程》、《幼儿园教育指导纲要》等政策法规，有目的、有计划地对婴幼儿实施素质教育。

所谓保教工作管理，就是为了实现保育与教育目标，遵循学前教育的规律和特点，对保育和教育的过程进行全面管理。保教工作要求管理者运用有效的管理手段，对学前教育机构保育和教育工作进行科学的计划、组织、实施、检查与评价，规范日常保教工作秩序，积极开展保教工作研究，不断提升学前教育机构的保教质量。

（二）学前教育机构保教工作管理的地位

保教工作是学前教育机构的中心工作，保教工作管理是学前教育机构中最重要、最核心的管理内容。

1. 保教工作管理在学前教育机构管理中占据核心地位

《幼儿园工作规程》第三条指出：“幼儿园的任务是实行保育和教育相结合的原则，对幼儿实施体、智、德、美全面发展的教育，促进其身心和谐发展。幼儿园同时为家长参加工作、学习提供便利条件。”可见，学前教育机构承担着保育与教育幼儿以及服务于家长的双重任务，而保教工作在双重任务之中处于核心地位。因此，保教工作管理在学前机构的整体管理中占据着核心地位。保教工作管理水平的高低直接反映出学前机构的整体管理水平。

2. 保教工作管理是学前教育机构管理的中心工作

“一切为了孩子”是保教工作的准则，保教工作直接指向学前教育机构中的婴幼儿发展、教师配置、班级建设、课程管理、教育评价等，是整个学前教育机构管理的中心工作。保教工作管理的最直接目的就是协调学前教育机构中的各项教育教学资源，优化保育、教育过程和环节，促进婴幼儿身心健康发展。

（三）学前教育机构保教工作管理的原则

1. 保教结合

保育和教育并不是相互孤立的，而是保中有教、教中有保，保教工作是彼此渗透、密不可分的。因此，保教结合是重要的保教工作管理原则之一。遵循保教结合的管理原则是由教育对象的年龄特点决定的。《幼儿园教育指导纲要（试行）》第五条指出：“幼儿园教育应尊重幼儿的人格和权利，尊重幼儿身心发展特点和学习规律，以游戏为基本活动，保教并重，关

注个别差异,促进每个幼儿富有个性的发展。"由于婴幼儿正处于身心成长的关键时期,因此学前教育机构的保教工作管理要遵循婴幼儿的成长规律和特点,在实施保教结合原则的过程中,管理者要在思想上树立保教并重的意识,将班级的保育和教育工作结合起来,相互渗透,保教人员分工不分家,相互合作,做到保育与教育的辩证统一,在教育、保育的同一过程中实现保教结合。在管理工作中只有做到保教并重、保教渗透、保教结合,才能真正促进婴幼儿的健康和谐发展。

2. 科学规范

学前教育机构的保教工作有自身的规律和特点,对保教工作的管理要遵循科学性原则。管理者应从管理实践中不断总结管理经验,提升管理水平。在总结提升有效管理经验的同时还要注意摈弃经验主义,要从保教工作管理的现实需要出发,将保教工作与全园的整体工作相统一、相协调,科学制订保教工作的计划,认真实施目标管理。在保教工作管理实践中需要管理者自觉运用科学的管理工具,在管理制度、管理方法、管理措施等方面体现科学性和规范化,尤其在教师工作评价、婴幼儿发展评估、保教质量管理、教科研管理等方面更要广泛吸纳先进的科研成果,做到管理思路科学、管理工具先进、管理行为规范。

3. 全面细致

保教工作管理的核心地位和中心工作决定了其全面细致的管理原则。保教工作涉及面广,需要各个部门的协调与合作。管理者在安排布置保教工作时就必须有全面的整体观,既要抓好主要工作,又要协调好部门间的配合;既要面向学前教育机构内部做好管理,又要积极协调家长和社会教育资源;既要注重婴幼儿的健康和谐发展,又要关注教师的专业成长;既要安排好班级内部的一日工作流程,做好保教常规管理,又要放眼未来,做好教育科研工作。此外,保教工作管理还要在"细"字上做好文章,既要围绕婴幼儿的生活、游戏、学习等各个方面合理安排每日作息时间,规范保教人员的教育行为,提高日常班级工作质量,又要合理安排教师的带班、教研、学习时间和相关内容。管理者要善于在时间分配、任务分配、工作要求、质量标准方面求细求实,做到安排细致、要求具体。

【案例分享】

"我喜欢给我盛饭的老师!"

欢欢刚入园时间不长,在经历了约两周左右的分离焦虑之后,欢欢每天能在妈妈的陪伴下高兴地进班了,这让欢欢的家人倍感欣慰。一天,妈妈问欢欢:"宝贝,你最喜欢班上的哪位老师呢?是会跳舞的王老师?还是画画好的李老师?"欢欢看着妈妈,一脸认真地说道:"你说得不对嘛!我最喜欢给我盛饭的那个妈妈老师!"妈妈听了"扑哧"一笑:"我们家的小馋猫就知道吃呢!"欢欢妈妈无意间与园长交流此事,觉得孩子的想法非常有趣,可是园长听了却陷入了沉思,还专门就此事开展了一次教师间的讨论。"对年幼的孩子而言什么样的老师最受欢迎?"大家你一言我一语地说开了。有的说:"充满活力的老师,有亲和力的老师最受孩子欢迎!"

也有的说:“能唱会跳的老师最能‘降服’孩子,因为孩子会崇拜的!”还有的认为具有爱心的老师最受孩子认可。最后,园长语重心长地说:“做幼儿教师,要先学会做妈妈才行啊!”

是的,幼儿教师的教育工作是以对孩子悉心的生活照料为基础和前提的,在与孩子朝夕相处的过程中,老师首先要像妈妈一样关心孩子的吃、喝、拉、撒、睡,在细致入微的生活关照中建立亲密的师幼关系,才会使孩子从心底接纳老师。因此,保育和教育在幼儿教育过程中是不可分割的,我们的教育管理行为要不打折扣地坚持保教结合的工作原则。

资料来源:河南省实验幼儿园　徐菁

二、学前教育机构常规保教工作管理的内容与程序

学前教育机构必须以保教工作为主,从自身特点出发,把保教工作管理作为整个学前教育机构管理的主体部分,充分运用保教工作管理职能,采取行之有效的措施和方法,对保教工作实施科学的管理。

常规保教工作管理从内容上大致可以划分为课程管理、保教质量管理、保教日常管理、教育科研管理。

(一)课程管理

课程管理,是指以课程为对象所施加的决策、规划、开发、组织、协调、实施等管理活动和管理行为的总称。根据课程管理范围的大小,管理性质、目的和任务的不同,可划分为课程宏观管理与课程微观管理。课程宏观管理是关于一个国家或地区的课程管理活动和管理行为;课程微观管理是一个教育机构以课程实施为重点的管理活动与管理行为。

当今课程改革的多元价值取向使学前教育机构课程模式呈现出多元化发展趋势,几乎每个学前教育机构都作为实践主体面临着对课程的抉择与重组。学前教育机构课程改革的实践表明,课程改革的预期目标和理想境界的实现取决于学前教育机构课程管理的实际成效。因此,保教工作管理者肩负着课程管理的重任,增强课程管理意识,提升课程管理能力,是每一个保教工作管理者必须思考和实践的重要命题。

1. 课程管理的意义

课程承载着一所学前教育机构最核心的教育理念,课程管理是课程实施的保证,是课程实施成败的关键所在。管理者通过对课程的决策、组织、监督使学前教育机构的教育理念转化为婴幼儿的发展,同时保教管理者通过课程管理既能使本园的课程与国家的课程标准保持一致,又能更好地提高本园课程的适应性,形成各自的教育特色。课程管理还有助于教师专业化水平的提升,课程管理的过程也是教师参与课程决策、编制课程方案、审议课程内容、实施教育实践的过程,能够较好地发挥教师的主动性和创造性。

2. 课程管理的内容

(1)编制课程方案。学前教育机构课程方案是指按照教育目标、婴幼儿发展的特点与需要,根据机构的实际状况和课程资源条件,对本机构的课程内容、课程方法、课程编排和课程管理等方面的认识和文本表达。课程方案是学前教育机构在一定时期内实施课程和课程管理的依据和行动纲领。学前教育机构课程方案的编制是指学前教育机构根据课程方案的目标、课程理念对课程在选择、重组、创新和策划的基础上所进行的课程策划和课程设计的管理活动。

在编制课程方案时要注意思路清晰、结构完整,应包括学前教育机构课程的基本理念、课程依据、课程目标、课程特点、课程结构、课程内容与方法、课程功能与价值等方面内容。同时在教育内容的选择上要平衡配比,使领域间内容保持平衡,科学合理安排婴幼儿游戏、学习、生活、运动各类活动,避免顾此失彼。

(2)建立教育教学秩序。建立良好的教育教学秩序是课程管理最基本的任务。作为保教工作管理者要重视一日活动实施中各个环节的管理,使教师明确一日生活中各个环节的教育意义和作用,科学合理地安排婴幼儿的一日生活,协调各类活动所占的时间比例,使各类活动有效开展。

(3)完善课程管理制度。管理者要通过制定完善的管理制度规范保教计划的制订、教学内容的审议、保教质量的评价与分析、教师课程的培训等相关工作内容和工作程序,使保教工作管理走向科学规范的轨道。

【案例分享】

园本课程实施效果反馈调查报告

为评估反馈我园"园本课程"实施效果,针对大班毕业生入学适应情况进行问卷调查,现将问卷情况分析如下。

一、问卷编制与问卷对象

依据《幼儿园教育指导纲要(试行)》,结合我园"园本课程"体系共设计问卷题目18个,分别涉及幼儿的身体健康、社会性发展、语言能力、数学能力、探索兴趣、艺术表现等方面,重点指向幼儿的情感、态度、习惯与能力的调查。

本问卷主要对象指向我园毕业生所在小学一年级现任班主任,同时亦有少量问卷由我园大班教师通过电话回访学生家长获得相关信息。本次调查共发放问卷100份,有效回收81份。

二、问卷结果分析

1. 表一:小学老师对我园毕业生综合评价表

总人数	特别优秀	优秀	良好	一般
81	10%	37%	33%	20%

数据显示出我园毕业生有“两极化”现象。反映出我园应重视对幼儿“保底”式教育教学，对发展欠缺的幼儿要加强关注，采取个别化、个性化教育手段，运用多种形式，大范围提高幼儿的发展水平。

2. 表二：我园毕业生发展项目高分率排序表

序号	项目	百分比
1	尊敬教师	88%
2	喜欢上学	87%
3	身体素质、文明礼貌	73%
4	诚信守时	70%
5	数学能力	63%
6	学习兴趣	58%
7	同伴关系	56%
8	拼音学习	57%
9	课堂纪律、书写能力	47%
10	语言表达	43%
11	好奇爱问	42%
12	认真倾听	40%
13	积极倾听	36%
14	艺术表现	35%
15	组织能力	21%
16	求异思维	12%

数据表明，我园幼儿发展项目得分最高的前5项均指向非智力因素，体现出我园“园本课程”的价值取向。实施效果完全符合课程的预期目标。

3. 表三：我园毕业生发展项目低分率排序表

序号	项目	百分比
1	组织能力	36%
2	求异思维	29%
3	艺术表现	28%
4	认真倾听	19%
5	书写能力	18%
6	学习兴趣	18%
7	语言表达、课堂纪律、拼音学习	17%

续表

序号	项目	百分比
8	好奇好问	16%
9	数学能力	14%
10	积极动脑	12%
11	诚信守时	10%
12	同伴关系	10%
13	学习兴趣	9%
14	文明礼貌	4%
15	身体素质	4%
16	尊敬老师	2%
17	喜欢上学	1%

我园毕业生在发展项目低分率排序中前5项反映出园本课程中艺术教育普遍薄弱,语言教育中倾听的能力、书写的能力有待下大力气采取有效措施予以加强。值得让人深思的是幼儿组织能力与求异思维得分较低,显示出在课程的执行中我们虽然重视社会性发展,关注幼儿创新精神的培养,但实施效果不尽如人意。另外,备受家长、教师关注的“数学能力”、“拼音学习”均处于中间位置,显示出在现有“园本课程”体系的前提下,数学、拼音并不构成孩子入学适应的关键与突出项目,表明绝大多数幼儿在入学初期具备足够的学习能力,能较好适应数学与拼音的学习。

4. 在受调查的81名毕业生中,19%被推荐或被评为班干部,75%的毕业生已入队成为光荣的少先队员。

三、思考与建议

1. 从结果分析来看,我园毕业生总体身体健康、尊敬老师、喜欢上学、诚信守时、有较浓厚的学习兴趣。这是孩子们长期在人文、安全、温暖环境中的必然结果,达到了“园本课程”的培养目标,体现出“园本课程”是一套遵循儿童身心发展规律的、透射出人性光辉的、指向人的全面和谐与可持续发展的课程体系。

2. “悟”是人思维发展的最高境界,具体表现为人的举一反三及创新能力。创新能力是课程构件的重要议题,从结果来看,我园毕业生“悟”的能力不够强,应思考如何在“园本课程”中培养幼儿的创新意识。

3. “园本课程”非常强调主题活动,关注在活动中促进了自身社会性发展。然而从结果看,孩子同伴关系良好,但组织能力较差,提示我们在“园本课程”实施中要加大幼儿自主性游戏的比例,让孩子们在游戏中增长组织才干。

4. 艺术教育是“园本课程”中突出的薄弱环节。应从课程角度增加艺术活动的数量,提高艺术活动的教育效果。

5.“园本课程”还应全面加强对幼儿语言能力的培养，注意听、写的训练。

资料来源：河南省实验幼儿园　徐菁

（二）保教质量管理

保教质量的高低是保教管理水平的综合反映，所以，保教质量管理是保教工作管理的核心内容。管理者要在正确的质量观的指导下，比照一定的质量标准，对保教工作中婴幼儿的发展与教师的教育行为进行观察、分析、控制，以保证保教工作任务的全面完成和保教质量的全面提高。

1. 树立正确的保教工作质量观

保教工作质量观是对保教工作优劣程度的总体性认识和看法，它集中反映了管理者的教育思想水平，对整个保教工作起着重要的导向作用。管理者的保教质量观不同，检查评价保教工作的质量标准就会不同，对教师的保教工作就会产生不一样的影响。因此，管理者要以《幼儿园教育指导纲要（试行）》等法律法规为指导，树立正确的保教质量观，实施科学的保教工作管理。

首先，正确的保教工作质量观应是对教师教育行为和婴幼儿学习发展两方面的整体认识。一方面，不能只片面地关注教师的教育技能，将教育教学水平的高低看成是保教工作质量的全部；另一方面，也不能仅关注婴幼儿的学习与发展，将其发展水平全部归结到教师身上，这些认识都是片面的保教工作质量观导致的。全面的保教工作质量观应当是教师工作质量和婴幼儿发展质量相统一的质量观。在保教质量管理中，两者均不可忽视，只是教师的工作质量最终应体现在婴幼儿的发展质量上，因而在最终评定保教质量时，应当有分析地将重心放在婴幼儿的发展质量评价上。

其次，正确的保教质量观应指向婴幼儿个体的全面和谐发展。管理者必须用全面发展的质量观衡量保教工作的质量水平，片面的保教质量观比如重智轻体、重教轻游，甚至在婴幼儿期大搞片面的技能训练，其结果会极大地阻碍婴幼儿的身心全面健康成长，将严重影响保教质量的提高。

再次，正确的保教质量观应关注全体婴幼儿的发展。管理者应本着教育公平的思想，促进每一位孩子的健康发展，而不是部分孩子的优先发展。管理者亦不能只将个别优秀婴幼儿的发展看成是全体孩子的发展，而应全面衡量，着眼于婴幼儿整体的发展情况。

2. 建立多维度的保教工作标准体系

在全面保教工作质量观的指导下，保教工作的质量标准就不是单一维度的，而应是一个多维度的标准体系，这样的标准体系是全体保教人员共同追求的发展方向和具体目标，也是管理者检查和评定保教工作质量的依据。

保教工作的质量标准体系可以分为纵向质量标准、横向质量标准、综合质量标准三个方面。

纵向质量标准是对教师教育教学流程和婴幼儿学习过程各个环节的质量要求，集中体现在学前教育机构中婴幼儿一日活动各个环节的质量要求，如入园、进餐、集体教育活动、游

戏活动、盥洗、运动、离园等各个环节中教师的工作标准及婴幼儿的行为发展标准等。

横向质量标准是依据《幼儿园教育指导纲要(试行)》而制定的各领域婴幼儿发展标准及教师的教育标准。横向质量标准一方面要依据国家课程标准来控制保教工作质量,另一方面还要帮助教师摆正生活、教育、教学、游戏之间的位置,采取积极措施引导,避免"重教轻游"及小学化倾向。

综合质量标准是学前教育机构从自身实际出发,面向全体婴幼儿,从体、智、德、美几个方面制定的学期、学年甚至整个学前教育机构的质量标准。它是本机构保教工作阶段性的工作目标,对各年龄段、每个学期的保教工作质量予以明确的规定,对横向和纵向保教质量标准的制定起着导向作用。

制定保教工作质量标准体系是一项难度较大的工作,必须以《幼儿园教育指导纲要(试行)》等政策法规为依据,充分考虑学前教育机构自身的条件和基础,在保教管理中不断尝试、不断总结。同时,保教质量标准也不是一成不变的。

3. 保教质量的检查与分析

保教质量的检查是根据一定的质量标准对保教工作的各个环节、各个阶段的质量进行鉴定、判断的管理手段。通过保教工作的检查,管理者可以将教师的教育行为与相应标准相对照,及时发现问题、分析问题、解决问题。

依据不同的管理要求,管理者应使用不同的检查评价方法。

(1)日常检查与阶段性检查。保教质量是在日常的教育教学活动中产生的,平时管理者的经常性检查能帮助教师不断明确质量标准,及时发现保教工作中存在的问题与不足,保教质量检查重在日常。日常检查可以优化一日教育过程,有效提高保教质量。在期初、期中、期末的阶段性检查也是检测保教工作是否达到预定质量标准的有效手段之一。

(2)全面检查与重点检查。为了全面了解班级的保教质量或领域的教学质量,需要采取全面检查的方法。全面检查工作量大,从检查活动的准备到检查结果的分析,耗时巨大,不可能经常进行。因此,保教管理者还常常通过重点检查,如重点听课、重点测查、重点批阅教案等方法进行质量检查。

(3)自我检查与他人检查。管理者需要不断亲临保教工作的第一线,掌握第一手情况。为进一步调动教师自我提高的积极性,还有必要采取教师自我检查、教师相互检查等多种检查方法,共同把好质量关。

对保教工作的检查不是目的,关键是要通过质量的检查查找影响保教工作质量提高的原因,分析得失,进一步做好保教工作。因此,对保教工作的质量分析就显得无比重要。对保教工作的质量分析可以采取以下方法:

第一,数量统计法。运用数量统计的方法能以简取繁,清晰地表明保教质量的全貌,以便做相应的比较和分析。数量统计的前提是设计和使用较科学的相关工具,获取必要的数据,如在婴幼儿的日常行为表现、学习效果,教师的教育行为等方面科学量表。

第二,比较分析法。通过纵向与横向的对比清楚地显示班级之间、年龄组之间的保教质量差异。

第三,综合分析法。从保教工作的现状出发对保教工作的全程进行总结与分析。综合性分析主要从教师和婴幼儿两个方面对影响保教质量的各种因素进行全面分析,包括教师

的教育理念、教育方法、教育水平和婴幼儿的学习习惯、学习能力、学习方法等各方面全面分析与总结，由此对保教质量的高低进行总的评价，对影响因素进行深入分析与理论探讨，为进一步提高保教质量提出建议与思考。

4. **保教质量的控制**

保教质量的控制是保教质量管理的重要内容，它是在保教工作质量检查与分析的基础上，对影响保教质量的不良因素加以限制和排除，对能够提升保教质量的因素加以推广和普及，如总结和推广良好的教育教学方法，及时纠正偏离《幼儿园教育指导纲要（试行）》的教育行为等，从而有针对性地干预保教过程，实现保教质量的预期水平。保教质量的有效控制关键在于通过检查获得有效的第一手资料，依据保教工作现状做出准确分析，切实将由分析结果而得出的改进意见付诸实施，真正解决保教工作的问题和不足。

【案例分享】

某学前教育机构婴幼儿发展评价分析报告

一、测查意图

教育评价是我园课程的重要组成部分。依据《幼儿园教育指导纲要（试行）》的评价要求，我园在教师日常观察评价的基础上，进行学期末测查。测查综合采用谈话、测试、情景观察、作品分析等方法，力求评价的客观、真实。为达到教育评价对教师教育教学的指导作用，我们将此次教育评价仅作为幼儿园老师调整、研究和改进教育内容、方法、手段的依据，结果不向家长公开，不告知孩子，不作为对教师日常考核指标。在评价结果的确定上，强调测查人员与教师、家长的互动，详细了解孩子在班级、家里的自然表现，家园有机结合，全面而真实地评价婴幼儿发展。

二、测查结果与分析

表一　婴幼儿社会性发展评价表　　%

	社会性认知			社会性情感			社会性行为	
	好	中	差	好	中	差	好	中
大班	0	98	2	30	68	2	60	40
中班	20	80	0	16	80	4	18	82
小班	31	69	0	35	64	1	16	80
托班	92	0	8	48	45	7	92	0

由表一结果显示，婴幼儿社会性认知、社会性情感、社会性行为的发展合格率均保持较理想的水平，优秀率由托班到大班呈递减趋势，表明越是小年龄班教师，越是重视对社会性知识、情感、行为方面的教育，但托班幼儿间的发展差距较大，大、中、小班幼儿社会性发展较均衡。

表二 婴幼儿认知能力发展评价表 %

	科学			数学			语言			音乐			美术		
	好	中	差	好	中	差	好	中	差	好	中	差	好	中	差
大班	68	32	0	75	17	8	45	55	0	30	65	5	50	47	3
中班	62	29	9	64	25	11	78	17	5	22	71	7	18	73	9
小班	56	42	2	98	2	0	85	15	0	45	55	0	44	52	4
托班	96	0	4	76	8	16	84	8	8	88	0	12	28	64	8

从表二婴幼儿认知能力的发展来看，科学、语言两个领域较为理想，数学、音乐、美术领域幼儿发展显示出差等比例较高。具体来看，在音乐方面，婴幼儿的歌唱能力、表现能力、舞蹈动作发展不够理想；在美术方面，婴幼儿的构图、造型、用色等方面差等比例较高，表明日常教育教学中教师对艺术领域中技能培养的忽略；在数学发展方面，大班幼儿在自编应用题、看数编算式方面掌握不好，班级差别较大，托班孩子对颜色排序内容在没有集体教授的情况下大多数能很好完成。另外，中班幼儿数学、音乐的差等比例较高，应引起教师重视。

表三 婴幼儿健康情况发展评价表 %

	动作技能			生活卫生习惯		
	好	中	差	好	中	差
大班	53	44	3	50	50	0
中班	49	49	2	31	51	18
小班	11	58	31	53	23	24
托班	16	76	8	80	20	0

从婴幼儿健康情况的测查看，动作技能一项小托班优秀率偏低，差等比例较高，体现出教师对促进婴幼儿动作发展的措施不利；在卫生习惯方面，中、小班差等比例分别高达 18%、24%，表明教师在幼儿日常生活习惯的培养方面做得不够完善。

总的来看，婴幼儿社会性发展、语言能力的发展、科学能力的发展要好于艺术、健康方面的发展，这与我园坚持开展丰富多彩的主题活动有密切的关系。通过贴近幼儿生活的主题活动，孩子们在有趣的动手、动脑活动中增长了社会、科学知识，激发了孩子真实的情感，并在活动中体验、实践、表达，养成了关注并参与社会生活、大胆探索、充分表达的良好习惯，较好地促进了孩子社会性、语言表达、科学探索能力的发展。但是，从测查中也不难看出，孩子们在知识领域的学习中，艺术技能的发展不够理想，数学知识的掌握不是太好，动作技能与生活卫生习惯较差。

三、教育改进措施与建议

（一）组织教师认真学习《幼儿园教育指导纲要（试行）》，重新认识艺术教育的目标和教育内容，在主题活动进行的同时，加强艺术技能的教育。

（二）引导婴幼儿在日常生活中对数学问题的关注，有效利用各种游戏活动，让孩子在游戏情景中理解数学知识，体会数学的重要和有趣。

（三）重视婴幼儿的体能锻炼，保证户外活动的运动量，提高婴幼儿身体素质，促进动作发展。

（四）继续保持我园主题教育活动的优势，让婴幼儿在真实的活动背景中增长知识，培养与人互动的有益经验，激发社会性情感，将良好的社会行为真正内化为自身的习惯，将幼儿培养成有益于社会的人。

资料来源：河南省实验幼儿园　徐菁

（三）保教日常管理

保教日常管理即保教常规管理，主要包括保教工作运行管理、保教工作例行管理和保教档案资料管理。它是保教管理的基础性工作，其职能是通过对各项保教工作的合理组织、指挥、调度和监督，建立稳定的、有活力的保教工作秩序，以保证保教工作的顺利进行。

1. 保教工作运行管理

科学合理地安排好学前教育机构的活动日程表、婴幼儿一日生活作息表、保教人员工作作息表，并严格执行，是学前教育机构中保教工作运行管理的重要内容。

活动日程表的制定要根据学前教育机构中的总体保教工作计划列出各项活动的时间及活动要求，以保证保教秩序的正常稳定及保教工作与其他工作的相互协调，是保教管理工作计划性的集中体现。

婴幼儿一日生活作息表是根据婴幼儿身心发展特点，科学合理地安排其在园生活、学习的时间表。学前教育机构要根据季节的交替，根据婴幼儿的身心特点及教育活动的需要科学编排，并严格执行。学前教育机构要充分依据《幼儿园卫生保教工作办法》、《幼儿园教育指导纲要（试行）》的相关要求，合理安排婴幼儿进餐、睡眠、学习、游戏、运动等活动时间，充分考虑本机构的活动场地、规模等客观条件，科学合理地安排好各项活动，促进婴幼儿的健康和谐发展。

保教人员工作作息表是保教人员进行教育教学、开展教学研究、提高学习的时间安排表。学前教育机构多数需要执行八小时倒班制，这就要求管理者合理安排保教人员的具体工作时间，根据季节适时调整，确保每位保教人员正常有序地进行教育教学工作。

2. 保教工作例行管理

按照学前教育机构的学期、学年进程，保教工作例行管理主要有以下几项。

开学前，制定学期保教工作例行管理计划，编排“三表”（活动日程表、幼儿一日生活作息表、保教人员工作作息表），组织教师进行开学前教材培训，组织安排幼儿编班、入班，检查图书资料的配备，做好开学的准备。

开学初,向全体保教人员宣布保教工作计划,制定教研、科研计划。

学期中期,组织保教工作质量检查和分析。

学期末,全面测查婴幼儿发展,评价保教质量,总结学期保教工作,做好幼小衔接工作。

3.保教档案资料管理

保教工作档案能够全面反映学前教育机构中保教工作的真实情况。认真做好保教档案的管理,将大量有参考价值的保教资料收集整理、完好保存,有助于总结经验,改进工作,提高管理水平和保教质量,也为开展研究提供依据。

保教工作档案主要有教师业务档案、幼儿学习档案、保教活动档案。

教师业务档案包括教师基本信息,任职、任教、培训进修情况,还包括教学总结的经验文章、教科研论文、成果、出勤、奖惩、总结等。

婴幼儿学习档案包括婴幼儿基本信息,分班、转班记录,参赛情况,学期测试情况,发展评价等。

保教活动档案包括保教计划、总结,教科研计划与总结,各种保教制度、常规,各种教学情况统计,各项业务培训、进修、比赛等相关资料。

以上资料收集整理后需分类、组编、编目,使之条理化、系统化,以便保存和使用。

(四)教育科研管理

为推动学前教育走向科学发展的轨道,加强教育科研是必不可少的工作。作为学前教育的管理者应注重对学前教育机构教育教学规律的研究,这不仅能够较好地提升管理者的科学管理意识,还能有效地促进保教工作的改革,提升教师的教育能力和科研水平,促进教师队伍的专业化成长。

首先,管理者要加强对保教人员教育理论的学习与提高。学前教育机构的教育科研工作要以科学理论为武器,管理者要引导教师学习先进的教育教学理论,了解国内外前沿教育科研成果及动态,了解基础教育改革的动向,提高教师理论结合实际的能力。为此,保教管理者应经常性地组织业务理论学习,举办各种教育科学讲座,召开经验交流和研讨会,鼓励教师积极撰写论文,发表教育科研成果。

其次,注重教育科研课题管理。学前教育的研究选题要立足工作中的真正问题,针对保教工作的具体环节、具体问题提炼出研究的主题,避免空洞和宽泛。同时,管理者要做好管理和服务工作,包括及时申报各级课题,认真组织研究,及时组织课题交流、研讨活动,认真组织课题总结、结项,积极参与课题评审等。

第三,加强资料情报管理。图书资料室要多加提供有关教育科研理论成果,除充实图书数量外,还应积极收集国内外开展相应研究的动态、成果及推广应用情况,管理者还要积极与相关科研机构、高校联系,交流、交换相关资料,实现资源共享。

三、班级管理

学前教育机构中的班级是进行保教活动的基本单位。班级管理是指管理者或班级教师通过组织、计划、实施、调整,充分运用各种资源,以达到提高工作效率、促进婴幼儿发展的目

的。班级管理分为管理者对班级的管理和班主任对本班的管理。

班级管理与学前教育机构的整体管理既相互依存又相互制约。管理者应重视对班级的管理,只有每个班级运转有序、管理科学规范,整个教育机构的保教工作才能做到科学、规范、有序、只有每个班级的保教质量提升,整个教育机构的保教质量才能提高。

(一)班级管理的原则

1. 整体性原则

班级管理不但涉及班级一日生活流程的正常进行、人员的分工合作、班级物品的保管,更涉及班级的课程管理、班集体整体氛围即班级文化建设等深层次的管理。对班级的管理要遵循整体性原则,坚持以婴幼儿发展为主线,以课程实施为核心,全面整体地实施班级管理。

2. 系统性原则

班级是幼儿园最基层的管理单位,班级管理不是一个封闭的系统,班级也不是一个独立的小王国。管理者要将班级放在学前教育机构大系统的背景中实施保教管理,要将一个班的工作与年龄组工作相一致,将班级工作与全园工作相统一。

3. 科学性原则

学前教育机构的班级工作有自身独特的规律和特点,班级管理要统筹兼顾婴幼儿生活、学习、游戏和运动等各类活动,要科学规范班级中教师之间的合作分工,使其各司其职、各尽所能。整个班级工作的质量不能简单地追求“秩序井然”,而应将班级看成是婴幼儿与教师共同成长的场所,要运用科学的方法研究、改进班级工作,不断提升保教质量。

(二)班级管理的内容

学前教育机构的班级管理要协调好各项管理要素之间的关系,明晰班级管理的内容。具体来说,班级管理的内容包括生活管理、教育管理、人员管理等方面。

1. 生活管理

班级中的生活管理是为了保证婴幼儿身体的正常发育、心理的健康成长,保教人员围绕婴幼儿的起居、饮食、盥洗等生活方面的需要而从事的管理工作。生活管理是园所保育工作的重要内容,既是课程实施的前提和基础,又是课程实施的内容和途径。

生活管理的具体内容有以下几点。

(1)婴幼儿基本信息整理。为每位婴幼儿填写信息表册,进行家访,安排生活用品,如床、毛巾、口杯、桌椅等。

(2)物品管理。班级内与婴幼儿生活相关的生活物品要收纳、整理、管理好,同时注重婴幼儿每日个人用品的保管。

(3)卫生清洁。坚持每日对班级进行卫生清洁工作,做到窗明几净,空气流通。

(4)消毒防疫。按照有关要求坚持对婴幼儿玩具、用品进行卫生消毒,疾病流行季节要做好传染病的防治工作。

(5)生活观察。观察婴幼儿的饮食起居情况,密切注意婴幼儿的情绪状态,及时调整生活护理策略,在生活环节中养成良好的生活卫生习惯。

2. 教育管理

班级教育管理是在管理者的指导下对班级所实施的课程方案进行过程优化，对课程实施的结果予以评价分析，以提升班级教育质量的管理行为。教育管理是班级管理的核心内容。

(1)班级教育管理的意义。首先，班级教育管理是管理者最经常、最基本的管理工作，也是幼儿园各项管理工作的中心部分。各个班级的教育管理质量最终汇成学前教育机构总体保教质量，所以，班级教育管理水平是衡量教育机构保教质量的显性标准。其次，班级教育管理对明确教育目标、优化教育方法有重要作用。通过班级的教育管理，能够科学合理地实施教育，避免各种"小学化"及"重智轻游"的不良倾向，对于规范教师的教育行为、优化教育过程起到了重要的作用。

(2)班级教育管理的内容。班级教育管理的内容包括：①班级教育工作计划的制订。班级工作人员要在园所计划的指导下，结合本班条件和具体情况制订本班教育工作计划。该计划不仅包含阶段性的班级教育教学目标及完成进度的日程安排，还要考虑特殊情况的处理，制订更有针对性的具体措施。②实施班级课程计划。在管理者的指导下，班级人员要充分挖掘本班的教育资源，对教育方案予以全面实施，努力优化教育过程，实现婴幼儿富有个性的发展。③观察评价婴幼儿发展。坚持每日观察婴幼儿在学习、游戏、生活中的行为和表现，及时评价孩子的发展水平并制定教育改进方案，促进每位孩子的健康成长。④创设教育环境。环境是重要的教育资源，班级人员要重视对环境的创设和环境资源的有效使用。班级环境的创设要兼顾游戏环境的创设、墙面环境的创设、人文环境的创设。⑤教育资料的收集与整理。在班级教育工作中往往会产生大量有价值的教育资料，如观察记录资料、婴幼儿的作品、相关图片、相关视频等，班级人员要善于分类保管，期末交由资料室统一存档保管。⑥班级活动的管理。班级活动是孩子参与社会实践、增长才干的良好契机，班级人员要根据教育的需要组织各类班级活动。组织班级活动贵在适宜，活动的主题、目标、过程、效果都应与教育目标、课程方案相一致、相补充。

3. 人员管理

班级的人员管理主要指对班内教师、家长及婴幼儿的管理。

对班内教师的管理重在协调人员之间的分工与合作，明确每位成员的工作职责和分工，同时又要善于协调每个人的工作量和工作时间，做到分工不分家。班级成员之间要定期沟通，对班级工作的现状达成一致认识，在教育行为上保持高度一致，共同为孩子的发展而努力。

对本班家长的管理重在相互理解、彼此尊重，班级人员要主动联系家长，将孩子在园的表现通过各种方式及时反馈给家长，增强班级工作的透明度，引导家长积极参与到班级教育工作中来。班级人员还要虚心接受家长的批评，不断改进班级工作。

对婴幼儿的管理重在建立一套科学合理的生活常规制度，引导幼儿养成良好的生活、卫生、行为、学习习惯，班级人员要善于营造良好的班内风气，引导小朋友相互爱护、互相谦让、友好共处。

（三）班主任角色定位及工作内容

在学前教育机构的班级工作中，班主任扮演着多重的角色——在园领导眼里，班主任是班级管理的执行者；在孩子们眼里，班主任是最亲近的老师；在配班教师的眼里，班主任是班级工作的主心骨、决策者和协调人；在家长眼里，班主任则是优秀的老师，家长对班主任的期望往往高于班级里的其他老师。学前教育机构的班主任或从教师中公开选聘，或由园领导直接指派，一般都是从优秀教师中产生的。

1. 学前教育机构班主任的含义

一般来说，班主任是指中小学中负责一个班级思想教育和组织工作的教师。在各科教师的协助下，对本班学生进行思想政治教育，组织学生参与班级管理和开展班级活动，形成班集体，指导学生课外活动，进行家长工作，评定学生的思想品德等①。

学前教育机构的班主任是班级工作的负责人，是班级课程管理、班级常规管理、班级生活管理、班级家长工作的第一责任人。要负责召集、管理本班的保教人员，共同营造良好的班级环境，团结协作，做好班级保教工作。

2. 学前教育机构班主任的角色定位

（1）班主任是优秀的教育者。只有自身的教育教学能力强，才能更好地为班级的其他人员做好榜样和表率。同时，班主任要将全体孩子纳入自己的教育视野，对每个孩子的发展，尤其是发展迟缓的孩子要多动脑筋、多想办法，与家长相互沟通，共同教育孩子。

（2）班主任是基层的管理者。班级管理不但涉及班级一日生活流程的正常进行、人员的分工合作、班级物品的保管，还涵盖班级的课程管理、班集体整体氛围即班级文化建设等深层次的管理。作为基层的管理者，班主任要将自己的班级管理与教育机构的全面管理挂起钩来，树立整体质量观。

（3）班主任是管理的协调者。班主任对班级工作全面负责，而班级是由婴幼儿集体、教师团队、家长群体组成的小社会。班主任要适时与各类人群沟通，协调各自之间的关系，共同做好班级工作。

3. 学前教育机构班主任工作的内容

（1）实施班级工作的计划管理。班级虽小但五脏俱全，班主任要根据园所的总体工作安排，制定班级工作计划并负责组织实施。

（2）负责班级教育管理。班主任既是普通的教育者，又是基层的课程管理者。班主任要在课程方案的框架内实施本班的教育教学工作，要善于协调带动本班成员共同挖掘教育资源，优化教育过程，适时评价孩子的发展，确保本班保教质量。

（3）完善班级制度建设。班主任要从科学管理的要求出发，制定科学合理的班级管理制度，以制度来管理班级，走科学发展之路。班级制度建设包括班级婴幼儿常规要求、保教人员工作常规、班会制度、家园联系制度等。

---

①　夏征农等：《辞海》，上海辞书出版社 1999 年版，第 1 465 页。

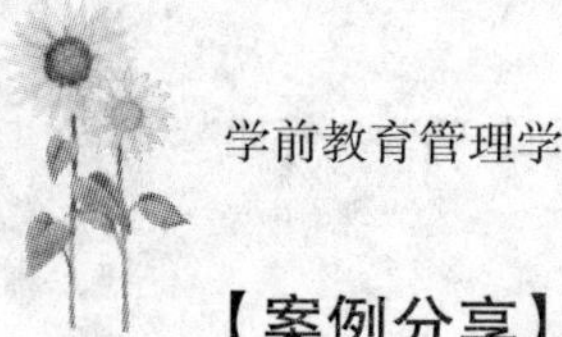

【案例分享】

对一位优秀幼儿园班主任的个案分析

郭老师是一位优秀的幼儿园班主任。她带的班级孩子发展好,班级气氛融洽,师幼关系平等亲密,家长满意度高。班里的孩子行为得体、举止大方、语言表达大胆清晰、情感自然真诚,班集体积极向上、同伴关系好,家长之间凝聚力强,家园合作自觉自愿。

郭老师在担任班主任之前有三个月的配班教师工作经验。原班班主任侯老师是对她影响最大的关键人物。侯老师年近50岁,有丰富的教育教学和班级管理经验,从她身上郭老师最为受益的是学习了如何研究孩子,即如何观察孩子的行为表现,如何分析孩子的心理需求,如何将教育深入孩子的内心,其次就是学习了如何与家长沟通,与家长交流的内容是什么,如何有效地反馈孩子的情况,第三就是学会了如何与人合作,如何向别人表达心里的想法,怎样说别人才会接受自己的观点。

在班主任工作经历中,影响最大的关键事件发生在郭老师担任班主任半年之后。一天,小朋友发现班里有一只死去的小老鼠,郭老师认为这是对孩子进行生命教育的良好契机,在没有考虑卫生安全的情况下,郭老师组织全班孩子在院子里为小老鼠举行了“葬礼”,不久全班孩子无一例外发烧住院,被高度怀疑为鼠疫。经检测,孩子发病与接触过死老鼠有极大的关系,此事在当时的媒体有大篇幅的报道。事件发生之后,有关领导高度重视,积极采取补救措施,选派有经验的园长组成专门小组,不但在医院悉心照料每一位孩子,而且在孩子回家休养期间,郭老师也和园长们一起每天去每位孩子家里,为孩子留取大便样本,坚持每天化验,将结果及时反馈给家长和有关领导,直至孩子痊愈。通过这件事情,郭老师意识到做一个教师责任重大,孩子的生命安全系在自己的手中,老师应该关注孩子活动的每一个细节,一切都要从孩子的健康成长出发。通过与园长们共同处理事故,郭老师也学到了与家长沟通的技巧。孩子痊愈后,鉴于团队共同细致的工作,全班家长无一投诉,并一致要求郭老师原班人马继续带孩子直到毕业。此事对郭老师震动极大,她意识到,虽然由于自己的轻率酿成了大祸,但自己前期对班级孩子的付出尤其是出事之后自己的态度、行为却也真正打动了家长的心,赢得了家长的原谅和支持,她坚信一分耕耘一分收获,体会到日常工作一定要扎实、家长工作一定要到位的真正含义。

郭老师认为,班主任是班级工作的主心骨,要力争使孩子之间、家长之间、老师之间保持一种平衡的关系,手勤、眼勤、嘴勤、腿勤,做好班级里方方面面的事情。她认为班主任与配班教师工作上有很大的不同,主要表现在责任不同、心理感受不同。做配班教师时,她没有什么压力,把自己分内的事情做好,但凡多做一点就会受到大家的表扬,没有做到的地方班主任老师会给自己指出来,完成班主任指派的

工作就万事大吉了。然而班主任工作需要自己不断地整理与总结每日、每周、每月的工作，关注一日生活的流程安排，考虑班级人员的工作分工。

郭老师曾经带过一个比较特殊的孩子小木儿，他外表憨厚敦实，经常流鼻涕，不合群，小朋友们都不爱和他玩。小木儿语言、数学、动作都比同龄人要迟钝一些，经常会攻击别的小朋友，力气蛮大，不会与伙伴沟通。家长对孩子抱有很大的希望，不认为孩子有什么问题。小木儿是中途转园过来的，接触小木儿的第一天郭老师就认真观察了孩子的行为表现，并十分肯定地对家长说："孩子只是做事慢一些，没有太大的问题。"还列举一日活动中孩子的各种行为表现，得到了家长的认同，家长认为郭老师是一个懂孩子的人。在以后的带班过程中，郭老师认真分析孩子的点滴进步并实施个性化的教育，小木儿的进步十分明显。郭老师说："从侯老师那里，我知道了不必用华丽的语言来搪塞家长，也不必用尖锐的语言批评孩子和家长，老师只要关注孩子的所有行为，与家长交流实实在在的行为案例，以事实为依据恰当评价孩子的发展比什么都重要。"与其他老师一样，郭老师也常常遇到家长晚接孩子的情况。有一次，一位家长连续几天晚接孩子，郭老师一边抱着孩子，一边不停地安抚孩子的情绪。直到7点多钟，家长才姗姗来迟。见到妈妈的那一刻，孩子高兴而懂事地说："妈妈，我想你了！郭老师说妈妈的车堵在了街上，妈妈辛苦了！老师要我心疼妈妈呢！"家长的眼泪刷地流了出来："我第一次遇到这样的老师！谢谢你的理解！"郭老师不失时机地说："我对孩子说要心疼你是在教育孩子从小要爱妈妈，要孝顺，这是应该的。但是对家长我就不这样说了，你应该体会孩子的感受，刚刚入园的小班孩子，看到别的孩子都接走了，一个劲儿地重复：妈妈不要我了，怎么还不来？你心里会怎么想呢？你不疼孩子吗？你能想象孩子的眼神吗？希望你以后多替孩子想想，别让孩子失望。"之后，这位家长每天按时来接孩子。郭老师认为："对孩子、对家长要从不同的角度提要求，前提永远都是为了孩子的发展，站在孩子发展需求的角度来沟通。"

郭老师在班主任工作中也会遇到矛盾，她说："也许是性格的原因吧，我从来不会与人发生正面的冲突，也不会僵持着把事情弄得一团糟。我一般会冷静下来，尽量多地征求别人的意见，最终拿定自己的主意，回避矛盾的风口浪尖，淡化冲突，沟通彼此的想法，使问题得到有效的解决。对孩子的问题我也一般会放一放，想好了再出手解决。"郭老师对自己的评价是："我是一个热情、阳光的班主任！"她工作的成就感来自孩子对自己的喜爱，家长对自己的信任。

个案分析：

1. 角色认识逐步深刻。郭老师对班主任的角色认识最初来源于原班主任侯老师的传帮带，经过"鼠疫"事件后郭老师对班主任工作的意义、作用、地位有了顿悟，在其日后的班主任工作中，她对班主任角色的认识日渐深刻。

2. 角色行为规范较全面、成熟。

第一，能够比较全面地理解班主任角色规范，认为做好班级管理、家长工作、人际关系协调、学习研究等都是班主任分内的工作，尤其是班内孩子的健康发展是班主任工作中的大事。

第二，能以本班孩子的发展来统领班主任工作，在日常工作中注重观察每一位孩子的表现并及时进行评价与指导，与家长沟通时尽量交流孩子的行为表现，客观分析孩子的行为及发展状况，并针对孩子的表现提出家园合作的方案，显示出郭老师较明确地促进孩子发展的角色行为规范。

第三，在人际关系的协调方面善于从不同角色的立场出发，在解决家长行为方面也以孩子的发展需要为出发点，围绕孩子的发展需要来规范各自的行为，人际沟通比较有效。在处理问题时能暂时回避矛盾的风口浪尖，想好了策略再行动，比较会解决问题。郭老师认为班主任的职责之一是保持孩子之间、家园之间、教师之间的一种平衡，这也正是她对人际关系协调本质的理解与把握。

第四，郭老师的学习研究者角色意识比较清晰，工作中善于向老教师学习，虚心向同行请教，重视征询同行教师的意见来帮助自己解决工作的问题。

3..在班主任角色体验与评价方面，郭老师有较为积极的体验，从一开始欣然接受班主任工作，到现在班主任工作的游刃有余，即便在最受打击的“鼠疫事件”中，郭老师也是更多地从积极的一面去体验班主任工作带来的成就感，心态积极乐观。

资料来源：河南省实验幼儿园　徐菁

四、园本教研活动的组织与管理

（一）园本教研的含义

教研就是“教学研究”。依据教育部基础司《关于改进和加强教学研究室工作的若干意见》，中小学教研的基本任务就是以学科教学为中心的教学研究。幼儿园教研不同于中小学的“教学研究”，“因为幼儿教育有着不同于中小学教育的特点、规律和任务，‘教学’不是教研的‘唯一’，一日生活的各个环节都应成为教研的内容。因此幼儿园教研是指关于一日生活各个环节的教育研究”①。

学前教育机构的园本教研是一种开展教研活动的途径和方式，它强调的是以园所自身的力量为基础，以园所自己搭建的教研平台为依托，以全体保教人员为教研主体，借助一定的外部力量，解决本园教师工作中面临的真实问题。

（二）开展园本教研的意义与作用

1.园本教研使学前教育机构教师的教育生活呈现教育实践与反思研究的常态格局

长期以来，学前教育机构教师的基本工作甚至全部工作就是带班、教学，管理者往往忽视教师的教研生活，教研活动处于可有可无的地位。有的管理者还将教研活动片面地理解

---

① 李季湄：《对新时期幼教教研有关问题的思考——在全国“以园为本教研制度建设”项目教研员研修会上的报告》，《幼儿教育》2007年第9期，第7、11页。

成教师的业务培训和理论学习,教研活动走过场,影响了教师参加教研的积极性。园本教研强调的是解决教师工作中的真正问题,教研的主题由教育实践中产生,教研的主体是每位教师,较好地使教育实践与反思研究结合起来,并形成教师生活的常态,有助于全面提升教师教育生活的专业品质。

2. 园本教研是教师专业化成长的重要手段

园本教研依托教师团队的支持,在专家的引领下将自身的教育实践进行科学的回顾与反思,能够指导教师不断以专业的眼光审视自己的教育行为,教师不断地挑战自我,向自己的教育实践学习,个人成长是快速而有效的。同时教师团队的互动也促进群体智慧的迸发,有助于全体教师相互切磋教育技能,取长补短,共同进步。

3. 园本教研是保教工作管理的重要内容和途径

在高质量的园本教研活动中,教师的教育教学经验得以总结和提升,教育教学中的困惑得以研讨和交流,教师自身的专业水平得以提高。实践证明,教师的成长尤其是优秀教师的成长无一例外地都与园本教研活动相伴随,园本教研活动成为教师教育灵感的催生剂,成为教师职业生涯中教育心灵可以停靠的港湾。搞好园本教研工作是保教管理者的重要工作内容,同时通过园本教研的开展,实现教师的专业成长,从而有效地提升保教质量。

(三)园本教研的组织

1. 教研组的建设

园本教研的开展是依托教研组而进行的。开展园本教研首先要从教研组的建设入手,教研组依据组建的方式不同可以分为以下几类:

(1)学科教研组。依据各领域的教育目标,将教师分成语言组、健康组、社会组、科学组、艺术组,分别由擅长领域教学的教师担任教研组长,开展相应学科的园本教研活动。

(2)年级教研组。依据教师所带班级的不同,分为托班教研组、小班教研组、中班教研组、大班教研组,并分别教研各自年龄班的教育教学问题。

(3)班主任教研组。将班主任老师相对集中在不同的年龄组,形成托班班主任教研组、小班班主任教研组、中班班主任教研组、大班班主任教研组,开展更为有效的班级教育教研。

(4)特色教研组。依据教师教育兴趣点的不同、入职年限的不同、职前教育背景的不同,将老师划分为生活常规教研组、新手教师教研组、特色活动教研组等,开展有针对性的教研活动。

2. 园本教研的组织形式

传统而有效的园本教研组织形式有一课多研、同课异构、教育活动全园观摩、游戏活动观摩、生活环节研讨等。

(1)一课多研。针对一个课例集体备课,并由教师梯队逐一上课,每次课后大家集体研讨,提出改进意见,再由下一位教师执教,逐步推进,日臻完善。

(2)同课异构。同一个教育素材经由教研组充分讨论,设计出不同的活动方案,经由教师团队逐一展示后集体研讨,以确定本素材最为实用的年龄班和相应教育方案、教育方法。

(3)活动观摩。地毯式开课,人人参与。在地毯式的观摩活动中,促使执教者将活动的

每个细节都考虑周到，对教材的研究、对幼儿的了解都能尽量做到烂熟于胸，并有机结合，在活动中促进幼儿的发展。通过观摩活动可以促进教师对教材的解读能力和对幼儿的理解、把握能力，同时教师的教育理念得到逐步更新，新的教学方法不断涌现，教学新秀得以锻炼、培养，教师的教育才华得以展现。因此，观摩活动既是对每位教师教学能力的集中展示，也是对全园教学水平的一次现场考评。观摩活动不仅适用于教学活动，也同样适合于游戏观摩、生活观摩等。

近年来出现了许多更新的、更为有效的园本教研组织形式。例如，①课堂观察。课堂观察来源于中小学，就是通过观察对课堂的运行状况进行记录、分析和研究，并在此基础上谋求课堂学习的改善、促进教师发展的专业活动。课堂观察是基于教师群体的园本教研组织形式，它关注教师教育行为和婴幼儿学习的细节，通过多次执教者与观察者的对话来实现园本教研的价值。课堂观察由课前会议、课中观察、课后会议组成，借助观察工具，可以分别针对教师的教学维度、婴幼儿的学习维度、课程性质纬度、教学文化纬度来观察真实的教育现场，提出有针对性的教育建议。②名师工作坊。将学前教育机构的名优教师组织起来设立专门的名师工作坊，由名师按照相应计划开放活动室、开办讲座、实施现场教育诊断，并选派有潜力的青年教师跟班学习，交流研讨。

3. 园本教研的方法创新

除了传统的听课、评课、研讨等教研方法，园本教研还可以运用以下新的技术方法。

(1)纸条技术。老师将自己在教育现场的心得及时写在事先准备好的纸条上，按照教研的主题不同写上相应内容，在教研活动时展示在黑板上，一目了然，便于观点分类、讨论。

(2)红蓝画笔。教研活动中教师将执教老师的教育行为、婴幼儿的行为表现等分红、蓝色笔记录在纸条上，红色表示优点，蓝色表示不足，展示在展板上使优缺点尽收眼底，节省时间。

(3)情景模拟。将执教教师的某一教育片段在教研现场复制，请每位教师观察教师的提问、理答等教育行为，分析适宜性，帮助教师更好地理解教育现场，提升教育能力。

(4)话题讨论。在平等对话的基础上针对某一教育情境开展话题讨论，甚至是话题辩论，有助于教师理清教育思路，明晰教育理论。

(5)成果展示。将一阶段的教研成果以图片、文字、视频、档案资料的形式在各教研组之间展示交流，有助于各教研组之间相互学习、共同提高。

(四)园本教研的管理

1. 管理者是园本教研的重要责任人

园本教研虽是“自下而上”的教研，但管理者一直起着核心、引领与支持、合作、参与的双重作用。管理者通过看活动，与教师对话，掌握教师专业成长的速度、方向和水平，从而给予每位教师有针对性的帮助和支持。管理者还可通过业务讲座，将先进理念结合实际工作对全体教师进行理论引领。

2. 园本教研管理的核心是创建教研文化

教研文化来自于学前教育机构文化。学前教育机构文化作为一所园所内部成员所共同具有的思想作风、价值观念、行为态度，不但对每位教师的教育行为产生重要的影响，更对园

本教研产生重要的影响。平等、尊重的教研文化要在民主开放的园所文化中得以内化，研究、学习的教研氛围需要在合作、互助、探索、钻研、求实的园所文化氛围中得到引导，求实、创新的教研文化需要在倡导并鼓励教育科研的园所文化中得以支持。

3. 园本教研管理的重点是建立并实施稳固的园本教研制度

园本教研是教师工作的常态，而不是轰轰烈烈的教育“运动”，更不是学前教育机构中光鲜的“门面”和“饰物”，需要管理者以务实的心态做好园本教研工作，要从制度层面上保证园本教研的实施与落实。

首先，要让全体教师明确园本教研制度的严肃性，从思想上高度重视教研工作；其次，要通过时间、地点、人员、主题的四落实使园本教研活动扎实开展；第三，要通过园本教研的考核机制使园本教研活动的骨干崭露头角，运用榜样示范带领教师做好园本教研活动。

【案例分享】

学前教育机构教学场域文化的观察报告

在教学实践中，我们关注到教师教学现场的氛围、师幼的心理距离和教师的态度、孩子的学习习惯、常规等隐性的教学资源共同构成了婴幼儿学习的“土壤”，它是学前教育机构教学存在、运行和发展的“元气”，是教学的活力之根和动力之源。在一次园本教研活动中，针对教学场域文化，记录分析和研究探讨如下。

观摩人员分两组观察幼儿园教学场域的文化氛围：一组侧重观察幼儿的学习习惯，选择在孩子的左前方观察，从孩子的倾听、观察、思考、操作、常规和学习时的表情来观察分析。一组侧重观察教师的教学文化，坐在孩子的左后侧方，从教师的座位设计、教师的提问覆盖面、教师的目光分配、教师的语气态度、教师的教学表情来观察分析。并设计观察记录表，观察结果如下：

幼儿园教学场域文化观察记录表

	项目	记录与简评				备注
学习习惯	倾听	会听 94%	应答 80%			
	观察	会看 100%	有兴趣 87%			
	思考	准确 80%	创意 19%	游离 1%	混乱 无	
	操作	会做 100%	有兴趣 100%	常规 100%		
	常规	坐 68%　言 无插话 0%	行 75% 好	规则 90% 好		
学习表情		专注 88%	兴奋 1%	冷漠 12%	游离 1%	

续表

项目		记录与简评	备注
	座位摆放	围坐,教师侧对孩子;围坐,教师正对孩子;幼儿自由下位;教师走到孩子身边逐一交流 空间形式富于变化,空间距离近,便于交流,氛围宽松、安全	
教学文化	目光分配	被提问的孩子得到更多的目光关注,教学中教师的目光不全是在孩子身上,有时也成游离思考状。	注: *为出现过的态度表情
	提问面	1-11　2-12　3-5　4-6　5-6　6-7　7-4　8-1　9-4　10-2　11-6　12-5　13-2　14-6　15-4　16-5	
	语气态度	鼓励*　赞许*　幽默　商讨* 严厉　忽略　厌恶　犹豫　认同*　要求*	
	教学表情	投入*　冷漠　兴奋	

观察结果分析:

本次教学活动《小狗骑车》是中班社会领域的教育活动。从场域文化的角度看,本次教学活动的优点有:①教师运用生动的语言讲述和课件,较好地调动了孩子学习的兴趣,倾听、观察的人数和质量都较好,对教师的提问有积极的应答,回答问题的正确率比较高,不乏创意的答案。在整个学习过程中,孩子学习表情呈专注状态的占80%。②教师对座位的设计比较富于变化,在教学活动中共出现4种方式,符合各环节的教学需要和孩子的学习需要,空间距离适中,便于孩子讨论、交流和观察。③教师的提问覆盖面广,关注到全体孩子,对孩子的答案有及时的回馈,教学场域、气氛呈现出民主、平等、和谐,体现出对话文化。④教师的语气态度富有亲和力。更多地使用鼓励、赞许、认同的方式,也有对孩子提出明确要求的语言,体现出教师严亲有度,较好地维护了教学的秩序和规则。⑤整个活动中教师投入度很高,对教育现场的意外情况(课件的音乐出现问题)能够较灵活地处理,有较好的教育机智,能以自己积极的心态从容应对。⑥整个教学活动中运用了多种教学形式,集体观看课件、集体谈话、两两交流、个别采访,使教学过程呈现多向沟通与互动。

本次教学活动的不足有:①对活动中多次处于游离状态的8号孩子没有足够的关注,教师的目光几乎没有在他的身上停留。②在教师理答的过程中出现帮助孩子回答、二次解释的现象,教师有点急于让孩子的答案与自己的答案靠拢,体现了话语特权。③在提问的设计上缺少了引发质疑和争论的问题,场域文化显得单一和单向。④教师主要的座位为前方稍右侧位,目光分配集中在1号和2号位

置上。

资料来源：河南省实验幼儿园　徐菁

第二节　学前教育机构卫生保健工作管理

一、学前教育机构卫生保健工作管理的意义和任务

学前教育机构的卫生保健工作是学前教育机构管理中的重要组成部分，它涉及的内容繁多而又十分重要，既包括卫生保健工作本身的内容，如生活管理、健康管理、营养管理等，也包括健康知识的普及和健康教育的指导。

（一）学前教育机构卫生保健工作管理的意义

1. 学前教育机构卫生保健工作管理是贯彻国家教育方针的需要

卫生保健工作是学前教育机构贯彻国家教育方针的一项十分重要的工作，是促进婴幼儿体智德美全面发展的重要组成部分。党和国家历来重视儿童的健康成长，先后多次出台托儿所、幼儿园关于卫生保健工作管理的法规、文件、办法和规范，采取积极措施引导学前教育机构重视卫生保健工作，规范管理行为，为婴幼儿的健康成长做出不懈努力。

2. 婴幼儿期孩子的身心发展特点决定了学前教育机构卫生保健工作管理的重要性

婴幼儿期正值生长发育的关键时期，需要科学的生活护理和均衡的营养。学前教育机构的卫生保健工作既要满足孩子身心日益增长的特殊环境和物质需要，又要提供必要的保护和预防措施，保障孩子健康和谐的成长。

3. 集体生活、教育模式决定了学前教育机构必须做好卫生保健工作管理

学前教育机构实施班级制，婴幼儿在机构中是集体生活。由于他们年龄小，身体对疾病的抵抗力还很弱，加之班级空间相对狭小，人员密度较高，极易感染疾病。因此，本着对他们健康负责的宗旨，学前教育机构必须做好卫生保健工作管理。

（二）学前教育机构卫生保健工作管理的任务

学前教育机构卫生保教工作的任务是保护婴幼儿的生命和健康，促进其生长发育，增强其体质，养成健康生活和安全生活所必要的态度和能力。

学前机构卫生保健工作管理的任务就是要运用管理手段，对学前教育机构的卫生保健工作进行组织和实施，确保卫生保健工作任务的完成。

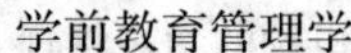

二、学前教育机构卫生保健工作管理的内容

（一）环境管理

环境是人类生存空间的综合条件。儿童在适宜的环境中生活，他们的身心发展才能得到保障，学前教育机构卫生保健管理首先要为婴幼儿创造良好的环境。

1. 创造良好的物质环境

学前教育机构是婴幼儿生活和活动的场所，应根据园所条件，因地制宜地为婴幼儿创设良好的物质环境。园所的物质环境不应追求豪华，但要注重园舍、场地、设施等符合安全、卫生和教育要求；努力使环境净化、绿化、美化和儿童化，适合婴幼儿的生活与教育需要。

良好环境需要得到维护和保护。园舍、设备和室内家具要及时维修，大型玩具要有专人定期检查、定期维修，以免发生危险。注意保持场地清洁，及时清除污物。建立室内外环境的清扫制度，可以采用责任到人、分片包干的办法，并定期检查，为婴幼儿提供一个清洁卫生、美观舒适的生活环境。

2. 创设良好的精神环境

学前教育机构的卫生保健工作不但要促进婴幼儿的身体健康，也要促进其心理健康。因此，可以通过创设合理的生活制度、温馨的班级氛围、温暖的人际交往环境来帮助婴幼儿形成安全感，使他们能在愉快的氛围中生活和学习，保持情绪愉快、精神自由。

（二）健康管理

健康管理主要包括疾病预防、体格锻炼、心理保健、健康检查与健康评价等方面。

1. 疾病预防

学前教育机构要建立预防接种、消毒隔离、体格检查、环境和个人卫生等制度，完善各种防病措施，降低发病率，提高婴幼儿的免疫力，保护他们的生命和健康。

(1)控制传染源。学前教育机构要加强晨、午的检查。婴幼儿及工作人员在进入园所之前，都必须进行体格检查，并且要调查是否与传染病患者有过接触，以及在传染病后是否已过隔离期等。每年应定期进行体格检查，发现病人或带菌者，应延缓入园或隔离治疗。同时，学前教育机构要采取积极措施防止传染病的交叉感染，按规定严格对与传染病患者接触过的婴幼儿进行检疫、隔离、观察，检疫期间不办理入托和转托手续。园所儿童不混班、不串班，检疫期满后无症状者方可解除隔离。在传染病流行季节，学前教育机构要采取更加严格的防范措施，以保证在园婴幼儿不受传染病的侵害。

(2)切断传染途径。要及时、经常地采取有力措施，使病原体无法侵入人体；要注意室内通风换气，尽量减少空气中的尘埃；应培养婴幼儿用鼻呼吸的卫生习惯；处处注意个人卫生、饮食卫生和环境卫生，防止病从口入。

(3)提高婴幼儿对传染病的抵抗力。在园所要严格执行生活制度，使婴幼儿生活有规律。保证膳食质量；让他们多在户外活动；室内要有合理的通风换气设备；要利用自然因素，如日光、空气和水进行锻炼，提高机体的抵抗力；要根据传染病流行季节和各种疫苗的有效

免疫期定期对婴幼儿实施预防接种，以提高他们对疾病的免疫能力，并建立预防接种卡片制度，以便掌握易感的婴幼儿。

2. 体格锻炼

引导婴幼儿科学地锻炼身体是卫生健康管理工作不可缺少的内容。婴幼儿的体格锻炼要落实在每个班级的户外体育锻炼活动之中。体格锻炼要遵循循序渐进的原则，要有步骤、有计划地进行，注意掌握运动量，锻炼强度和持续时间要由小到大，逐步加强或增加，要持之以恒，逐步形成动力定型；要注意采取多种方法，能够综合运用各种锻炼方式，将锻炼与生活相结合，动作训练与游戏活动并举；要注意提高锻炼的质量，运动量既不能太大，也不能过小。学前教育机构要格外注意指导班级老师对体弱儿和肥胖儿的体格锻炼。

3. 心理保健

教师与婴幼儿要建立相互信任、相互尊重、相互平等的师幼关系，使他们感到安全、温暖、宽松、愉快。这不仅有利于他们的生活、学习和成长，还能使教育发挥最大的效益和功能，促进其全面发展。另外，教师还应注意引导婴幼儿建立友好的同伴关系，要让他们学会尊重他人、关心他人，培养其团结友爱、助人为乐的好品质。

4. 健康检查

依据《托儿所、幼儿园卫生保健制度》规定，学前教育机构必须定期为婴幼儿体检，适时检测他们的身心发育指标。婴幼儿的健康检查分两种：一是入园检查，即婴幼儿在入园所前必须进行全身体格检查，合格者方能入园；二是定期体检，学前教育机构每年体检一次，每半年测身高、体重一次。

另外，要做好晨、午的检查和全日观察，认真做好一摸、二看、三问、四查的工作。

5. 健康评价

对婴幼儿的定期身体检查数据要及时留存，资料要及时汇总，做好数据的统计、分析工作。除了对每位婴幼儿的健康状况予以评价以外，还要对全园儿童的生长发育资料进行汇总分析，运用统计学方法评价本园儿童身体发育水平，以便发现问题，及时改正。

（三）生活管理

1. 建立科学的生活制度

学前教育机构应参照卫生保健制度，根据婴幼儿的年龄特点，同时考虑在园时间的长短和季节性等因素，制定适宜的生活作息制度，合理地安排婴幼儿一日生活中各项活动的顺序和时间。

【案例分享】

幼儿园大班上学期半日生活作息表

7:40—8:00	入园、晨检;室内区角活动
8:00—8:40	早餐
8:50—9:20	区角自选游戏
9:30—9:50	喝水、如厕
10:00—10:30	集体教育活动
10:40—11:40	户外活动;间操
12:00—12:30	午餐
13:00—15:00	午睡

资料来源:河南省实验幼儿园　徐菁

2. 营养膳食

第一,学前教育机构要依据《托儿所、幼儿园卫生保健制度》要求,制定合理的膳食制度,详细规定各个年龄段婴幼儿进餐的次数、时间,以及各餐的热量分配。

第二,实行计划膳食。要有科学合理的带量食谱,将食物按营养需要原则和要求有计划地加以调配,食谱要求荤素搭配,干稀搭配,一周食谱尽量不重样。

第三,严把采购、出入库关,严格按照营养素的要求采进食品,按量出库,确保营养量不流失。

第四,精心制作,科学烹制,使各种营养素尽可能多的留存,以满足婴幼儿生长发育的需要。

第五,定期对各种营养素量进行膳食评价,包括对婴幼儿各种营养素一日摄入量的评价、对热能食物来源的分析、对热能食物来源分布的评价、对蛋白质食物来源分布的评价。

(四)健康档案资料管理

根据《托儿所、幼儿园卫生保健制度》要求,一般有以下记录表(簿)需要专门建档保存:出勤登记表、传染病登记表、疾病登记表、晨间检查记录表、预防接种记录表、体弱儿管理记录表、体格检查记录表、缺点矫治记录表、膳食调查记录表、体格锻炼观察表、意外事故登记簿。

卫生保健统计工作还要求做好体格发育评价、膳食评价、出勤率、缺点矫治率、各种常见病患病率、传染病发病率、预防接种率等项统计。

(五)健康教育

制定相应计划,灵活运用游戏、板报、网络、讲座、知识竞赛等多种方式向婴幼儿、老师、

家长进行健康知识、安全知识宣传，提高安全意识，养成健康的生活方式。

三、学前教育机构卫生保健工作管理的措施

（一）预防为主

坚持预防为主的方针，对疾病与事故做到防患于未然。同时要贯彻保教结合、保教并重的原则，注重积极的体格锻炼，进行健康教育，保证婴幼儿身体健康，促进生长发育。

（二）健全组织

健全的组织是做好卫生保健工作的保障。园所要有一名领导主管保健工作，同时还应建立一支包括班组保教人员、后勤炊事人员等组成的队伍，在组织上保证这项工作的开展和落实。还要根据需要成立专项工作组织，如卫生检查小组、膳食管理小组、安全检查小组等，将重点工作与常规工作紧密结合起来，不断推进卫生保健工作的开展。

（三）完善制度

学前教育机构的卫生保健制度大致包括：婴幼儿生活制度、饮食制度、体格锻炼制度、防病工作制度、健康检查制度和安全制度等。通过完善的制度使学前教育机构的卫生保教工作正常化、规范化，能较好地实现常规管理。

（四）计划管理

计划是管理工作的起点。全园卫生保健工作计划要明确提出卫生保健工作任务，各部门要根据全园卫生保健计划制定本部门的工作计划，班级也应该在保教工作计划中体现卫生保健方面的要求，并提出具体落实措施。

（五）检查指导

学前教育机构应高度重视检查卫生保健工作，如对婴幼儿膳食工作进行检查，了解婴幼儿进餐的次数、时间及各餐的热量分配和饮食卫生，统计测算摄入的营养素，及时发现问题，有针对性地给予指导。检查有多种形式，可以将定期检查与平时检查结合起来，全面检查与单项检查结合起来。对检查结果要进行分析，寻找问题存在的原因，提出改进意见。

学前教育机构还应建立巡视制度，每日进班查看卫生保健工作的落实情况，发现问题及时整改，对班级工作及时指导。班级巡视时主要指导教师、生活教师应关注以下内容。

1. 婴幼儿健康状况

保教人员是婴幼儿的直接接触者，应做好晨间检查和全日健康检查，认真做好“一摸”、“二看”、“三问”、“四查”的工作。一摸：即摸额头有无发烧；二看：看咽喉、皮肤和精神状态；三问：了解婴幼儿饮食、睡眠和大小便情况；四查：检查有无携带不安全物品，发现问题及时给予相应的防治措施。组织活动时做到人到、心到、眼到、口到，注意观察婴幼儿的神态、情绪，发现异常及时询问。

2. 创设良好的生活环境与心理气氛

保持室内空气流通，午睡时掌握好关窗、开窗的时间。创设安静、舒适、清洁和安全的进

餐、睡眠和活动环境。定时定期做好消毒工作，如杯子、毛巾消毒，用具消毒，定期换被褥。注意不同性质活动交替安排，户外活动要掌握婴幼儿的活动量。创设良好的精神环境，形成和谐、民主的师幼关系。

3. 婴幼儿生活护理与良好生活习惯的培养

班级是婴幼儿主要的生活、学习场所，保教人员应注重通过生活管理潜移默化地帮助婴幼儿形成稳固的生活卫生习惯，如进餐时细嚼慢咽、饭前洗手、饭后漱口等。

★资料库

托儿所、幼儿园卫生保健管理办法

（2010 年 11 月 1 日起施行）

第一条　为提高托儿所、幼儿园卫生保健工作水平，预防和减少疾病发生，保障儿童身心健康，制定本办法。

第二条　本办法适用于招收 0—6 岁儿童的各级各类托儿所、幼儿园（以下简称托幼机构）。

第三条　托幼机构应当贯彻保教结合、预防为主的方针，认真做好卫生保健工作。

第四条　县级以上各级人民政府卫生行政部门应当将托幼机构的卫生保健工作作为公共卫生服务的重要内容，加强监督和指导。

县级以上各级人民政府教育行政部门协助卫生行政部门检查指导托幼机构的卫生保健工作。

第五条　县级以上妇幼保健机构负责对辖区内托幼机构卫生保健工作进行业务指导。业务指导的内容包括：膳食营养、体格锻炼、健康检查、卫生消毒、疾病预防等。

疾病预防控制机构应当定期为托幼机构提供疾病预防控制咨询服务和指导。

卫生监督执法机构应当依法对托幼机构的饮用水卫生、传染病预防和控制等工作进行监督检查。

第六条　托幼机构设有食堂提供餐饮服务的，应当按照《食品安全法》、《食品安全法实施条例》以及有关规章的要求，认真落实各项食品安全要求。

食品药品监督管理部门等负责餐饮服务监督管理的部门应当依法加强对托幼机构食品安全的指导与监督检查。

第七条　托幼机构的建筑、设施、设备、环境及提供的食品、饮用水等应当符合国家有关卫生标准、规范的要求。

第八条　新设立的托幼机构，招生前应当取得县级以上地方人民政府卫生行政部门指定的医疗卫生机构出具的符合《托儿所幼儿园卫生保健工作规范》的卫生评价报告。

各级教育行政部门应当将卫生保健工作质量纳入托幼机构的分级定类管理。

第九条　托幼机构的法定代表人或者负责人是本机构卫生保健工作的第一责任人。

第十条　托幼机构应当根据规模、接收儿童数量等设立相应的卫生室或者保健室，具体负责卫生保健工作。

卫生室应当符合医疗机构基本标准，取得卫生行政部门颁发的《医疗机构执业许可证》。

保健室不得开展诊疗活动，其配置应当符合保健室设置基本要求。

第十一条　托幼机构应当聘用符合国家规定的卫生保健人员。卫生保健人员包括医师、护士和保健员。

在卫生室工作的医师应当取得卫生行政部门颁发的《医师执业证书》，护士应当取得《护士执业证书》。

在保健室工作的保健员应当具有高中以上学历，经过卫生保健专业知识培训，具有托幼机构卫生保健基础知识，掌握卫生消毒、传染病管理和营养膳食管理等技能。

第十二条　托幼机构聘用卫生保健人员应当按照收托150名儿童至少设1名专职卫生保健人员的比例配备卫生保健人员。收托150名以下儿童的，应当配备专职或者兼职卫生保健人员。

第十三条　托幼机构卫生保健人员应当定期接受当地妇幼保健机构组织的卫生保健专业知识培训。

托幼机构卫生保健人员应当对机构内的工作人员进行卫生知识宣传教育、疾病预防、卫生消毒、膳食营养、食品卫生、饮用水卫生等方面的具体指导。

第十四条　托幼机构工作人员上岗前必须经县级以上人民政府卫生行政部门指定的医疗卫生机构进行健康检查，取得《托幼机构工作人员健康合格证》后方可上岗。

托幼机构应当组织在岗工作人员每年进行1次健康检查；在岗人员患有传染性疾病的，应当立即离岗治疗，治愈后方可上岗工作。

精神病患者、有精神病史者不得在托幼机构工作。

第十五条　托幼机构应当严格按照《托儿所幼儿园卫生保健工作规范》开展卫生保健工作。

托幼机构卫生保健工作包括以下内容：

（一）根据儿童不同年龄特点，建立科学、合理的一日生活制度，培养儿童良好的卫生习惯；

（二）为儿童提供合理的营养膳食，科学制订食谱，保证膳食平衡；

（三）制订与儿童生理特点相适应的体格锻炼计划，根据儿童年龄特点开展游戏及体育活动，并保证儿童户外活动时间，增进儿童身心健康；

（四）建立健康检查制度，开展儿童定期健康检查工作，建立健康档案。坚持晨检及全日健康观察，做好常见病的预防，发现问题及时处理；

（五）严格执行卫生消毒制度，做好室内外环境及个人卫生。加强饮食卫生管

理，保证食品安全；

（六）协助落实国家免疫规划，在儿童入托时应当查验其预防接种证，未按规定接种的儿童要告知其监护人，督促监护人带儿童到当地规定的接种单位补种；

（七）加强日常保育护理工作，对体弱儿进行专案管理。配合妇幼保健机构定期开展儿童眼、耳、口腔保健，开展儿童心理卫生保健；

（八）建立卫生安全管理制度，落实各项卫生安全防护工作，预防伤害事故的发生；

（九）制订健康教育计划，对儿童及其家长开展多种形式的健康教育活动；

（十）做好各项卫生保健工作信息的收集、汇总和报告工作。

第十六条　托幼机构应当在疾病预防控制机构指导下，做好传染病预防和控制管理工作。

托幼机构发现传染病患儿应当及时按照法律、法规和卫生部的规定进行报告，在疾病预防控制机构的指导下，对环境进行严格消毒处理。

在传染病流行期间，托幼机构应当加强预防控制措施。

第十七条　疾病预防控制机构应当收集、分析、调查、核实托幼机构的传染病疫情，发现问题及时通报托幼机构，并向卫生行政部门和教育行政部门报告。

第十八条　儿童入托幼机构前应当经医疗卫生机构进行健康检查，合格后方可进入托幼机构。

托幼机构发现在园（所）的儿童患疑似传染病时应当及时通知其监护人离园（所）诊治。患传染病的患儿治愈后，凭医疗卫生机构出具的健康证明方可入园（所）。

儿童离开托幼机构3个月以上应当进行健康检查后方可再次入托幼机构。

医疗卫生机构应当按照规定的体检项目开展健康检查，不得违反规定擅自改变。

第十九条　托幼机构有下列情形之一的，由卫生行政部门责令限期改正，通报批评；逾期不改的，给予警告；情节严重的，由教育行政部门依法给予行政处罚：

（一）未按要求设立保健室、卫生室或者配备卫生保健人员的；

（二）聘用未进行健康检查或者健康检查不合格的工作人员的；

（三）未定期组织工作人员健康检查的；

（四）招收未经健康检查或健康检查不合格的儿童入托幼机构的；

（五）未严格按照《托儿所幼儿园卫生保健工作规范》开展卫生保健工作的。

卫生行政部门应当及时将处理结果通报教育行政部门，教育行政部门将其作为托幼机构分级定类管理和质量评估的依据。

第二十条　托幼机构未取得《医疗机构执业许可证》擅自设立卫生室，进行诊疗活动的，按照《医疗机构管理条例》的有关规定进行处罚。

第二十一条　托幼机构未按照规定履行卫生保健工作职责，造成传染病流行、食物中毒等突发公共卫生事件的，卫生行政部门、教育行政部门依据相关法律法规给予处罚。

县级以上医疗卫生机构未按照本办法规定履行职责，导致托幼机构发生突发公共卫生事件的，卫生行政部门依据相关法律法规给予处罚。

第二十二条　小学附设学前班、单独设立的学前班参照本办法执行。

第二十三条　各省、自治区、直辖市可以结合当地实际，根据本办法制定实施细则。

第二十四条　对认真执行本办法，在托幼机构卫生保健工作中做出显著成绩的单位和个人，由各级人民政府卫生行政部门和教育行政部门给予表彰和奖励。

第二十五条　《托儿所幼儿园卫生保健工作规范》由卫生部负责制定。

第二十六条　本办法自2010年11月1日起施行。1994年12月1日由卫生部、原国家教委联合发布的《托儿所、幼儿园卫生保健管理办法》同时废止。

资料来源：中华人民共和国卫生部，中华人民共和国教育部(令)第76号

第三节　学前教育机构总务工作管理

总务工作是学前教育机构管理工作的重要组成部分之一，是办好教育的必要条件。学前教育机构的总务工作管理与其他各项工作的管理相互制约。因此，学前教育机构的管理者要按照总务工作的任务和基本要求，实行科学的总务工作管理。

一、学前教育机构总务工作管理的意义和特点

（一）学前教育机构总务工作管理的意义

1. 学前教育机构管理的各个要素都需要通过总务工作来体现

学前教育机构管理中的各个要素，如人、财、物、时间、空间、信息等都要通过总务管理输送到各个工作岗位。总务工作与各个部门联系是最为广泛的，它是所有工作的后勤保障。后勤支持跟不上，一线的教育质量就会打折扣。因此，高效的后勤服务体现了学前教育机构的整体管理质量。

2. 总务工作管理质量直接影响保教中心任务的完成

学前教育机构中保教工作是中心，但是这个“中心”工作离不开总务工作的支持与保障。保教工作所需的房舍、教玩具配置、运动场地、游戏环境的创设、活动时的车辆安排、饮食等无一不与总务相联系。教师备课条件的改善及生活中后顾之忧的解除也需要总务工作的参与。因此，总务工作管理质量直接影响保教中心工作的完成。

3. 总务工作管理的水平关系到能否调动教职工的积极性

学前教育机构总务工作管理是否拥有较好的服务教育教学的意识，总务管理人员是否做到勤俭办学，总务工作管理是否能改善保教人员的生活等都会对教职工的工作积极性产

生较大影响。因此，总务工作管理质量如何，对教职工积极性的调动、保教质量的提高和园容园貌的改变发挥着突出的作用。

（二）学前教育机构总务工作管理的特点

1. 服务性

总务工作就其在学前教育机构的地位与任务来说，是一项服务性工作，即为保教服务、为婴幼儿服务、为教职工服务、为家长服务。这就要求总务工作管理者处理好人与人之间的关系、物与物之间的关系，把服务功能贯穿在教育教学过程的始终和各个环节，保证学前教育机构这台机器的正常运转。

2. 先行性

总务工作是学前教育机构其他工作的物质保证，所以必须先行一步，平时要把握好各项工作的轻重缓急，对工作作出一定的预见，主动配合保教工作的开展。

3. 全局性

总务工作是物质保障，与人、财、物等方面联系密切，接触面广，其做得如何关系到全园各项工作的进展，关系到每个成员的工作、学习和生活，是涉及面最广的一项全局性工作。

4. 教育性

总务工作要通过为保教工作服务来体现它的教育性。为保教工作提供的条件越好，其教育性就越大。因此，必须把握教育教学的规律和特点来安排总务工作。如掌握教育教学的季节性，放假前进行全面检查，假期里全面维修并添足设备，开学前及时做好各项物质准备等。

二、学前教育机构总务工作管理的内容

（一）事务管理

学前教育机构事务管理可分为行政性事务管理和后勤事务管理两大类。

1. 行政性事务管理

学前教育机构行政性事务管理的目标是使园所各个部门间信息通畅，步调一致，为整体工作的顺利进行提供沟通、协调、统筹及服务。行政性事务管理的主要内容有以下几点。

（1）管理园所档案。在办园过程中，园所会积累大量的资料，这些资料能够真实地反映其发展历程，是园所宝贵的精神财富。保管好这些珍贵的原始资料，形成有价值的档案资料是行政性事务工作的重要内容。学期教育机构管理者应安排专人负责此项工作，对历年来的工作计划、总结、开展的活动、赢得的荣誉以及参加的活动、领导的重要批示等大事记都要按照专业的档案管理方法予以统一、规范的管理。

（2）完善各项规章制度。没有规矩不成方圆。学前教育机构管理者要重视规章制度的建设，行政性事务管理要做好各个岗位、各项工作的制度和要求，使全体人员明确工作标准，自觉地以制度、要求来规范自己的工作。

(3)处理公共关系。学前教育机构的工作开展离不开社会生活这个大环境,要接受教育、卫生、工商及财政、人事、物价等政府部门工作的指导与监督,同时学前教育机构还会大量的与社会服务机构产生各种工作联系,这都需要行政性事务管理者做好公共关系工作,为园所创设良好的发展环境,促进保教质量的提高。

(4)日常行政性事务的处理。学前教育机构的工作时间具有自身的特殊性,行政性事务管理者要安排好各项值班,如节假日、寒暑假值班等。此外,还要做好出勤情况统计、各类行政文书的撰写、各类文件的上传下达等日常性工作。

2. 后勤事务管理

后勤事务管理涉及学前教育机构里婴幼儿的吃、喝、拉、撒、睡以及学习等所需的一切物质条件,同时还涉及教职工的工作环境、生活水平的改善,是一项内容繁杂的重要工作。

(1)基本建设。学前教育机构是婴幼儿学习、生活、游戏的场所,他们年龄小,对环境的质量要求相对较高,所以,学前教育机构要为其创设良好的物质环境,满足其生长发育的基本需要。学前教育机构在创设园舍、设备修缮的过程中要严格按照国家的建筑设计规范,使房舍、设施达到国家标准,尤其在室内装修过程中所使用的材料要环保,确保室内空气质量达到国家标准,为婴幼儿的健康负责。

(2)物品管理。学前教育机构对物品的管理要遵循科学管理、物尽其用的节俭之道,对公共财物要登记造册,对各类物品的使用情况及时检查,对消耗、损坏的物品要及时维修,尽量延长其使用时间。同时要对全体教职工做好必要的宣传与培训工作,进行节俭教育。

(3)后勤日常事务性工作。后勤工作要结合季节特点,做好常规的夏季防暑、冬季防寒工作,对在生活保障中出现的各类问题都要积极努力,本着高度的服务意识为教职工排忧解难。

(二)财务管理

1. 增强经营意识,合理使用经费

学前教育机构的财务管理主要是合理使用经费,以有限的投入取得最大的效益。学前教育机构经费收入的项目主要包括婴幼儿入园管理费、保育费、杂费、政府或主办单位拨款、个人或团体的捐助款项等。财务管理人员应了解各项经费数目及占全部经费来源的比例。学前教育机构经费支出项目主要是人员经费和公用经费两大项。人员经费包括职工工资、奖金和福利费等;公用经费包括办公费、业务培训费、水电气暖费用、玩教具材料和设备购置费,以及小型房屋修缮费等。婴幼儿的伙食费必须专款专用,全部用于他们的伙食费用支出。

2. 建立健全财务管理制度,严格财务纪律

学前教育机构必须建立健全财务管理制度,包括表册制度、会计制度。要按照国家的财务工作制度、财务纪律,严格执行财务工作程序,账目、现金分开管理,严格实行财会人员工作制度等。

3. 实行民主管理,定期公布收支情况

财务工作要遵循民主管理的要求,每年向教职工代表大会汇报预算及决算情况,定期公

布收支情况，包括婴幼儿伙食账目，自觉接受民主监督，提高工作质量。

（三）膳食管理

学前教育机构膳食管理是总务工作的一个重要组成部分。总务部门要与卫生保教部门协作配合，共同做好这项工作，以使婴幼儿获得全面的营养，增强体质，促进其健康成长。

搞好膳食管理要重点做好以下几方面的工作。

1. 科学制定食谱，保证平衡膳食

首先，要计划膳食。总务部门要与保健医生一起编制代量食谱，要以婴幼儿年龄、健康状况和活动强度为依据，参考婴幼儿期每日膳食中供给量标准，确定婴幼儿每日所需的热量和营养素。其次，编制食谱要注意营养全面、搭配合理，多吃时令季节的菜品，价廉物美，并考虑适当减少加工程序，最大限度保持食物中的营养素。

2. 计量制作，烹制合理

每日根据孩子实际出勤人数计算出当日主副食品用料的供给量，再根据食谱确定出每餐主副食品用料的分配量进行烹制。讲究烹饪方法是膳食管理的一大课题，要提高炊事人员烹饪技术，使炊事人员学习掌握婴幼儿营养配料的基本知识，学习参观有关营养食品的制作方法等，以确保婴幼儿膳食中各种营养素的供给量和比例。

3. 严格执行操作制度

要严格执行国家卫生部、商业部有关饮食卫生规范要求，做到责任到人、措施到位。例如，专人采购食品，不买变质食物；专人验收入库、专人管理、专人检查食品质量等。管理者和保健医生要深入伙房了解膳食情况，督促膳食人员做好本职工作，发现问题及时整改，保证膳食质量。

4. 科学管理，民主监督

婴幼儿膳食资金要做到专款专用，及时调节盈亏，将伙食费用足用好。学前教育机构还要建立伙食委员会，将保健医生、炊事员、食堂管理员、教师代表、家长代表、管理者共同组织起来，定期召开伙食专题会议，听取大家对伙食工作的意见，积极制定整改措施，不断提高膳食质量。管理者还要定期公布伙食账目，接受家长及教职工的监督，实施民主管理。

5. 定期进行膳食分析，不断提高膳食质量

膳食分析是为了了解婴幼儿每人每日从膳食中摄取的营养量与比例是否能够满足其生长发育的需要。学前教育机构对婴幼儿膳食进行分析评价便于了解他们从膳食中摄取的营养是否充分，掌握其营养状况和发育水平，发现问题，及时改正和调整，不断改善膳食质量。

膳食分析主要分析各类食品摄入总量、各类营养素的一日摄取总量以及热量、营养素来源分析、营养素比例分析，并将这些分析与定期体格检查、生化检查相比对，为膳食计划的制订与营养状况的改善提供依据和指导。膳食分析需要膳食管理者与保健医生共同完成，并定期将膳食评价结果公布。

三、学前教育机构总务工作管理的基本要求

学前教育机构总务工作事无巨细，若处理不当会影响教职工的积极性，所以，总务工作

者需要有极大的耐心和细心、较高的责任心。据此，总务工作管理实践中务必做到以下几点。

（一）树立服务意识

总务工作要为保教工作一线服务，总务人员的每项工作都是实实在在的服务性工作。因此，总务工作管理者要树立较强的服务意识，明确管理就是服务的思想，处理好前勤与后勤的关系，将保教工作的需要和婴幼儿生活的需要置于工作中的头等大事，对教职工的后顾之忧予以关心，创造条件排忧解难。

（二）勤奋工作，提高效益

总务工作管理要算好经济账，做到合理使用经费，杜绝浪费，精打细算，少花钱多办事。总务工作还要强调效率，要珍惜时间，合理使用时间，把服务工作做到前面，未雨绸缪，妥善安排好各项工作，勤奋努力，提高总务工作质量。

（三）提高素质，完善制度

学前教育机构中的总务工作既是一项理财管物、带有技术性的工作，又是一项执行财务制度、维护财政纪律的政策性与原则性很强的工作，没有一定的政治思想水平和过硬的业务能力是不能胜任工作的。因此，总务工作管理者要加强人员素质的提高，培养一批廉洁奉公、勤奋节俭、素质优良、精明能干的总务工作队伍，要理解保教工作，以便主动做好配合与服务。在加强队伍建设的同时，还要完善总务工作的相关制度，对总务工作实施科学、严格、规范的管理。

第四节　学前教育机构公共关系管理

一、学前教育机构公共关系的含义

在人类社会生活中，人与人之间会发生各种各样的联系和交往，并逐渐产生了各种社会组织。学前教育机构作为一种服务性组织，需要通过公共关系管理，建立和维护其与公众之间的互惠关系，树立良好形象，促进学前教育机构不断发展。

（一）学前教育机构公共关系的含义

“公共关系”一词源自英文的 Public Relations。1807 年，美国总统托马斯·杰斐逊在国会演说中首次使用该词。

1. 公共关系的定义

由于每个人的认识角度不同，对公共关系内涵的理解也各异，于是就形成了多种公共关系定义，代表性观点有以下几种。

（1）“管理职能说”把公共关系视同如计划、财务一样的管理职能。这种观点的典型代表是莱克斯·哈洛，他认为公共关系是一种特殊的管理职能，它帮助一个组织建立并保持与

公众之间的交流、理解、认可与合作；它参与处理各种问题与事件；它帮助管理部门了解民意，并对其做出反应；它确定并强调企业为公众利益服务的责任；它作为社会趋势的监视者，帮助企业保持与社会同步；它使用有效的传播技能和研究方法作为基本工具。

(2)“传播说”认为公共关系离不开传播沟通。《大英百科全书》即以此角度将公共关系定义为：旨在传递有关个人、公司、政府机构或其他组织的信息，并改善公众对其态度的种种政策或行动。

(3)“特定关系说”强调公共关系的本质属性是“关系”，即公共关系是一种特定的社会关系。为此，希尔兹认为：公共关系就是我们所从事的各种活动所发生的各种关系的通称，这些活动与关系是公众性的，并且都有社会意义。

(4)“经营艺术说”认为公共关系在实际运作中讲究创造性，是一种艺术。1978 年 8 月，世界公共关系协会就明确提出：公共关系是一门艺术和社会科学。

(5)“特征综合说”认为上述几类定义都只反映了公共关系某一方面的含义或特征。这种学说试图通过一个定义把公共关系的所有内涵或特征都包括进去，如美国《公共关系季刊》曾详细罗列了公共关系的十四个特征。

综合上述观点，我们认为：公共关系是指一个社会组织通过传播、沟通等手段与其相关公众之间形成双向交流的管理活动，借此达到相互了解、相互适应和共同发展的目的。

我们可以从四个方面理解该定义：①从主体与客体的关系看，公共关系是一个组织与公众之间的双向关系；②从手段看，公共关系主要通过传播与沟通来实施；③从职能看，公共关系是一种管理活动；④从目的看，公共关系是为了实现组织与公众的共同发展。

2. 学前教育机构公共关系的定义

学前教育机构公共关系是园所为实现教育目标，有组织、有计划地运用传播手段与外部沟通联系，在园所与公众之间建立和发展互惠关系，谋求内外公众的信赖、理解、合作、支持，以塑造学前教育机构这一社会组织的良好形象和创造最佳教育环境的管理活动。

学前教育机构作为一个社会组织，公共关系是其创造良好生存和发展环境的重要管理职能，与学前教育机构发生联系的个人、群体和组织也即公众对象最主要的有教师、家长和社区，家庭、社区与学前教育机构构成学前儿童成长最重要的环境，三者合作共育已成为世界学前教育发展的趋势。

(二)学前教育机构公共关系建构的意义

学前教育机构的健康发展离不开良好的内部环境和外部社会环境的支持，所以，良好的公共关系建构是学前教育机构得以生存和发展的重要手段和制约因素。

1. 良好的公共关系有利于优化育人环境，提高办园质量

教育是一项系统工程，学前儿童的成长受到来自幼儿园、家庭和社区等方面因素的影响，学前教育机构若能通过各种手段构建公共关系，对内形成和谐人际关系与组织氛围，增强凝聚力，对外与家长、社区加强信息交流和情感沟通，宣传学前教育机构的教育理念、教育目标、教育措施，取得家长、社区公众的理解、支持与配合，共同营造和优化健康的育人环境，必将形成教育合力，从而协调一致地促进学前儿童健康发展。

2. 良好的公共关系有利于树立学前教育机构的信誉，建立良好形象，提高竞争能力

学前教育机构的信誉是指该组织在公众中的威信、影响，在公众心目中的地位、形象、知名度。学前教育机构是服务组织，其办园质量的高低必然要接受社会各方的评判，争取舆论支持和公众信任，是其生存发展的重要条件之一，建立良好的信誉是其经营成功的诀窍，所以，良好形象和声誉就成为其无形的宝贵财富，为此，学前教育机构必须努力在公众中树立良好形象，采取各种有效措施扩大学前教育机构的社会知名度，增强信誉感和美誉度，以其良好的口碑和社会声誉吸引大众，不断提高办园的竞争能力，促进学前教育机构的可持续发展。

3. 良好的公共关系有利于争取社会广泛支持，开发教育资源

学前教育是启蒙教育，学前教育的内容和手段寓于社会生活活动之中。良好公共关系的建立可以争取社区内许多部门和单位对学前教育机构工作的支持与配合，争取更多的教育资源。这样，既可以扩大学前儿童的学习生活空间，开阔视野，又可以让学前儿童身临其境，感受身边的事物和环境，能够真正地理解和内化所要掌握的知识内容，激发学前儿童的探究欲望。

4. 良好的公共关系有利于协调纠纷，化解公共信任危机

学前教育机构是一个集体教养的环境。在具体的保教活动中，或是由于教职员工的失职，或是由于认识理念的不同，或是由于信息交流的不畅，在公共关系中必然会充满各种矛盾，甚至产生公共关系纠纷，导致严重的公共信任危机。通过建立良好的公共关系机制，可以增加学前教育机构与公众之间的相互了解，避免纠纷的产生，或可通过危机管理，运用公关手段将已经发生的信任危机所造成的组织信誉、形象损失降到最低限度，进而因势利导，使坏事变为好事。

二、学前教育机构公共关系系统

（一）学前教育机构公共关系系统的构成

1. 公共关系的构成要素

公共关系是一个系统，由三个要素构成。

（1）社会组织。公共关系是一种组织活动，组织是公共关系活动的主体，是公共关系的实施者、承担者。社会组织包括盈利性组织（如工商企业、金融机构等）、服务性组织（如学校、医院、社会公用事业机构等）、公共性组织（如政府、军队、治安机关等）、互利性组织（如政党、工会组织、宗教团体等）。

（2）公众。公众是公共关系的对象，任何组织都有其特定公众。公共关系便是组织主动地去与公众建立和维护良好关系的过程。

（3）传播。传播指组织借助传播媒介向公众进行信息或观点的传递和交流，促进公共关系主体和客体之间的了解、共识、好感和合作。传播主要有人际传播、组织传播和大众传播等形式。

三者是一个系统整体，其关系可用图 8-1 表示。

图 8-1　现代公共关系三要素关系图

2. 学前教育机构公共关系系统的分类

依据与学前教育机构发生关联的公众对象，学前教育机构公共关系主要包括内部的公共关系和外部的公共关系。前者包括学前教育机构对教职工的公共关系、对婴幼儿的公共关系、对主办单位的公共关系，后者包括学前教育机构对家长的公共关系、对社区的公共关系、对上级教育行政部门的公共关系、对姊妹园的公共关系、对小学的公共关系等。

（二）学前教育机构公共关系系统建构的策略

学前教育机构公共关系的建构应树立以公众为对象、以形象为目标、以互惠为原则、以传播为手段、以真诚为信条、以长远为方针的思想。具体的建构策略体现在以下几方面。

1. 信誉与形象至上

良好的形象是学前教育机构最大的财富，是其生存和发展的出发点和归宿，而其良好形象的树立是建立在其信誉基础之上，所以，通过各种活动赢得学前教育机构的信誉，在公众中塑造、建立和维护组织的良好形象是公共关系活动的根本目的。

2. 重在沟通

在现代社会，社会组织与公众打交道，实际上是通过信息的双向交流和沟通来实现的。正是通过这种双向交流和信息共享过程，才形成了组织与公众之间的共同利益和互动关系。

3. 互惠互利

公共关系是“内求团结、外求发展”的一门艺术。通过公共关系能推进组织与环境相适应，协调组织与公众双方的利益，实现双方利益的最大化。协调应坚持互利互惠的原则，从而能增进合作，使组织中所有部门的活动同步化与和谐化。

4. 真实真诚

追求真实是现代公共关系工作的基本原则。“现代公关之父”艾维·李曾提出组织要讲真话，告诉公众真相是构建公共关系的不二信条。尤其是学前教育机构承担着育人的责任，更应强调真实原则，实事求是地向公众提供真实信息，以取得公众的信任和理解。

5. 长远观点

公共关系是通过协调沟通树立组织形象、建立互惠互利关系的过程，这个过程既包括向公众传递信息的过程，也包括影响并改变公众态度的过程，还包括组织改变现有形象、塑造新形象的转型过程。所有这一切，都不是一朝一夕就能完成的，必须经过长期艰苦的努力，并着眼于长远利益，才能通过公共关系推进组织的不断发展。

6. 全员参与

公共关系的构建并不是园长或某位教师个人的事情，其实，与学前教育机构相关的个体

既是公共关系的主体也是客体，只有全员参与，才能构建起良好的公共关系系统。学前教育机构可以组建幼儿园公共关系委员会，制定公共关系构建计划与详细方案，有效实现全员参与。

三、学前教育机构与家长的关系

家长是学前儿童成长发展的第一任教师，对婴幼儿的健康成长起着至关重要的作用。《幼儿园教育指导纲要（试行）》指出："家庭是幼儿园重要的合作伙伴。应本着尊重、平等、合作的原则，争取家长的理解、主持和主动参与，并积极支持、帮助家长提高教育能力。"在学前教育机构公共关系建立的过程之中，家长是学前教育机构的首要公众，学前教育机构与家长的关系成为公共关系建构的核心和管理工作的有机组成部分。

（一）学前教育机构与家长公共关系建构的意义和内容

1.学前教育机构与家长公共关系建构的意义

学前教育机构作为正规的教育机构，要更好地实现教育目标，必须做好家长工作，建立良好公共关系，家园配合一致，促进婴幼儿健康发展。《幼儿园工作规程》特别强调："幼儿园应主动与家长配合，帮助家长创设良好的家庭环境，向家长宣传科学保育教育幼儿的知识，共同担负幼儿教育的任务。"其意义体现在：①有利于取得家长的积极配合，形成教育合力，为婴幼儿健康成长营造良好环境，创造有利条件；②有利于教育引导家长改进家庭教育，密切亲子关系，实现有效的亲子互动，做到科学育儿；③有利于调动家长关心、支持、参与学前教育机构教育与管理的积极主动性，增添办园智慧和活力，共同办好教育机构。

2.学前教育机构与家长公共关系建构的内容

（1）密切学前教育机构与家长的联系和沟通。家园沟通联系是做好家长公共关系工作的重要前提和内容。家园沟通联系是了解孩子、教育孩子的有效途径。为此，一方面，学前教育机构应主动向家长介绍婴幼儿在园情况和机构的教育要求；另一方面，也要了解婴幼儿的家庭环境和家长的教养方式，通过多种形式，就孩子的教育问题与家长进行有针对性的交流，并予以指导，促进双方的相互了解、协调配合，实现同步教育。同时，家园沟通也能够增进彼此感情和理解，建立相互尊重信任的关系。

（2）积极宣传指导，给家长提供有效帮助和服务。学前教育机构兼具教育性、福利性和公益性等特点，为家长服务是学前教育机构的双重任务之一。学前教育机构应有服务意识，不断改进服务质量，开展多种形式的家庭教育服务，通过优质服务建立良好公共关系。学前教育机构能够为家长提供的服务是多方面的，诸如：了解家长的需要、困难，采取相应措施帮助解决；主动向家长介绍科学育儿知识，引导家长树立正确教育观念；通过多种方式向家长宣传国家教育方针，指导和帮助家长承担好教育的责任，担当好家庭教育者的角色等。

（3）争取家长的配合支持，通过家长打开学前教育机构通向社会的渠道。学前教育机构要主动向家长宣传机构的教育理念、目标、内容和方法，机构的发展规划，还可邀请家长实际参与机构的课程实施、教育活动等保教工作与管理，赢得家长的协助和合作。为更好地发挥家长作用，可以通过成立家长委员会，请家长代表参加学前教育机构的管理工作，对园所的

教育、后勤等工作进行评估、监督。学前教育机构通过与家长的公共关系的建立,可以借家长之力有效地组织和利用社会力量和社区资源,争取社会各方对学前教育机构的关心和支持,实现机构与社会的良性互动。

(二)学前教育机构与家长公共关系建构的策略

学前教育机构应采用多种方式方法建构与家长的公共关系,概括来看,其建构策略有以下几方面。

1. 常规性策略

(1)家访。家访是教师走入婴幼儿家庭,和家长面对面交流沟通,了解婴幼儿家庭状况、父母教养态度、亲子关系等方面情况的重要方式。家访可以分为入园前家访和入园后家访。入园前进行家访,可以使婴幼儿认识、熟悉教师,减轻入园焦虑,还可以帮助教师了解婴幼儿性格特点、生活及学习,有利于因材施教。

入园后家访包括定期集体家访和个别不定期家访。学前教育机构在每学期或学年教育工作计划中都要有对本班孩子普遍进行一次家访的要求。除此之外,还需对个别有特殊问题需要的孩子如攻击性行为强、体弱多病、性格内向的婴幼儿进行个别不定期家访。

家访时应注意如下问题:①家访前制订详细的家访计划,包括家访目的、主题、时间等;②家访过程中,教师态度要诚恳谦和,对婴幼儿的评价以表扬为主,要尊重家长,认真倾听家长的观点和意见;③家访结束后,要认真完成家访记录及总结分析。

(2)家园联系册。家园联系册是建立家园联系,实现家园教育连续性和一致性的重要渠道。婴幼儿应每人有一份家园联系册,每周工作日期间,由教师将孩子学习生活情况记录在家园联系册上,周五每个孩子将家园联系册带回家,由家长填写婴幼儿在家中的表现,周一再带回学前教育机构。周而复始,完整记录儿童的表现,分享有关教育信息和看法,加强家园沟通,共同探讨个别教育的计划与措施。

填写家园联系册应注意:①教师要客观真实反映婴幼儿在园表现,并指导家长认真填写,尤其要善于捕捉婴幼儿的典型行为表现和个性特点;②记录方式可以多种多样,既有文字,也可以有照片、图片或婴幼儿作品,能够重点反映婴幼儿的个体特点,也可提出问题、答疑解惑、共同交流;③教师要针对不同家长类型注意语言交流艺术,通过联系册对家长给予具体指导和帮助,并根据家长意见和建议及时改正工作缺点。

(3)家长会。家长会是学前教育机构普遍采用的一种家长工作方法。家长会根据组织者的不同可以分为全园家长会、年级家长会和班级家长会。全园家长会一般安排在学期(年)初或学期(年)末,由园长主持,向家长介绍学前教育机构的工作计划或总结,展示教育成果,针对保教工作进行家园交流互动。年级家长会和班级家长会针对性更强,使家长了解本年级或班级教育活动计划、孩子的生活学习情况,听取家长意见。

组织家长会应注意:①家长会前应对家长进行相关调查,了解家长主要育儿观点和对学前教育机构的期望,使得家长会主题更有针对性;②家长会的组织不能流于形式,让家长被动地做一个听众、受教育者,家长会的形式应灵活多样,实现教师和家长、家长和家长之间有效的交流与互动;③家长会也应有记录、反思、总结及分析。

(4)家长委员会。家长委员会是家长的自治组织,《幼儿园工作规程》提出“幼儿园应成

立家长委员会”,以更好地发挥家长组织的作用。家长委员会由家长推举代表组成,其人数可根据学前教育机构规模确定,其职能有:①作为学前教育机构与家长联系的桥梁,及时传递、反映家长的意见和要求,协调家长间、家长与机构间的关系,协助机构做好家长工作;②监督参与机构的管理,发挥家长重要教育力量和教育资源的作用,帮助学前教育机构解决一些实际困难,不断改进工作。

其他常规性策略还有:园长接待日、月末展示、家长园地(如橱窗、板报、家园论坛、刊物阅读区等)、入离园时的个别交谈等。

2. 科技性策略

利用现代信息科技建构“家园路路通”,即“家园互动信息化平台”,融合互联网、手机短信和移动通信等先进的IT技术,充分利用多样化的信息发布渠道,构建教师、学前教育机构与家长沟通的信息平台。例如,开通网站、设立BBS论坛、建立学前教育机构和班级博客、建立飞信群等,开辟教师与家长对婴幼儿进行同步教育的网络,以一种现代化的全新方式来进行家园之间的交流,创设一对一个别教育方式,推进协同教育,以提高教育质量。

3. 活动性策略

学前教育机构构建家长公共关系可以寓于多样化的活动之中,如组织家园教育论坛、家长沙龙、家园联欢会、家园座谈会、主题教育活动、讲座活动、家园互动共创造活动(如小发明、小制作等),开办“新父母学校”,组织读书会、征文评比、演讲比赛、家园辩论赛,出版家园报刊,向父母推荐家教类书报刊,举办评选先进教师、优秀家长活动,等等。

上述活动方式均应注意调动家长参与活动的积极性,满足家长实际需要,取得活动的实效。以开办家长学校为例,可以推行“菜单式”的讲座模式,对家长进行教育培训,传播先进的家教观念和科学的家教方法。具体实施过程中应做到:①建立由外聘专家、园骨干教师、班主任、家长志愿者四支力量组成的家庭教育讲师团,每学期定期向家长开设系列讲座。②专题讲座内容要“实”。要符合家长教子的实际情况,以现实生活中的实例为主,特别是他们中间的实际事例。这样既亲切又实在,容易为家长接受。③讲课的形式要“活”。不仅有教师的正面答疑,还要调动家长参与研讨。④指导方式要灵活。采用有效而灵活的方法,如讨论专题、家教案例分析、同读家教文章、交流教子经验等。⑤依据不同年龄段婴幼儿特点,开展有针对性专题活动。通过调查问卷、座谈会、个别访谈、新生家长会等形式了解家长需求,根据调查和反馈信息,进行分类整理,有的放矢。

4. 参与体验性策略

参与体验性策略是一种家长参与体验学前教育机构一日生活活动的新形式,可以采用协作式教育方式、发现式教育方式和讨论式教育方式。家长开放日就是协作式教育方式的一种。学前教育机构定期或不定期向家长开放,家长可以观摩或参与保教活动,借此体验办园理念、园所文化、教育模式、教师教育行为,也可全面真实地了解孩子在园所的生活学习表现,为家园协作共育奠定良好基础。发现式教育方式是通过教师设计提供的有关教育主题,让婴幼儿在家长的帮助下收集资料,观察发现从而得到一定的经验。讨论式教育方式,采用启发式,注重教师与家长对问题的设计,引发婴幼儿进行有效的思考。

5. 家长为主体策略

家长为主体策略指以家长为主体开展有关活动，有效利用家长资源和教育力量，切实发挥家长教育作用。

(1)家长义工。充分调查家长资源(专长、时间等)，调查后，预约做义工的时间。教师与家长义工共同商定教学活动计划，明确参与的目的、内容和方式，建立家长义工资源档案。

(2)家长教师。家长有不同的文化背景、职业特点和个人爱好，学前教育机构可以特聘家长作为助理教师走进课堂或请家长做讲座，丰富学前教育机构教育内容和婴幼儿学习经验，激发家长积极主动性，支持学前教育机构的教育工作。

(3)家庭间合作互动。教师为家庭牵线搭桥，与家长一起探索家庭间的合作互动方法，成立家庭交流的活动点，家庭自由结对，开展家庭互访、家庭交流，共同分享家庭教育资源。如"亲亲宝贝"QQ群交流、"亲亲宝贝"自主游、"亲亲宝贝"快乐串门、"亲亲妈妈"传经验等活动。

(4)家庭亲子合作互动，如亲子活动、亲子运动会等。

(三)学前教育机构与家长公共关系建构的管理与指导

1. 树立正确观念

学前教育机构应将家庭视为一种教育资源，切实发挥家长作用，建构良好公共关系，使学前教育机构的课程无限延伸；将家长视为平等的合作伙伴和教育伙伴，共同成为家园互动活动的策划者、组织者、实施者、反思者，一起分享与承担教育孩子的责任，引导家长自觉成为教育活动的主人。

2. 加强计划性

学前教育机构要把建构家长公共关系的工作列入议事日程，在每学期(年)园务计划中全面考虑安排，并在班级保教计划中得以体现，把家长工作置于与保教工作同等重要的位置。

3. 重视制度建设

学前教育机构应以科学的制度管理、完善的组织系统、有序的工作程序确保家长工作的有效落实，杜绝家园工作中的随意性和盲目性，形成家园互动的良好机制。例如，制定《幼儿园家长工作制度》、《幼儿园家长工作条例》、《幼儿园家委会章程》等，使家长与教师明确各自在家园教育中的作用及工作要求，形成教育合力，共同来为儿童创造一个良好的教育氛围。落实家长会制度、家长开放日制度、家访制度等，把工作要求以条文形式固定下来，形成规范，并注重制度的执行和效果检查。

4. 教育培训与指导

管理者要注重教育宣传，提高全园教职工对做好家长工作、构建良好公共关系重要意义的认识，牢记学前教育机构的双重任务，增强服务意识，并立足各自岗位，做好为孩子和家长服务的工作。

四、学前教育机构与社区的公共关系

社区是学前教育机构生存和发展的基本环境。《幼儿园教育指导纲要(试行)》在总则中明确指出:“幼儿园应与家庭、社区密切配合,综合利用各种教育资源,共同为幼儿的发展创造良好的条件。”因此,学前教育机构与社区公共关系的构建也是管理活动的重要组成部分。

(一)学前教育机构与社区公共关系建构的意义

1. 社区的含义

“社区”一词来源于拉丁语,原意为“亲密的关系”、“共同的东西”。1955 年,美国学者 G. A. 希莱里对 94 个关于社区定义的表述作了比较研究,发现其中 69 个都包括地域、共同的纽带以及社会交往三方面的含义,由此,人们可以从地理要素(区域)、经济要素(经济生活)、社会要素(社会交往)以及社会心理要素(共同纽带中的认同意识和相同价值观念)的结合上来把握“社区”这一概念,将社区视为生活在同一地理区域内、具有共同意识和共同利益的社会群体。

在我国城市,社区的构成以街道或居民委员会为基础;在农村,一般以乡或村为依托。学前教育机构是社区的重要组织,基于社区构建学前教育服务网络,依托社区、服务社区已成为学前教育发展的必然趋势,两者以合作共育为基点建立良好公共关系,不但能促进学前教育机构的发展,也可影响社区进而促进社会发展。

2. 学前教育机构与社区公共关系建构的意义

(1)有利于共同营造促进学前儿童身心健康发展的良好环境。婴幼儿的健康成长受到家庭、社会和教育机构三方面的影响,学校教育、家庭教育、社会教育三驾马车只有围绕我国的教育目的并与其并驾齐驱、合力共育,才能形成强大的教育力量,有效促进儿童健康发展。学前教育机构加强与社区的联系,目的就在于创设良好教育环境,共同促进学前儿童健康成长。

(2)有利于整合教育资源,提高办园质量。对于学前儿童来讲,“生活即教育”、“社会即教育”,家庭、社区中的物质设施、文化氛围、交往方式、生活习俗等都可以成为学前教育机构的教育资源,因而,《幼儿园教育指导纲要(试行)》主张要“充分利用自然环境和社区中的教育资源,扩展幼儿的生活和学习空间”。这种资源整合和利用可以改善办园条件,拓展教育活动内容,丰富孩子学习经验,也可有效实现“开门办园”,提高办园质量。

(3)有利于发挥正规教育机构的示范辐射作用,带动社区学前教育的发展。社区学前教育涉及社区内 0—6 岁儿童及其家长和看护人,是以社区全体成员为教育对象,将制约学前教育的所有因素、资源、途径、形式加以综合考虑,并联系在一起,在此,既包括正规的学前教育活动,也包括非正规的学前教育活动。学前教育机构作为正规的组织具有教育、示范、引领的作用,通过构建与社区的公共关系,可以传达正确教育理念和行为,提升家长和看护人教育水平,推动社区学前教育的发展。

(4)有利于促进社区精神文明和文化建设,构建和谐社会。学前教育机构与社区公共关系的构建还可以表现在积极参与社区精神文明和文化建设,培育社区良好人文环境,丰富社区文化生活,形成积极向上的社会风尚,促进学习型家庭、学习型社区的构建,进而对构建社

会主义和谐社会有促进作用。

(二)学前教育机构与社区公共关系建构的内容和方式

1. 学前教育机构与社区公共关系建构的内容

(1)发掘社区资源,争取家长和社区各方面力量的支持。社区有丰富的自然环境、人文环境和人力资源,学前教育机构可以根据教育需要组织孩子参观社区内的超市、邮局、书店、植物园等,还可请相关人员讲解,引导儿童感受体验社会生活,对其进行潜移默化的教育。

(2)了解社区,为建构两者关系奠定基础。社区的形成有其一定的历史文化背景,有其不同的经济发展状况、文化特征,所以,管理者要帮助教职员工了解社区的特定文化、种族信仰、群体特征等,比如,本机构所在社区是否是少数民族居住区,是否多外籍人士,多属于低收入群体还是高收入群体等。在建构公共关系的过程中,能够据此有效沟通,开展服务工作。

(3)积极探索为社区服务的措施途径。提供优质服务是学前教育机构与社区建立公共关系的重要途径,其服务路径是多方面的。①满足家长和社区对学前教育的需要,在招生、收费、在园时间、个性化服务等方面提供优质服务;②实现学前教育机构教育资源的社区共享,在保证学前教育机构正常教育工作的前提下,可以对社区开放学前教育机构的场地、设施、图书、玩具等;③开展有意义的教育活动,如亲子游戏活动、家长沙龙、夏令营或冬令营活动等;④履行学前教育机构的社会宣传职责,发挥社区精神文明和文化建设的排头兵作用。学前教育机构作为专门的文化教育机构,有义务主动向社区宣传国家教育方针,传播儿童优先、尊重儿童的教育观,并通过园所文化建设,在社区中树立良好形象,为创设良好的社区公共环境、搞好社区文明及文化建设发挥辐射作用。

(4)主动搞好社会协调,发挥综合整体效益。学前教育机构还要处理好与其他社会机构、组织的关系,主动适应外部环境,建立更广泛的社会联系,搞好社会协调,以提高管理效益。

2. 学前教育机构与社区公共关系建构的方式

(1)组织有意义的社会活动。包括参加社区文化演出、慰问敬老院的爷爷奶奶、积极参加社区公益活动等,在社区公众中树立学前教育机构的良好形象。

(2)了解社区公众的教育需求,开展多种形式的教育服务。包括专家讲座、学前教育机构开放活动、开设0—3岁早期教育指导中心、上门指导服务等多种形式。

(3)邀请社区人员参与、支持学前教育机构工作。其形式包括社区有关人员监督、评议园所质量、成为学前教育机构某一领域顾问、做学前教育机构的志愿者等。

★资料库

家长工作条例

树立"为家长服务、为幼儿服务、为社区服务"的意识,取得家长的理解、支持进而主动参与,发挥家园联动的优势,共同为幼儿营造健康、愉悦的成长环境。

一、为家长服务

1. 延长为家长服务的时间,组织好早晚护导工作,为家长排忧解难。

2. 照顾患病幼儿，并按时给予服药、打针，坚持做好为特殊病儿增设病号菜的工作。

3. 及时处理幼儿身上的污物和大小便，保证幼儿的身体清洁。

4. 幼儿园不放寒暑假，幼儿可照常来园。

5. 设立家长接待室，定期开展家长咨询活动，向家长宣传有关科学育儿的知识，并定期在宣传栏和园报中展示。

6. 设立家长信箱，随时听取家长的意见。

二、建立家长委员会

1. 家长委员会是在建立各班班委会的基础上推选一至二名家长代表组成，设正、副组长各一名。

2. 定期召开家长委员会会议，共同商榷幼儿园的各项管理工作。

3. 家长委员会委员应通过各种形式听取并及时反映家长对幼儿园工作意见和建议，并协助幼儿园组织交流家庭教育的经验，成为家长与幼儿园沟通的桥梁。

三、家园联系

1. 新生入园做到100%家访，以后每学期普访一次，两天不来园的幼儿要电话访问或上门家访，对个别特殊幼儿或遇有特殊问题，应随时家访，并做好记录。

2. 根据班级、家长以及教学的需要设计新颖的家长园地，突出新意，增加互动内容，有针对性地吸引家长积极参与讨论。

3. 拓宽家园沟通渠道，通过短信、班级网页、网上论坛等手段，相互传递幼儿、幼儿园、家庭之间的教育信息。

4. 为不同年龄段的幼儿建立相关的宝宝成长册，彰显每个孩子的特点。

5. 定期召开家长会、家长讲座，让家长了解幼儿园的教育工作，并指导家长科学教育孩子的方法，共同配合教育好孩子。

6. 每学期开展“家长观摩周”活动，并落实“客座教师制”。

资料来源：长宁教育网

【案例分享】

会说话的家园栏

星期五是我们班的“小小民歌节”活动，请您和孩子共同为这次活动设计一张“小小民歌节”宣传海报，快快加入吧！让我们一起分享你们的创意，别错过让孩子展现自我才能的机会哦！

如何运用手机短信与家长沟通

1. 短信报喜——分享进步的喜悦

“短信报喜”就是将幼儿在园的出色表现或进步用“短信”的形式告知家长，让

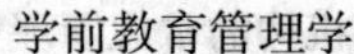

家长有份好心情，回报给我们一个又一个惊喜。“乐乐今天在班上讲故事啦，好棒哦！”“今天午餐贝贝吃得可真香，肉丸和豆腐汤都吃光了，还加饭了呢！”一条条回复信息传递着家长的喜悦和感动：“乐乐今天一回家就问有没有收到您的短信，现在开心得不得了。谢谢您！”“谢谢老师，贝贝的进步得益于你们的关心。收到您的信息后我们心里比吃了蜜还甜，真希望能经常收到这样的信息。谢谢！”……

2. 短信解忧——寻找教育的策略

对一些表现“欠佳”或“异常”的幼儿，教师当面说给家长，可能会让家长感到没有面子，不妨尝试短信沟通的方式。班上有一位小男孩，平时很少讲话，却常常无故争抢、损坏别人的玩具，动辄还打人。教师给家长发了一条短信：“孩子最近喜欢与小朋友交往了，但还得学习与人交往的方法，很想得到您的配合。”家长很快回信：“谢谢老师，我一定配合幼儿园教育孩子。”教师向家长推介了几种幼儿之间常用的交往方法，家长很是感激.在你来我往的短信交流中，共同寻找教育的策略，不时传递着幼儿进步的喜悦。几个月后，大家都欣喜地发现孩子在与同伴交往的过程中变得爱说爱笑、友好大方了。

3. 短信释疑——让误会化为理解

小李老师刚参加工作，很喜欢和孩子在一起，对工作认真负责，但她特别畏惧与家长打交道，每次家长接送孩子时，总是想方设法回避与家长的正面接触，与家长的交流屈指可数。一段时间之后，不少家长对小李的工作十分不满。在园领导和同事的帮助下，小李认识到自己工作的不足，以及家园合作教育的重要性，她给家长群发了一条短信，表明自己对工作和班上每个孩子的热爱，并诚恳地请家长帮助她，最终得到了家长的理解。

4. 短信问候——传递爱的祝福

小王老师的手机里储存着班上每个孩子的生日，每到生日那天，孩子会准时收到来自老师的生日祝福和真情问候；每到节日以及小王生日时，她同样也会收到来自家长的祝福信息。短信问候传递的是老师、幼儿、家长之间浓浓的爱意。

资料来源：姜如萍《早期教育》2009 年第 12 期。

家园合作三部曲

第一部：相识是首歌——新生入园前家园初次沟通流程

流程一：温馨电话连线——向家长作自我介绍，告知本班名称、地点及家长会时间。注意：语气亲切、内容清晰、礼貌周到。

流程二：详细短信提醒——以短信方式再次告知家长以上内容。注意：内容详细、便于理解、用词恰当，没有错别字。

流程三：召开第一次家长会——每位教师作自我介绍，讲解一日生活流程，新入园儿童会发生的心理焦虑行为表现，家长配合的方法以及需要准备的物品，同时发放新生入园调查表，并预约家访时间。注意：时间控制在一个小时之内，内容要可借鉴、可操作，帮助家长解除疑虑，轻松面对孩子入园。教师要统一着装，以亲

切、引导、帮助的语气及专业的分析给家长留下美好的第一印象。

流程四：入园前家访——班级成员合理分工，结合自身优势分别负责与家长沟通、与孩子交流，可带上幼儿的名帖和小礼物。注意：按时赴约，礼貌交谈，以了解孩子的生活习惯、个性特点、身体状况为主，不偏离主题。恰当控制好时间，做到真诚沟通、有效交流。

流程五：入园前亲子活动——科学设计亲子互动游戏、赠送孩子喜欢的小礼物，带领孩子认识自己的床位、口杯、毛巾等物品。注意：过程体现专业，激发孩子、家长参与的意识，让孩子喜欢、让家长佩服。

每一个第一次都是教师展现幼儿园文化理念、自身的专业素养以及团队风采的重要途径，也是一个良好相处的开始。所以，教师在充分准备的同时要用心谱写好这首初次相识之歌。

第二部：相知你和我——常规家园合作互助模式

模式一：新学期教研组计划汇报会——以年龄组为单位，每学期开学前以PPT形式召开工作计划汇报会，向家长通报本学期教研组的各项计划。目的：让家长了解幼儿园的教育内容，使家长感受教育新观念，增强自主参与的意识，做到家园教育同步。

模式二：家园联系册（每周一次）——月末展示（每月一次）——家长开放日（每学期一次）——亲子运动会（每学年一次）——主题性亲子活动（每年两次）——家园联欢会（每年一次）。目的：让家长每时每刻都能关注到幼儿园的教育，欣赏到孩子的进步。同时也为每个家长提供参与的机会，在不知不觉中使双方成为亲密的合作伙伴。

模式三：家长委员会（每月一次）——家长课堂（每学期一次）——家长老师（每学期一次）——家长问卷调查（每学年一次）。目的：挖掘家长中的人力资源，让家长参与到我们的工作中来，并从不同的角度提出一些值得采纳的意见和建议，成为幼儿园活动的参与者、组织者和评价者。

模式四：开通幼儿园网站，建立班级博客、飞信群等。目的：以网络为载体，通过园网站，将教育理念、保教工作、教师风采、主题活动等展示出来，进一步让家长了解幼儿园，了解孩子的在园生活。另外班级通过博客、QQ空间将孩子在园学习生活的点点滴滴以博文、照片、视频录像的形式呈现出来，方便家长随时了解幼儿园的教育和孩子的在园情况。同时，也让幼儿在自己的成长中留下永久难忘的记忆。

第三部：相惜心来说——家园亲师分享面对面

与自己面对面用心来说：我是一名幼儿园老师，我知道孩子喜欢什么样的老师。“会笑的、眼睛会说话的、漂亮的、会讲故事的、会唱歌的、会跳舞的、会画画的、不批评我们的……”孩子们的要求是那么的平常、如此的简单，就是时刻能跟他们在一起的、会笑的、会听的、会讲的、会玩的“伙伴”！我承诺——我会！我会与孩子平等地进行面对面的谈话，用会说话的、爱的眼神传递着鼓励、理解和信任；我会蹲下来，看着他们的眼睛，拉起他们的小手，耐心地、认真地听，听清每一句话，走进每一颗心；我会和他们一起“疯”，一起“闹”，一起听花开的声音，一起闻风的味道，一

起看幼稚的动画，一起找蜗牛的小家……

与家长心换心用心来说：作为老师，我想说，亲爱的家长朋友，当您发现了我工作中的失误，一定要及时提醒，我会欣然接受并改正，也请您宽容的给予谅解，给我成长的机会；当您发现孩子的情绪有所变化，一定要及时告诉我，我会用故事或游戏让他快乐起来，也请您不要怕麻烦，给我能力的展示；当您看到班级的通知或留言，一定要及时记下来，因为那是我需要您的理解和帮助，也请您尽力而为，给我最有力的支持……

如果我是家长，也想说：亲爱的老师朋友，请您细心地呵护我的孩子，他（她）是我生命中快乐的源泉，也是我的唯一；请您多给孩子表现的机会，无论能力强弱，他（她）需要在锻炼中体会成功的喜悦；请您用美丽的眼睛发现孩子的闪光点，教会他（她）辨别是非，因为您是孩子心中最崇拜、最欣赏的人。我知道您的"孩子"很多，很忙、很辛苦，只要需要，请给我机会，我会鼎力相助，因为我教育孩子要帮助别人，自己就要做好榜样……

相信，这用心、用爱换来的不仅是良好的亲师关系、和谐的师幼关系，更重要的是让孩子的可持续发展过程充满活力！

幼儿园家长工作记录表

形式	家长会	时间	2010 年 9 月 10 日	地点	幼儿园音体室
出勤	28 位家长出勤，请假 2 人：谢雨欣、王宏博家长				
主题	让爱住我家——宝宝入园一周秀				
准备："幼儿一周情景秀"电子相册、如何帮助孩子尽快适应幼儿园集体生活 PPT、彩色折纸若干、家园联系册若干					
目的： 1. 创设温馨、感人的氛围，让家长了解孩子在园一周的活动情况。 2. 科学分析孩子入园焦虑的原因，引领家长学会用有效的方法帮助孩子尽快适应幼儿园集体生活。					
过程： 1. 以《幼儿园，当我们把孩子交给你们》这首诗歌为开场，将教师换位思考的心态传递给家长。 2. 播放"幼儿一周情景秀"电子相册，让每一位家长都能从画面中看到自己的宝宝在园生活、游戏、玩耍时的快乐场景，让家长的担心减少一分。 3. 以 PPT 的形式科学分析本班孩子入园焦虑的原因，教给家长有效的方法和操作行为，家园一致，帮助孩子尽快适应幼儿园集体生活。 4. 发放幼儿家园联系册，将其中的内容分项介绍给家长（幼儿照片、教师寄语、家长寄语、班级教师联系方式、班级博客名称及地址），同时欣赏毕业班幼儿家园联系册样本，让家长感受到其中的意义，并自觉地参与到教育孩子的点点滴滴，进一步做好家园共育。 5. 教家长学会折郁金香花，回家后送给孩子，告诉他们这是老师和爸爸妈妈送给他们的入园奖励。 6. 在手语歌曲《让爱住我家》的互动中结束本次家长会。					

延伸：

1. 把本次会议内容上传到班级博客，并联系未出勤家长告知其会议内容。

2. 提醒家长在家和孩子一起观看博客中上传的幼儿一周情景秀电子相册，让孩子找一找自己，同时借助此机会鼓励孩子高兴入园。

资料来源：中国空空导弹研究院幼儿园　张慧玲

第五节　学前教育机构安全管理与危机防范

学前教育机构是婴幼儿集体活动的场所，安全问题时刻牵动着每一个家庭的幸福安康，也关系到社会的和谐稳定。《幼儿园教育指导纲要(试行)》明确提出："幼儿园必须把保护幼儿的生命和促进幼儿的健康放在工作的首位。"因此，必须加强安全管理和危机防范，为婴幼儿健康成长保驾护航。

一、学前教育机构安全管理与危机防范概述

（一）学前教育机构安全管理概述

一提起学前教育机构，人们脑海中可能会浮现出年轻活泼的老师带领着一群孩子，在阳光下自由嬉戏、玩耍的和谐景象，似乎学前教育机构中的一切都那么可爱，孕育着幸福、和平、安宁。然而在这样一个理想化的教育乐园中，在看似简单的一日生活中，却潜藏着重重安全危机。尤其是近几年来，触目惊心的学前教育机构安全事故曝光，更是把学前教育机构的安全管理工作推到了前台，见表 8-1。

表 8-1　2000—2008 年幼儿园安全事故调查表①

事故发生的主要原因	案例个数	百分比
食物中毒、毒气中毒	10	11.9%
交通事故	3	3.6%
砍伤	5	6%
偷跑走失、溺水	7	8.3%
教师虐待	3	3.6%
校车内闷死	5	6%
火灾、烫伤	11	13.1%
因设施砸伤、摔伤	11	13.1%
因儿童生病、游戏、打闹受伤	12	14.2%

① 李琳、刘妍萍：《84 起安全事故看幼儿园的危机管理》，《内蒙古教育》(基教版)2010 年第 5 期，第 8-10 页。

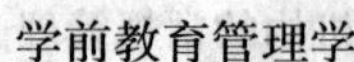

1. **安全管理的含义**

安全是人类生存和发展的永恒主题,也是当今社会关注的重点问题之一。《现代汉语词典》对"安全"进行了如下解释:"没有危险;不受威胁;不出事故。"简而言之,安全是一种事物免受外界不利因素影响的存在状态或结果,这样一种状态或结果促进了组织的发展,保持着组织和社会的稳定。随着社会发展和管理科学的日益进步,安全管理业已成为组织管理的重要组成部分,成为一门综合性的系统科学。安全管理是管理者对安全工作进行的计划、组织、指挥、协调和控制的一系列活动,目的是保障组织活动中的人身安全、财产安全,促进生产的发展,保持社会的稳定。

2. **学前教育机构安全工作管理要义**

(1)强化安全意识。目前,在学前教育机构的安全管理中,"安全第一"的提法十分普遍,这种管理意识关注到了安全问题对于学前儿童发展以及学前教育机构生存的重要性。然而,仅仅关注安全事故是不够的,在当今学前教育行业竞争白热化背景下,为了确保学前教育机构的可持续发展,应将"安全第一"的观念扩展到"防范危机"的理念。树立全员危机意识是学前教育机构安全管理面临的一项新任务。学前教育机构管理者可以在园务会、教研、备课和研究班组工作等环节中,组织引导教师学习有关的文件和政策,并制定本园的安全责任制,将安全工作落实到实处,力争做到人人知道、人人关心、人人负责,在全园形成讲安全教育、树安全意识、促安全工作的局面。

(2)注意环境安全。学前教育机构的环境是婴幼儿在园生活的空间,一定要消除环境的不安全因素。高低不平的场地、地面突出的小树桩、下水道、建筑工地等可能影响婴幼儿安全,需高度防范。玩具、设施设备不应有尖锐棱角。运动器械之间的位置要摆放合适,避免过分拥挤。大型玩具要安装牢固,并要定期检修,防止年久失修发生意外。电灯及电源插座应安装在婴幼儿接触不到的地方(1.8 米以上),减少意外事故。药物要妥善保管,放置在固定的位置,并贴上标签。内服药、外服药要严格分开,服药时一定要核对药名、剂量、用法,并督促婴幼儿吃完,要做好交接班记录。有毒药品要放到婴幼儿够不到的地方,不要用带有其他口服药品的空瓶去装有毒药品,不要让婴幼儿接触有毒药品和盛放有毒物品的容器,以免发生意外。

(3)建立安全制度,完善安全措施。学前期教育机构要建立健全各项安全制度,并坚持严格执行,要明确规定各个岗位安全工作的内容及各环节要注意的问题。每学期开园前,园所要组织人员对全园环境、设备、房舍、场地、大型玩具以及防火和防电设备、交通安全等进行定期检查,要求全体职工在工作中细心观察,发现问题及时报告、改进,及时处理。落实各项安全措施,强化安全防范意识,杜绝事故隐患。

(4)维护幼儿安全,加强安全教育。在班级管理中,应该注意结合婴幼儿的年龄特点,进行适当的安全教育,增强其自我保护意识和能力。具体包括:教育婴幼儿认识潜在的危险和可能的伤害;让婴幼儿了解更多的安全制度,并严格执行;教育他们避开危险的事物;教育他们不做危险的事。

(二)学前教育机构危机管理概述

学前教育机构危机管理,是指学前教育机构管理者根据本机构的危机管理制度和计划

对危机进行预防、应对、恢复的策略应对过程，涉及对危机事件和危机状态的管理，是学前教育机构管理的重要组成部分。危机事件与危机状态是管理的核心所在。危机事件指干扰学前教育机构正常运行的，严重损害学前教育机构组织功能及成员利益的突发事件、意外事故；危机状态指可能损害学前教育机构成员利益和组织功能的演变趋向。危机管理既包括对既成危机事件的控制、消除与局面恢复，又包括对危机状态的预防和调控，以免酿成危机事件。

1. 学前教育机构危机管理的特点

危机管理不同于一般的行政管理，其具有三大特点：全程性、全员性、全面性。

（1）全程性。危机管理分为预防、应对和恢复三阶段。因此，学前教育机构危机管理不仅仅是危机过后的“亡羊补牢”，也并非是对危机事件的处理。

（2）全员性。尽管危机管理的主要负责人是学前教育机构管理者，但危机管理过程需要全员参与，包括家长、教师、婴幼儿、乃至社区都要参与到危机防范与应对中。

（3）全面性。管理者需要对自身状况有全面认识，并能整合多种资源，积极开展危机公关等。

2. 学前教育机构危机管理的原则

（1）生命安全第一原则。该原则体现出“以人为本”的教育管理理念，也是世界各国在处理危机事件中所秉承的基本观念。在该原则指导下，学前教育机构各项活动应在确保人员生命安全的前提下展开，一切教育教学活动的底线就是“安全”。

（2）预防制度化原则。学前教育机构应在总结经验教训和吸取相关预防研究成果的基础上，制定出预防措施，并通过制度保障下来。预案的制定和演练，应提升到制度化层面，努力提高师生防灾减灾意识、安全意识和安全技能，对于应对突发事件、减少负面影响至关重要。

（3）迅速反应原则。突发性是危机的一个重要特点，要求学前教育机构管理者和成员在危机事件爆发后第一时间内，集中力量，用最少的代价、最少的资源解决危机。危机还可能导致产生具有一定危害性的负面影响，所以，学前教育机构应立即按照危机管理预案启动应急机制，尽可能缩短应对时间段，把危机损失降至最低限度。

二、学前教育机构常见危机现象

（一）游戏及活动中的危机现象

《幼儿园工作规程》中明确规定：“以游戏为基本活动”。为了使婴幼儿自由、健康成长，应给予其充分自由的游戏及活动的机会。但我们也必须看到游戏及活动后的凶险，学前教育机构管理者和组织者切不可把游戏的活动当成“儿戏”。此类危机现象主要有以下几类：一是大型玩具管理、维护不当；二是玩具卫生问题；三是户外活动中婴幼儿受伤事件；四是出游活动中交通事故；五是开放日活动中的拥挤混乱现象。

大型玩具涉及的危机通常包括玩具本身的质量问题、安装使用不当问题、维修保养问题等。因此，首先，规避措施要从源头入手，购买正规厂家生产的、质量过硬的产品，并保存好

相关票据凭证,以便日后作为相关证据;其次,要建立日常维护制度,定期请专业人员进行检修、保养,并做好检查记录,对于老旧的器械要坚决更换,不应带“病”使用。当然,假如引发了事故,园方应协助家长积极治疗受伤的婴幼儿,主动公布补救措施,并对设备设施进行全面检查。

玩具是婴幼儿开展游戏活动的载体。玩具的卫生问题包括玩具生产制作过程中的卫生污染问题,玩具保存和使用过程中消毒、清洗制度的建设问题,玩具本身的安全问题和安全使用问题等。因此,首先,玩具购买渠道一定要正规,不应为了节省资金,忽视安全问题;其次,应坚持园内玩具的定期卫生、安全检查制度,定期对玩教具进行消毒、清洁,避免交叉感染。对于孩子从家中带玩具来园行为也要严加管理,毕竟家庭并非专业教育场所,对玩具卫生问题未必有专业的认识和管理措施。婴幼儿玩具种类繁多,我们还应对玩教具可能潜在的危害有清醒的认识,以便在教育教学和游戏活动中给予婴幼儿更有针对性的指导。常见的玩具伤害情况及其处理可见表 8-2。

表 8-2 玩具伤害及其处理①

伤害	原因	玩具举例	处理
灼伤	玩具电线裸露、易燃性玩具接触火源。	电动玩具、绒毛玩具、木头玩具。	处理伤者,消除隐患,避免接触火源。
铅中毒	玩玩具时,铅元素被孩子直接或间接摄入体内。	金属、喷漆、注塑玩具,彩色颜料,带图案的气球,图书画册等。	协助治疗患者,对玩具进行专业检测,追究厂家责任。
窒息	玩具配件或玩具被孩子吞食,引起窒息。玩具上的绳索缠绕孩子的脖颈,导致窒息。	玩具配件(娃娃的五官)、小玩具、电池、泡沫塑料等容易被孩子咬下的玩具、拖拉玩具。	及时施救幼儿,消除玩具隐患。
中毒	玩具内的化学物含有害化学剂,孩子误食导致中毒。	套装玩具、颜料等。	抢救幼儿,请相关专业机构调查,追究责任。
传染病	玩具不定期清洁消毒,容易沾染细菌、病毒和寄生虫卵,使孩子染病。	绒毛、布艺、塑料玩具等。	组织治疗,隔离患者,报告相关部门,清洗消毒玩具。
夹伤	玩具部件之间空隙不合适或玩具折合时夹伤孩子手指。	折叠、组合式玩具,儿童车。	处理伤者,消除隐患。
过敏	玩具中的尘螨引起孩子过敏。	毛绒、布艺玩具。	消除过敏源。
射伤	玩具射程过远或弹射力过强,造成伤害。	飞镖、玩具枪、玩具弓箭等。	治疗伤者,检查玩具安全,消除隐患。
割伤	玩具边缘锐利或没有卷边。	金属、硬塑料玩具,图书。	处理伤口,消除隐患。

① 方臻蓉、赵仲龙、胡嫣:《玩具安全大检查》,《家庭教育》2004 年第 11 期,第 14 页。

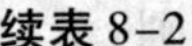

续表 8-2

伤害	原因	玩具举例	处理
听力损伤	发声玩具离孩子的耳朵过近。	喇叭、玩具机关枪等。	治疗伤者，消除隐患，教授正确玩法。
心理伤害	玩具本身不健康或不适合孩子年龄，给孩子带来行为、心理上的负面影响。	暴力型玩具、成人化文件、打斗类电动玩具、衣着暴露的玩偶娃娃等。	治疗、疏导幼儿，消除恐惧和伤害来源。

户外活动也具有高危险系数，因为户外活动场地大，孩子活动方式自由，最能调动孩子情绪，也往往会使孩子行为失控。在户外活动中，除了玩具器械引发的危机外，活动组织不合理、教师管理不到位也容易引发安全问题，尤其在自由活动、体育活动和晨练等环节中，教师不应对孩子的游戏方式放任不管，必须使孩子的活动在教师视线以内。另外，在楼梯、阳台、高台等危险场合，也容易出现意外事件，因此要高度警觉，注意安全事项的交代，并合理组织活动。

【案例分享】

户外活动的时候，豆豆和其他小朋友在操场上互相追逐着，在没有任何障碍物和别人推挤的情况下，豆豆摔倒在地，造成豆豆下颌处摔裂，缝合3针。

这种情况一般都是由于意外引起的，但是在责任归属上有两种情况。

第一种情况，老师在场，豆豆的活动在老师的视线范围内，也就是说，老师看到了豆豆摔倒的全过程。这种情况老师和园所都没有责任，属于意外事故。因为孩子在活动中很难对自己的行为进行有效的控制，活动时不小心绊倒，相互之间碰撞以及其他的伤害都是不可避免的。

第二种情况，老师不在场，根本不知道事故发生的情况。这种情况老师是有责任的，因为《幼儿园工作规程》明确规定了教师在正常的教学活动时间里，不能出现不请假而离岗、请人代岗的现象。教师如果在应在岗期间不在岗，未能了解事故发生的情况，出现事故没有采取有力措施进行抢救，不及时汇报，都应该承担相应的责任。

资料来源：http://www.baby-edu.com/

陈鹤琴倡导的“幼儿应从大自然、大社会中学习”的理念，现已融入教育实践中，越来越多的外出参观游览活动也纳入了学前教育机构的教育内容中。出游活动首先面临的就是交通问题，因此，应对出游地点、线路、车辆等进行全方位考虑，形成完整方案，并事先教育孩子遵守交通规则。对于车辆的选择，应严格遵循国家相关政策法规，首先要考虑安全问题，保证每个孩子都有座位，每个座位上都有安全带，并对租用车辆年限和驾驶人员资质进行核查；其次，还应保证有足够的人手来管理车辆上的孩子，上下车时要仔细清点人数等。

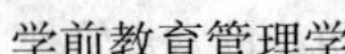

家园合作也是学前教育的一个重要原则,学前教育机构现在也越来越重视开放办园,所以一些亲子同场表演、娱乐和竞技的开放日活动也越来越多。亲子开放日活动因为人数较多,流动性较大,也会让环境变得更为复杂,婴幼儿走失、踩踏等事件频发。因此,即便家长在场,也并不意味着安全有保障,教师应提前交代家长一些相关注意事项,并适当提醒家长和婴幼儿安全问题。学前教育机构在组织大型活动前,应制定相关危机管理方案,事先做好周密安排,分工明确、责任到人,严防发生诸如踩踏、火灾、走失等事件。

(二)一日生活中的危机现象

来园、晨检、早操、教学活动、游戏、餐点、盥洗、午睡、自由活动、离园等环节是一日生活的主要环节。若学前教育机构缺乏危机意识,没有积极有效的安全防范措施,可能会在这习以为常中引发"不寻常"的危机现象。

晨检是婴幼儿入园第一关,晨检制度可以对婴幼儿疾病做到早发现、早诊断、早治疗。但在实践中,不少园所的晨检只是流于形式,不能坚持"一看、二问、三摸、四查"的制度,就很可能引发危机。例如,某天早晨,有位小朋友从裤袋摸出一个绿色小纸包,引起了小朋友们和老师的注意,老师当即检查看到纸包上有"剧毒"几个字,核查后发现这是孩子从家带来的老鼠药,其父母并不知晓此事,并且在晨检的过程中,李医生也没有发现。所幸的事,带班老师看到了,并及时化解了隐患。因此,晨检环节非常重要,不仅可以及早发现和处理疾病,也可以发现婴幼儿是否带有毒害物品或易造成创伤的玩具,以此保证他们的身体健康。

就餐环节是一日活动中平凡又繁杂的环节,也是孩子们最容易兴奋且较难组织的环节。学前教育机构若没有制订相关制度和危机预案,不能坚持就餐管理制度,极有可能出现烫伤、中毒、异物卡喉等危险情况。例如,某幼儿园午餐时间到了,孩子们忙于洗手、如厕,带班老师也离开教室去卫生间,但恰恰此时保育员送来了一桶刚刚出锅的汤,并像往常一样放在开饭的桌旁就匆匆走了。有几个孩子洗好手后,并没有入座,而是走走停停嬉戏着,来到了汤桶旁边。可怕的一幕发生了,一个小朋友一下子跌进滚烫的汤桶里,班上立刻乱作一团。老师闻讯赶来把孩子送到医院,诊断结果为孩子深度烫伤,并可能失去生育能力。该事件对孩子及其家庭造成严重后果,幼儿园为此付出了惨痛的代价。从该案例看出,建立明确的就餐管理制度,并确保制度贯彻执行是管理的前提;在就餐时间,教师、保育员必须同时在岗,相互协作,确保卫生与安全。就餐环节,儿童极易兴奋,教师应提前控制幼儿情绪,组织其有序就餐。

午睡环节在一日生活中是看似轻松的环节。活泼好动的孩子此时终于可以安静了,劳累的教师似乎也可以稍作调整。殊不知孩子的生命无比娇嫩,需要教师精心呵护,尤其孩子处于睡眠状态中,随时可能发生疾病突发、被子捂闷、吞咽异物等意外,所以,午睡环节也不能掉以轻心。学前教育机构管理者要采取有效措施确保午睡管理制度的贯彻执行,如园所行政领导加强午睡巡查。教师要在午睡前排除环境中存在的危险,可以利用饭后时间进行午检工作,防止尖锐、坚硬或细小的物品被婴幼儿带入寝室,从而造成伤害。在午睡过程中,教师还要注意巡视,细心观察孩子的举动,及时发现问题,避免发生意外。

来园离园环节是家长参与的环节,通常教师认为有家长在,自己会比较放松,其实不然。来园时,一些家长因为时间紧,没来得及把孩子交给教师手中,就返身赶着上班,这在管理上会造成与班级教师脱节的状况,让孩子有空隙"溜号";离园时,不少家长接了孩子后仍会滞

留园所内，或想让孩子再玩一玩大型玩具，或想借此机会和教师、熟人沟通交流，但由于照顾不周，常发生学前儿童玩大型玩具时摔伤、磕伤、撞伤或走失等情况。因此，园方应在大型玩具可能出危险的地方出示警示标牌，利用家长学校和家长会开展相关安全、教育宣传活动；并落实好交接制度，严格确认接孩子的家长。

【案例分享】

4岁的天天刚从外地到北京，上幼儿园的第一天，天天和小朋友们跟着老师在幼儿园里的小花园里"找春天"，训练有素的其他小朋友听到老师集合的口令，都随老师返回了班里，而天天看幼儿园的大门是开着的，就趁老师没有注意，离开了幼儿园，自己回家了。幸运的是天天家离幼儿园很近，天天回家时家里还有人。这种情况属于幼儿走失的事故，幸运的是没有造成严重的后果。

幼儿走失属幼儿园严重事故，这是幼儿园未尽看管之职造成的，是幼儿园管理的失误。幼儿在幼儿园期间(指幼儿从踏入幼儿园门到离开幼儿园这段时间)，教师应该像家长一样看管幼儿，幼儿离园必须经教师同意，或者幼儿家长的许可。

另外，幼儿被他人接走、外来人员侵入、幼儿园组织的校外活动引发事故等情况都属于幼儿园的责任事故，幼儿园要负相应的责任。

资料来源：http://www.baby-edu.com/

(三)意外伤害事故中的危机现象

近年来学前教育机构不安全事件频发，意外伤害已成为影响婴幼儿健康成长的第一杀手。一项抽样调查显示，我国因意外伤害造成儿童死亡的占儿童死亡总数的26.1%。意外伤害事故发生的范围广、种类多，包括灾害应急处理不到位、门卫聘任管理制度欠缺、校车接送制度不严、食品管理漏洞和公共卫生事件频发等。

生活中，难免遭遇天灾人祸，如火灾、地震、台风、洪灾、不可预料的暴力侵袭、盗窃、房屋倒塌、电灾等。尽管在遭遇灾难时，人们会意识到灾难防御的重要性，但在平时，人们总认为灾难离自己很远，从而产生松懈情绪。天灾人祸虽不可完全避免，但若防御及时，亦可减轻损失。因此，学前教育机构应完善各项管理措施，做到防患于未然；还应有灾难应急处理机制，在面对自然灾害和社会危害事件时，能及时采取恰当方式自救、逃生、紧急避险。

学前教育机构的大门是孩子的一道安全屏障。由于孩子年龄小，为避免意外发生，应有严格健全的门卫聘任管理制度，保障孩子安全。否则，孩子们就丧失了安全的屏障。例如，2004年8月4日上午，一男子在北大第一医院幼儿园内持刀行凶，致使15名幼儿和3名教师受伤。后核查发现嫌犯曾患精神分裂症，却在幼儿园当门卫长达两年之久。这一案例反映出学前教育机构的门卫是相当重要的岗位，但一些学前教育机构岗位聘用人员通常不注意门卫人员的使用，无疑会埋下用人不当的隐患。还有一些学前教育机构门卫聘任方面不重视门卫防卫能力，一旦发生意外，门卫缺乏应变能力，形同虚设。因此，学前教育机构最好聘任由保安公司提供的专职保安，为学前教育机构提供较为安全的屏障。另外，一些学前教

育机构缺乏健全的门卫管理制度,人员出入混乱。例如,2007 年 7 月,上海普陀区某幼儿园门卫搭识了卖淫女钱某,并为钱某提供场所,使其经常在门卫室和儿童休息室进行卖淫嫖娼活动,对学前教育机构声誉造成极大损害,也埋下了安全隐患。

随着学前教育机构竞争日趋激烈,“校车接送”也成为招生时吸引家长的亮点。一辆辆校车承载着欢歌笑语的孩子,为家长们提供着便捷的服务,但由于管理的漏洞,其中也存在一些令人担忧的隐患:校车老化甚至使用报废车辆,或者车辆本身未达到安全标准;司机或驾驶人员技术和资质不符合要求;人员严重超载;道路交通安全问题以及从家长送孩子上车到孩子入班整个过程是否有严格安全监督等等这其中任何一个环节处理不善,都可能预示着危机,所以坚决不能为了节约成本,而在校车问题上以牺牲儿童安全为代价。《专用小学生校车安全技术条件》和《专用小学生校车、小学生座椅及固定件的技术要求》中的校车安全防范方案见表 8-3。

表 8-3　校车安全防范方案

规范类型	具体要求
校车整体规范要求	校车为用于运送不少于 5 名学生及照管学生的人员上下行的客车和乘用车。按乘坐对象分幼儿校车和其他校车。铰接客车不能作为校车。 校车应有统一的颜色(建议黄色),校车前后围和左右侧围应标志“校车”字样。字体颜色为黑色,字体高度不少于 210 毫米。
儿童座椅规范要求	每个儿童座椅必须安装安全带,同时安装司机或监护人能集中打开的控制装置。这是为了防止紧急事故时,孩子因为紧张自己打不开安全带。校车应至少安装一个监护人的座位。
司机视线规范要求	由于学童好动,司机在车内须有良好的视野,观察幼儿是否都坐好了,是否都系上安全带。因此,专用校车必须提供车身上固定的装置,比如摄像头,使司机在正常状态下能看到所有学生的头部。
安装应急呼救装置要求	校车须安装应急系统,包括车门应急开启装置和应急照明装置。比如,启动应急开关后,应急照明灯应立即点亮,同时声音呼救系统自动开启。应急开关、应急开门按钮附近应有醒目红色中文标志和图案。此外,校车内应装有医药箱等临时施救装置。

病从口入,在学期教育机构中一旦发生食物卫生安全事件,往往意味着重大安全威胁。例如,熟食制品从采购到食用时间间隔较长,若在运送过程中不注意冷藏,食用前未经过加温消毒,就会造成病菌大量繁殖;所供米饭,隔夜剩饭,未彻底加热煮透是细菌污染的对象;用装过烤鸡的餐具盛米饭,会导致交叉污染;一般夏秋季多发细菌性和有毒动植物食物中毒,冬春季多发生肉毒中毒和亚硝酸盐中毒等;未煮熟的豆浆、发芽的马铃薯、毒蘑菇、霉变甘蔗等也是常见食物中毒的因素。因此,学前教育机构应主动加强对从业人员卫生知识、卫生操作技能的培训和指导,强化自身卫生安全意识,规范操作流程,杜绝食物中毒发生,确保饮食卫生安全。

三、学前教育机构危机管理的程序

学前教育机构危机管理的基本过程包括三个阶段:危机预防、危机应对和危机恢复三个环节。危机预防是指学前教育机构要减轻或消除安全隐患的可能因素并制定相关预案。危机应对是指在危机发生过程中有条不紊地执行相应措施和步骤,化解危机或减轻危机带来的伤害。危机恢复指在危机事件发生后尽快恢复学前教育机构保教常规,缓解其对婴幼儿、教师、家长、社会带来的负面伤害,减轻危机事件对学前教育机构生存发展的威胁,对危机后果进行评估并整改。以上三个阶段相互联系,构成循环往复、不断完善发展的过程。

(一)预防阶段

灾难经济学家曾提出一个"十分之一"法则:在灾难到来前投入一分资金用于灾害的防范,可以降低人类十分的损失。因此,通过对危机的预防和排查,可以减轻或避免危害的产生。预防阶段就是根据"十分之一"法则而提出的"防患于未然"的阶段。在很多危机意识淡漠的群体中,该阶段会流于形式或被淡化。但如果这阶段工作能够做得足够细致周密,就能将很多危机消灭于萌芽状态。该阶段需要进行如下工作:提升危机意识、排查危机因素、制定危机管理预案、成立危机管理小组、开展演习训练等。

(二)应对阶段

危机应对阶段,需要既能够按照危机预防阶段中的计划和演练及时做出反应,又能够根据突发情形,进行灵活应对。该阶段需要进行如下工作:快速发布警报、危机管理人员及时到位、迅速隔离危机、及时进行医疗救护、及时监测与评估、做好危机公关等。

(三)恢复阶段

当学前教育机构遭受到危机后,教职员工和婴幼儿的身心及环境往往会受到巨大创伤。因此为了保障机构的继续生存与发展,还应做好恢复工作,包括舆论管理、人员心理疏导工作、恢复正常工作秩序、分析反思并修订完善管理方案等。

四、学前教育机构危机管理要义

学前教育机构危机管理是一项全园性常规工作,从提高教职工危机意识,到制订周密的危机预案和应急处理方案,再到有效干预,每个环节都需具体落实。在危机管理中需要关注以下几个基本问题。

(一)强化危机意识

比尔·盖茨曾说:"微软离破产永远只有18个月。"张瑞敏说:"我每天的心情都是如履薄冰,如临深渊。"这种"生于忧患"的高度危机意识同样适用于学前教育机构,学前教育机构也必须提升整体危机意识水平,树立全程、全面、全员的理念。"全程"体现在危机管理程序上;"全面"体现在危机管理所涉及的诸多因素上,切实加强教学管理、户外活动管理、安全管理、人员管理、资金管理、信用管理等;"全员"意味着从机构管理者到教职员工,从家长到

婴幼儿,从上级教育行政主管部门到与学前教育机构相关的各个部门,都是危机管理的主体,人人了解危机,人人参与危机管理,共同建构学前教育机构的安全屏障。

(二)建立危机管理机制

危机有可能随时随地发生,要做到在危机发生时能够从容应对,就要事先建立危机管理机制,做好应急预案工作。

1. 建立危机管理小组

组建危机管理小组,可以使危机管理得到组织保证。危机管理小组既可以是独立的专职机构,也可以是跨部门的领导小组,学前教育机构可以根据自身规模和危机可能发生的概率灵活决定。危机管理小组成员应包括学前教育机构领导、公关、人事、教务、财务、保卫、后勤等负责人,还应包括保健医生、法律顾问、心理咨询师等专门人才。危机管理小组的职责包括:搜集和分析园内外信息,寻找薄弱环节,捕捉和识别潜在风险和危机;针对可能发生的危机制定相关预案,并适时调整、修订和更新;有计划地组织培训和演习,培养教职员工危机意识和危机处理的知识和技能,提高全园应对危机的能力。

2. 制订危机管理计划

尽管危机发生有其突发性,但我们也可以根据经验归纳出婴幼儿可能遇到的危机情况,并有针对性地制订危机管理计划。一般来说需要在以下几个方面制订危机管理计划,见表8-4。

表 8-4　危机管理计划类别

大型活动	庆典活动、郊游活动、亲子活动、运动会、开放活动、接待参观活动
灾难性事件	火灾、水灾、地震、台风、爆炸
食品卫生	食物中毒、食物不洁
意外伤害	割伤、挫伤、扎伤、烫伤、骨折、溺水、雷电击伤、体内异物、毒虫叮咬、中毒
突发事件	暴力侵犯、外人闯入、员工冲突、能源中断、婴幼儿走失、自杀、死亡
健康问题	传染病、突发疾病、惊厥、休克
交通问题	校车接送、教师护送

一般来说,危机管理计划首先应明确规定相关人员的工作职责,制订师生活动常规,做到事事有人管,人人有事做,从而使危机发生时每个成员能迅速找准自己位置,发挥主观能动性。其次,制订应急处理办法和预算,根据机构自身人力、财力、物力等资源,以假设事故为目标,制定出各类事故的预防和处理措施,并通过有针对性的措施排除不安全因素。再次,当危机发生时确保有联络人向管理小组负责人及时汇报,保持信息沟通渠道的畅通,并做好危机公关,维护学前教育机构形象。最后,为保证预案有效性,应定期对其检查和更新,以适应时代、社会发展的新趋势。

3. 定期进行应急演练

应急演练是危机管理中非常重要的方法,它有一些独特的优势:其一是可以较为逼真地

显示危机情境,使受训者的体验更为真切和深刻,有助于提高其心理素质;其二是可以较为全面地提升危机处理知识和技巧;其三可以检验危机管理计划的可行性,同时通过演习可以发现危机管理机制中的漏洞和不当之处,以便及时调整和改进。总之,通过定期开展应急演练,可以使教职员工生增强安全防范意识,提升危机处理技能,提高婴幼儿自护能力。

(三)进行危机管理沟通

沟通是危机管理的重要组成部分,谣言、恐慌、过激行为往往是危机的衍生物,因此需要挑选沟通能力强的成员参与沟通事宜,将错误的信息控制到最小范围之内。沟通的目的是帮助大众了解真相,理解危机,避免因恐慌而做出不理智决定。首先,通过内部通报等方法,解除教职工疑惑并将信息统一。其次,园方发言人就危机事件发表声明,公布危机处理进展情况,此环节须注意:①不应因讨好媒体而过度承诺或未显示大度有冤不喊;②园长不应轻易发言,因为园长表态后,一些未经慎重考虑的许诺和判断很容易成为不容更改的事实。总之,在沟通时,一定要表现出诚恳、诚信的态度,不应以防御的姿态刻意隐瞒或说谎,也不应通过职责错误来压倒对方的气势。当然,诚恳、诚信并非对私人问题、猜测性问题、假设性问题也都一一回答,应代之以礼貌、灵活的拒绝。

(四)开展全面恢复工作

实际上,危机恢复工作早在危机来临时就已经开始了,只不过在危机事件管理起始阶段,直接结束危机事件是当务之急。但随着危机事件处理工作的深入和危机事件走向尾声,危机恢复工作的重要性也慢慢浮现出来。其重要性表现在以下两方面:

首先,危机恢复是学前教育机构走向常规的必要条件。危机经常会带来一定的伤害,虽然危机能够被化解,但经历危机冲击的学前教育机构和教职工以及婴幼儿,如何在危机后恢复到危机发生前的状态也是一个亟待解决的问题。危机恢复管理的首要目的就在于将危机主体恢复到危机前的状态。

其次,危机恢复管理是学前教育机构或个人获得新发展的前提准备。危机恢复过程中,善后工作做得好,职责履行得好,不仅可以把危机可能造成的损害性后果降至最低,还可能为学前教育机构的新一轮发展提供良好的契机。比如,某幼儿园在食物卫生安全事件发生后,积极进行危机处理和干预,主动承担责任,借此转机,使幼儿园在公众心目中建立起负责任的良好形象,同时通过此次教训,也提升全体教职工的责任意识和危机意识。

本章小结

学前教育机构保教工作管理从理论和实践的层面,对于保教管理的基本原则、主要内容、管理程序、班级管理以及园本教研管理做出了阐释,学习者必须明确树立保教结合、科学规范、全面细致的保教工作管理理念。卫生保健工作对于促进学前儿童健康成长至关重要,应通过有效的管理措施,做好生活管理、健康管理、营养管理,开展健康教育指导和健康知识普及。同时,学习者要掌握总务管理的有效方法,遵循总务工作管理的基本要求开展工作,为学前教育机构的发展提供有力的保障。

学前教育机构公共关系建构涵盖了学前教育机构与家长关系及社区关系。学习者应明确学前教育机构公共关系建构的意义,树立合作共育观念,能够合理运用各种方式方法和策略有效开展各种工作,以塑造学前教育机构的良好形象,并整合各种教育资源,为学前儿童健康成长创造最佳教育环境。

为确保学前教育机构可持续发展,应将"安全第一"的观念,扩展到"防范危机"的理念。树立全员危机意识,正确对待游戏中、一日生活中、意外伤害事故中可能出现的危机现象。建立危机管理机制,确保学前教育机构全体成员能够安之若素地应对突如其来的危机。与此同时,危机沟通和公关,以及之后的危机恢复工作也可以促使学前教育机构各项常规工作尽快步入正轨。

【知识检测】

1. 概念检测:课程管理;保教质量管理;班级管理;学前教育机构公共关系;学前教育机构危机管理

2. 思考讨论:

(1)保教工作管理的原则是什么?

(2)保教日常管理有哪些内容?

(3)班级管理内容包括哪些方面?

(4)园本教研如何组织?

(5)简述学前教育机构卫生保健工作管理的主要内容。

(6)学前教育机构总务管理的特点是什么?

(7)简述学前教育机构与家长公共关系建构的策略。

(8)幼儿园一日生活中有哪些潜藏的危机?

(9)简述危机管理的程序和要义。

3. 以一个攻击性行为强的儿童为例,设计一份家访计划方案。

【案例分析】

1. 园长走到大二班,看到只有生活教师独自为孩子开早饭,而当班的小张老师正在寝室里忙着准备上课的教具。在园长的提醒要求下,小张老师不情愿地与生活教师一起开饭。嘴里没说,可心里一直在嘟囔:"开饭是生活老师的事情,我把课上好不就行了!"小张老师的课的确上得十分精彩,只是课间孩子喝水、如厕时,活动室里又不见她的踪影了,原来她忙着看下一节课的教案呢!园长找到小张老师谈心,她一股脑地道出了心里话:"园长,老师和生活教师就是不一样的呀,大家应该分分工的,让老师每天照顾孩子吃、喝、拉、撒、睡,哪有精力上好课呢?"

思考:

小张老师的想法对吗?如果你是园长,你将如何进行这场谈话呢?请结合此案例谈谈你对保教结合管理原则的理解。

2. 由于目前没有全国统一的幼儿园教材，各省、市、地区及各种教育机构都在积极编写教材，可以说，当今的幼儿园教材市场可谓百花齐放、百家争鸣。教材市场的现状使园长选择教材成了十分头疼的事，许多园长感慨："选择幼儿园教材真是一件令人头疼的事！"

思考：

请从课程管理的角度谈谈如何帮助园长解决这一苦恼？

3. 近期，校车事故频发。一些私立幼儿园，为了节省成本，"超载"似乎已经成为行业潜规则。2011 年 6 月浙江宁波民警曾查获一辆当地某幼儿园的校车，该车额定载客人数为 19 人，实际拉了 75 人，其中 72 名为学龄前儿童。2011 年 11 月 16 日，甘肃正宁县榆林子镇"小博士"幼儿园校车与一辆陕西籍大翻斗运煤车相撞，造成 21 人遇难，其中 19 名为幼儿。经过事故调查，发现该校车存在超载、道路逆行、私自改装车辆等问题。另一类幼儿园校车容易发生的事故，是幼儿在夏天"被忘记"在校车内致死。2011 年 9 月 13 日，湖北省荆州市荆州区紫荆花幼儿园 2 名幼儿被遗忘在校车内一天，当日下午放学被人发现时，已在车内身亡。

思考：

请用危机管理相关要义分析如何有效管理校车？

4. 洋洋和壮壮都是幼儿园大班的小朋友。一天，在幼儿园户外活动时，洋洋和壮壮都选择了跳绳，刚开始两人还各自跳各自的，可是没过多久，他俩就开始拿着跳绳你打我、我打你，练起了"武功"。忽然，意外就在一瞬间发生了，壮壮抡起跳绳时，一只手柄从手中脱落直飞出去，击中洋洋的眼部。

对于壮壮对洋洋造成的伤害，按照我国《民法通则》规定，作为壮壮监护人——壮壮的父母理应承担赔偿责任。同时按照最高人民法院《关于贯彻执行(中华人民共和国民法通则)若干问题的意见(试行)》第 160 条规定：在幼儿园学习或生活的无民事行为能力人，受到伤害或者给他人造成损害，单位有过错的，可以责令这些单位赔偿。本案例中老师管理不够全面，导致伤害事故发生，幼儿园有过错，应适当给予赔偿。

思考：

根据学前教育危机管理要义，说明如何处理此事。

第九章　学前教育机构的人力资源管理

本章概要

人力资源管理是学前教育机构管理的核心要素。科学的人力资源管理包括选人、用人、培养人、激励人,以及组织人、协调人等,使组织形成互相配合、取长补短的良性结构和良好气氛。园长是人力资源的管理者,对学前教育机构负有领导管理职能,其领导力和领导艺术的发挥对学前教育机构的健康发展至关重要。

学习目标

1. 了解现代人力资源管理的特征。
2. 明确学前教育机构人力资源管理的原则及过程。
3. 理解园长负责制的内涵和实施条件。
4. 初步掌握园长领导力及园长领导艺术。

第一节　人力资源管理概述

人力资源是一切资源中最活跃、最重要的资源,管理的核心是对人的管理。毛泽东曾指出:“世间一切事物中,人是第一个可宝贵的。”现代管理大师彼得·德鲁克也说过,“企业只有一项真正的资源:人。”对于学前教育机构而言,保教质量的提升也在于人力资源管理。

一、人力资源的含义与特点

(一)人力资源的含义

我们常把那些有价值的、可用的东西或原始的物质称之为资源。但对于人力资源的定

义,国内外管理者并无一致的看法。

从宏观的角度界定,人力资源指能够推动特定社会系统发展进步并达成其目标的该系统人们能力的总和。

从微观的角度界定,人力资源指特定社会组织所拥有的能推动其持续发展、达成其组织目标的成员能力的总和。

本章所说的人力资源概念即是从微观角度来界定的概念。

(二)人力资源的特点

人力资源与其他资源相比,具有以下特点:

1. 双重性

双重性即人力资源既具有生产性,又具有消费性,两者相辅相成。生产性能够创造物质财富,为人类或组织的生存和发展提供条件;消费性则能够保障人力资源的维持和发展,并为人力资源本身的生产和再生产创造条件。

2. 能动性

能动性即人具有主观能动性。每个人作为活动的主体,可以有目的地做出选择,进行自我更新,通过来自于他人或组织的激励,能够调动积极主动性,提高活动效率。

3. 可开发性

人力资源是可以不断地可持续性开发的资源。人力资源的使用过程是开发的过程,培训、积累、创造的过程也是开发过程。如果人力资源不能持续性地开发,长期荒废,就会导致人力资源功能的退化。

4. 社会性

人生活在一定社会环境之中,会受到社会文化各方面的影响。由于每个人的生活背景、成长经历不同,在不同社会环境影响下,会形成特有的价值观念和行为方式,这也是人力资源管理复杂性和创造性的体现。

二、人力资源管理的含义与职能

(一)人力资源管理的定义

以往,对人的管理常称为人事管理。人力资源管理是近几十年逐渐出现并已广泛使用的概念。当今,人力资源管理学已成为一门独立的学科,它研究如何最有效、最合理地管理和使用人这一最宝贵的资源,从而实现组织的既定目标,使其经济效益和社会效益最大化。

如同界定人力资源概念一样,也可以从宏观管理和微观管理两方面界定人力资源管理概念。

人力资源宏观管理是对社会整体的人力资源的计划、组织、控制,从而调整和改善人力

资源状况,使之适应社会再生产的要求,保证其运行和发展①。

人力资源微观管理是通过对组织的人和事的管理,处理人与人之间的关系、人与事的配合,以充分发挥人的潜能,并对人的各种活动予以计划、组织、指挥和控制,以实现组织的目标②。

本章所分析的人力资源管理是指人力资源的微观管理。

(二)人力资源管理的职能

人力资源管理是组织的基本管理职能之一,其基本任务是吸引、保留、激励与开发组织所需的人力资源,调动其积极主动性,使人力资源得以高效率利用,从而促成组织目标的实现,推进组织不断发展。

人力资源管理的基本职能体现以下几方面。

1. 人力资源的获取

人力资源的获取包括人力资源的规划、招聘和选拔。一个组织为实现其目标,需规划其人力资源的需求,通过招聘、选拔,拥有能够胜任其工作要求的员工。

2. 人力资源的保持和激励

人力资源的保持和激励包括确保员工的薪酬和福利,为员工提供安全健康的工作环境;遵守劳动法规,与员工签订劳动合同等,从各方面保障其待遇,增加其满意度,使其安心和积极工作。

3. 人力资源的开发

人力资源开发体现为,组织通过职业生涯规划,确定人力资源目标,建立实现目标的措施,对员工进行有计划的培养和训练,为其提供发展机会,扬长补短。

4. 人力资源的控制与调整

人力资源的控制与调整是借助于绩效考核,收集、评价和传递员工在其岗位上的工作行为和效果等信息,评估其素质,并据此对其做出相应的奖惩、升迁、辞退、解聘等决策。

5. 人力资源的整合

人力资源的整合即对员工进行组织文化的渗透,帮助员工了解组织宗旨与价值观,并使之内化为员工自身的价值观,建立和加强对组织的认同感、归属感和责任感。

上述人力资源管理的职能是密切联系、彼此配合的,构成一个整体,共同保障人力资源的最优配置,并发挥最大效率。

三、人力资源管理理念的转变

(一)传统的人事管理

传统的人事管理基本属于行政事务性的工作,主要由人事部门执行,很少涉及高层战略

---

① 陈维政等:《人力资源管理》,高等教育出版社 2004 版,第 5 页。

② 陈维政等:《人力资源管理》,高等教育出版社 2004 版,第 6 页。

决策。其内容主要是人员招聘、选拔、委派、工资发放、档案保管等,其工作具有范围有限、短期导向、技术含量低、地位低档等特征。

(二)人事管理向人本型管理的转变

人力资源管理被提高到组织战略高度来考虑,通过制定远期人力资源规划即人力资源战略,以配合和保障组织总体战略目标的实现。重视各级管理者的培训,将有关人的管理知识和技能列为首选科目。

(三)现代人力资源管理

现代人力资源管理出现新的变化动向,即呈现从人本型人力资源管理向战略性人力资源管理演进的新趋势。也即人力资源管理直接参与组织战略决策,起着核心作用。现代人力资源管理的特征有以下几方面。

第一,在观念上从将员工视作是成本负担、看做是管理和控制的工具,转变为视员工为有价值的重要资源和财富,尊重并满足其各种需要,充分发挥其主动性和创造性。

第二,建立科学、合理的目标责任管理制度,通过公正、公平、透明的员工绩效考核和奖惩任用制度留住人才。

第三,创建学习型组织,规划员工实现自我的职业生涯,激励员工不断学习获取新知识、新技能,随组织发展而不断成长进步。

第四,采用更为灵活的管理方式,如弹性工作制、团队工作模式、自主管理制、民主参与制等。

第五,营造组织与员工共同成长的组织氛围,培育和发挥团队精神,充分开发和利用员工的智力资本,鼓励开拓创新。

第二节　学前教育机构人力资源管理

现代教育管理思想强调在诸多教育管理的要素中,人是管理的核心。这是因为在教育管理过程中,每一个环节都要有人来操作,都要靠人去贯彻和推动,离开对人的管理,教育管理工作就无从谈起。

科学的人力资源管理不再把人简单地看成保教工作的“工具”,而是将人视为进行保教工作不可缺少的宝贵资源。学前教育机构人力资源管理就是要通过一系列的管理手段,将每个人的作用发挥好,做到人尽其才。把人作为一种资源来管理的理念对学前教育机构管理提出了更高的要求。

一、学前教育机构人力资源管理的含义和意义

(一)学前教育机构人力资源管理的含义

人力资源是在一定范围内作为生产要素投入到社会经济活动的全部劳动人口的总和,包括人员的数量和质量。就学前教育机构而言,人力资源是指在本机构中所有的进行保教

工作及相关服务、管理的人员的总和，它包括学前教育机构里人员的数量和人员素质两个方面。

人力资源管理是在社会活动中对于劳动者和管理者的有效利用，具体地说，是对本组织内人力资源的现状和未来进行统计、规划、投资、成本收益核算、培训、使用、保障、研究和发展等一系列的组织和决策活动。所谓学前教育机构人力资源管理是指依据本机构内人力资源的现状而采取的合理用人、科学规划职业发展方向、培训提高，完善相应的考核、激励机制、薪酬制度的一系列组织和决策活动。

（二）学前教育机构人力资源管理的意义

在学前教育机构所拥有的一切资源中，人力资源是第一宝贵的，自然成了现代教育管理的核心。不断提高人力资源开发与管理的水平，不仅是当前大力发展学前教育的需要，也是学前教育机构长期兴旺发达的重要保证，更是使每一个保教工作者充分开发自身潜能、适应社会、改造社会的重要措施。

1. 科学合理的人力资源管理能够优化教职工队伍

学前教育机构只有求得有用人才、合理使用人才、科学管理人才、有效开发人才，才能促进保教质量的全面提升和教职工个人价值的实现。对于学前教育机构而言，对人才的选、用、培、保、留就是人力资源管理的主要内容。针对教职工个人而言，通过科学、合理的人力资源管理能够促进自身潜能开发，提高工作技能，以更好地适应社会，尽快地融入组织文化，从而创造自身价值。因此，科学规范的人力资源管理能够较好地优化教职工队伍，提高全员素质。

2. 科学合理的人力资源管理能够较好地发挥人的主观能动性

人力资源管理不再把人简单地看成是工作的“工具”，而是有思想、有个性、有兴趣、有能力的劳动者，每个人都是独特的人力资源财富。通过采取一定的措施，如制定切合实际的培训措施、制定合理的薪酬制度、采用合理的考核措施等，人力资源管理能进一步激发教职工的积极性，从而较好地发挥每个人的创造性，使每位员工都能心态积极阳光，实现主动成长。

3. 科学合理的人力资源管理能促进教职工个体的最优化发展

对一个普通的教职工而言，任何人都想掌握自己的命运，但自己适合做什么、学前教育机构的目标与价值观念是什么、岗位职责是什么、自己如何有效地融入其中、结合学前教育机构目标如何开发自己的潜能、发挥自己的能力、如何规划自己的职业人生等，这是每个员工十分关心而又深感困惑的问题。而科学合理的人力资源管理会通过有针对性的培训及职业发展规划等为每位员工提供有效的帮助，使每位员工进一步了解自己，认识自己，从而做最优秀的自己，实现个体的最优化发展。

二、学前教育机构人力资源管理的原则

人力资源管理要做到人尽其才、才尽其用、人事相宜，最大限度地发挥人力资源的作用。为此，在人力资源管理中应遵循以下原则。

（一）政策性原则

坚持保教工作的正确方向，必须遵循国家的政策和法规。在管理过程中一定要依照教育法律、法规的要求办事。对于保教队伍中出现的不符合教师要求的行为，如师德败坏、违背教育法的行为，决不能姑息。而在人才的选拔上，则必须坚持不拘一格，挑选德才兼备的人才加入到保教工作的行列当中来。这是人力资源管理上的“硬”方法。只有坚持原则，才能够树立正确的用人观念和营造正确的舆论氛围。

（二）开放性原则

当今的人力资源管理是在开放竞争的环境中进行的，不同类型的教师才会给学前教育机构带来活力。有主见甚至是个性张扬的老师因具备胆识和才华，往往比较难以驾驭。但是从人力资源管理的角度来看，用人之道在于会看人之长，善用人之长。因此，要为有才华的老师搭建成功的平台，使他们扬长避短，让他们能够在教育事业上建立成就感，从而激发教师成长的原动力。所以不能只将眼光放在使用好管理的人才，而应坚持开放性原则，敞开大门，招贤纳士，广罗人才，用好人才。

（三）激励性原则

激励性原则是指建立健全合理的激励机制，巧妙地将物质奖励与精神奖励相结合，如树立先进人物典型和表彰激励先进事迹，建立奖励基金以及晋升职称、提职等，激励士气，鼓舞人心。在用人机制上，激励的作用是非常重要的，而激励机制贵在科学、透明、公正、合理，确实起到激励人心的作用。

（四）结构性原则

人力资源管理要从学前教育机构的整体发展来考虑。合理选择和安排各类各级保教人员，才能保证各项工作能够按时按质完成。一定要以发展的眼光配备人才，在师资的数量和质量上要保证后继有人，建立人力资源发展规划，充分考虑师资队伍数量、年龄结构、能力结构、专业结构、性格结构、知识结构、性别结构等因素。结构合理化能够推动园所健康发展。

三、学前教育机构人力资源管理的过程

学前教育机构人力资源管理最重要的是做好人力资源的规划。人力资源规划是指学前教育机构为确保在适当的时候，为适当的职位配备适当数量和类型的工作人员，并使他们能够有效完成机构分配给他们的任务的这样一个人力资源管理过程。人力资源规划包括对人力资源的需要和供给状况进行分析及估计、职务编制、人员配置、教育培训、招聘等内容。

（一）人力资源分析与规划

做好学前教育机构的人力资源规划需要弄清机构里现有的人力资源的状况。要对本机构的教师、保育员、保健医生、行政后勤人员、各类管理人员的数量、分布、利用及潜力状况、流动比率进行统计。重要的是要弄清机构未来需要什么样的人力资源。未来人力资源的需要是由学前教育机构的长远发展目标决定的。此外，在对现有的能力和未来需要做了全面评估以后，人力资源管理者还应测算出人力资源的短缺程度，拟定人力资源管理方案，制订

人力资源开发、管理的总计划。

人力资源规划的主要内容包括五个方面，即晋升规划、补充规划、培训开发规划、调配规划、工资规划。

（二）人才招聘与录用

人才招聘与录用是学前教育机构寻找、吸引那些有能力又有兴趣到本机构任职，并从中选出适宜人员予以录用的过程。

招聘是一项比较困难和复杂的工作。一方面是优秀人才比较短缺，另一方面，识别人才是比较困难的。招聘的复杂性还表现在一系列法律、政策的制约方面。因此，能否招聘到合格的尤其是优秀的人才，是衡量人力资源管理部门成绩的主要依据之一。

1. 人才招聘与录用的原则

（1）公开原则。即把招考机构、职务种类、人员数量，报考的资格、条件，考试的方法、科目和时间，均面向社会公告，公开组织招聘。一方面给予社会上的人才以公平竞争的机会，达到广招人才的目的；另一方面使招聘工作置于社会的公开监督之下，防止不正之风。

（2）竞争原则。即通过考试竞争和考核鉴别确定人员的优劣和人选的取舍。为了达到竞争的目的，一要动员、吸引较多的人报考；二要严格考核程序和手段，科学地录取人选，防止“拉关系”、“走后门”、“裙带风”以及贪污受贿和徇私舞弊等现象的发生，通过公开、公平的竞争，选择优秀人才。

（3）平等原则。即对所有报考者一视同仁，不得人为地制造各种不平等的限制或条件（如性别歧视）和各种不平等的优先优惠政策，努力为有志于学前教育事业的人才提供平等竞争的机会，不拘一格地选拔、录用各方面的优秀人才。

（4）全面原则。即对报考人员从品德、知识、能力、智力、心理、过去工作的经验和业绩进行全面考试、考核和考察。因为一个人能否胜任某项工作或者发展前途如何，是由其多方面因素决定的，特别是非智力因素对其将来的作为起着决定性作用。

（5）择优原则。择优是招聘的根本目的和要求。只有坚持这个原则，才能广揽人才，选贤任能，为单位引进或为各个岗位选择最合适的人员。为此，应采取科学的考试考核方法，精心比较，谨慎筛选。特别是要依法办事，杜绝不正之风。

2. 人才招聘的流程

（1）拟定招聘标准。

（2）拟定招聘方案，开展必要的公关活动。

（3）接待来访及应试人员，介绍机构情况，保持与备选人的联系。

（4）组织体格检查。

（5）组织面试及专门的考试、测验。

（6）对应聘人员的历史及背景进行必要的调查。

（7）记录及保存记录。

3. 人才录用的流程

（1）对照招聘方案，决策出需录用人员的数量及质量。

（2）参考测试结果决定初步录用人员。

(3)查阅个人档案资料,进行深入筛选。

(4)进行体格检查。

(5)确定最终录用人选。

(三)人才配置与培训

人才配置就是指在学前教育机构中,为了提高工作效率、实现人力资源的最优化而实行的对机构内的人力资源进行科学、合理的配置的过程。具体来讲,一所学前教育机构要充分考虑全体教职工人数与幼儿人数的比例、师生比例、保健人员与炊事人员同幼儿的比例,同时还要把握好各类岗位人员中各个职级间的比例,从而保证整个人力资源配置合理,优质高效。

人才培训工作是人力资源管理的重要内容之一。学前教育机构的管理人员要认真做好新员工的入职前培训、上岗前培训,使新员工尽快融入本机构的文化之中。此外,还要针对不同发展层面的员工做好相应层次的培训,使整个队伍充满活力。

(四)工作考核与激励

学前教育机构如何才能调动每个成员的积极性,充分发挥个人潜能,使教职员工始终保持高昂的士气、强大的活力呢?这就需要管理者调动人的积极性,进行人力资源的开发。而人力资源管理的一项重要任务就是通过激励机制,吸引、开发和留住人才,激发人才的工作积极性和创造性。工作考核是建立激励与约束机制的前提和基础。学前教育机构要充分利用考核、评比,发挥民主作用,在奖金分配、职称和职务的晋升、员工培训、工作安排等相关制度上加以改革,将教职工的个人利益与考核结果挂钩,建立有效的激励机制。

(五)设计职业发展规划

职业发展规划是指个体为未来职业发展所作的策划和准备,包括确立阶段性或长期职业目标,确定适合自己的发展道路,明确将要进行的调整目标和各项准备等。

学前教育机构的管理者要充分理解并尊重每一个员工的职业理想,将机构的发展目标与员工的个人职业发展需求相协调一致,实现机构、员工双赢的良好局面。

要制定合理的职业发展规划,必须从主观和客观两方面考虑。主观方面,涉及个人的价值观、态度、需要、动机、个性、能力、发展取向等。客观方面,涉及在工作时期进行的各种活动、经常表现的各种举止行为,以及机构情况、生活环境等。

职业发展规划的内容包括职业目标、职业发展道路、将要进行的准备工作等,涉及择业、调整职业发展计划;自我认识、知识、能力和技能的发展性培训;行为活动与态度、价值观等方面的调整和准备。

【案例分享】

从教师力量的分布看我园教师岗位的规划

近年来,我园的办园规模逐年扩大,目前,全园共有67个教学班,开创我园历史上的新高。伴随园所规模的扩大,我园优秀师资的缺口比较大,主要原因是聘任青年教师逐年增多，新教师的成熟速度与幼儿园规模逐年扩大的速度不成比例。以班主任培养为例，过去教师一般要跟班至少7年以上，并经严格挑选方能担任班主任职务，而今，教师经1—2年的跟班即任班主任，势必造成青年教师跟班培养学习周期缩短，师资质量难以保证。具体分析，我园师资力量的配备有以下特点：

第一，优秀师资的分布不尽合理。托班力量较弱，青年教师比例过大，大、中、小班优秀师资分布也不平衡。

第二，从教师分布看，重视班级内部的人员配备，对各年龄段的师资分配尚缺统筹考虑，有的组青年新手教师占大多数，缺乏老教师引领。

第三，班级人员调整在一定程度上存在应急倾向而缺少规范。

第四，对教师的岗位分配考虑家长的因素多于考虑教师个性特色的因素，使部分教师对本年龄段的工作不甚适应，不能尽情发挥。

总而言之，从目前我园师资力量的情况看，应加强教师岗位的规划意识。何为教师岗位的规划呢？即对目前我园的教师岗位作出细致的划分与设计，突破师资培养瓶颈。为此，保教处尝试将教师岗位作以下规划：

（一）教师的划分

1. 幼儿园名师：以幼儿园名师工程为基础，筛选而产生。（综合类教师）

2. 幼儿园优秀教师：以幼儿园名师工程为基础而产生。（综合类教师）

3. 幼儿园资深大班（中、小、托）教师：考察教师的个性特点、教学风格、教育业绩而确定，此类教师可长期（3—5年）带某一年龄班，积累与总结丰富的此年龄班带班经验，对此年龄段幼儿的身心特点、课程设置达到熟知、擅用水平，教研组长应从资深教师中产生。

4. 幼儿园各学科拔尖教师：此类教师应有突出的专业特长，在各自教学领域有较好建树。

（二）教师岗位的规划

1. 将以上四类教师均匀分配到各年龄班作为骨干对象，然后再配备青年教师。

2. 各年龄班幼儿升班时，教师实行小循环制。

如：

教师A留托班继续带托班，朝资深托班教师方向培养

某托班：（第一年）	教师A 教师B 教师C	升小班（第二年）	教师B与孩子一同升班 教师C与孩子一同升班 新配教师D	三人带小班 此时该班有两位 原班教师

教师C留小班朝资深小班教师方向培养

（第三年）	教师B与孩子一同升中班 教师D与孩子一同升中班 配教师E	教师B、D、E带中班，升中班 此时该班有一位教师为孩子熟知

升大班（第四年）	教师B与孩子一同升大班 教师D留中班朝资深中班教师方向培养 教师E与小班一同升大班 新配教师F	教师B、E、F带大班，孩子既有非常熟悉的老师，也有相对熟悉的教师

资深教师以托——小班、中——大班为循环单位，以培养我园小年龄段名优教师、大年龄段名优教师，充分发挥教师的个性优势和教学风格。

3. 鼓励教师朝综合型名优教师方向发展，结合教师的职业规划设计，将教师的自我发展愿望与幼儿园的教师岗位规划相结合，促进教师富有个性地发展。

资料来源：河南省实验幼儿园　徐菁

四、学前教育机构师资队伍建设

（一）突出教师队伍的职业觉醒

突出幼儿教师职业性的觉醒旨在引导教师意识到学前教育工作本身就是幼儿教师职业生涯的组成部分，职业化的教师生涯就是教师的生活，并以此不断地将学前教育机构的发展需要与幼儿教师自身的职业成长需要相结合，与教师的教学风格、人格特征相结合，让每位教师找准自己的职业发展方向，做一名快乐的幼儿教师，提升教师的职业幸福感。

学前教育机构要着力打造一支高质量的师资队伍就离不开对教师团队的职业化教育与培养，管理者要让每一位教师意识到自己工作的意义，并全面了解作为一名幼儿教师应具备的职业精神与专业素养，进而实现教师的主动成长。

（二）加强师德师风建设

教育实践表明，培养全面发展的合格人才，要靠教师的教育教学行为和道德行为相结合才能达到目的。教师的理想信念、敬业态度、处事价值观、道德情操、文化知识等都会对幼儿产生直接或潜移默化的影响。幼儿教师的言行必须高度自律。“学高为师，德高为范”，幼儿教师必须把真挚的爱融入整个教育教学的全过程中，使全体幼儿在真挚的爱中健康成长，具有爱心是幼儿教师取得教育教学成果极为重要的条件，也是幼儿园师德教育的核心。学前教育机构的管理者要适时引导、教育全体教师全心全意为孩子，自觉纠正不合时宜的思想、观念、做法，进一步优化工作作风、端正教学态度、改进教学方法、提高保教质量，让每一个孩子都受到良好的教育，最大限度地满足每一个家庭对幼儿教育的期望。同时要大力倡导“师德必须是满分”，让教师充分认识到良好的师德是一个教师工作成功的基础，做一名真正合格的人民教师首先必须树立起坚定的政治信念，必须忠诚热爱人民教育事业。

（三）建立激励机制，形成教师队伍建设的良性循环

要管人，需管心。学前教育机构管理者要采取一切措施努力增强教师工作的积极性和主动性，如在职称评聘中，要努力克服论资排辈的传统弊端，通过优秀教师、教学能手、教学新秀等评比活动的开展，大力褒扬优秀教师的业绩，给他们以外出参观学习、进修、充实自己

的机会,并提拔优秀教师担任重要岗位负责人及培养学科带头人等,以树立教学典型,从而在幼儿园内部形成比、学、赶、帮、超的良好氛围。

管理者还要以教育目标为依据,努力做好对教师教学的组织、检查、评价等工作,从而科学地评价教师的工作业绩,落实相关的奖优罚劣措施,使每个教师都做到心中有目标,眼中有孩子,处处有教育,从而努力提高保教水平。同时,还要积极推进机构的内部改革,要结合自身实际,认真制定以"以岗择人、量才用人"为主要内容的教师岗位聘任制度,在机构内部形成竞争的态势,从而充分调动广大教师的工作积极性,并使优秀人才脱颖而出。

另外,通过实施聘任制,能使教师对自己进行正确的评价,进而产生紧迫感和危机感,以增强工作的积极性和主动性,最终在机构内部形成一种自我约束、自我完善、自我发展的良性运行机制。

(四)搭建广阔平台,促进教师专业发展

幼儿教师的成长是有一定规律的,根据幼儿教师工作年限的不同,发展速度的不同,在充分考虑幼儿教师年龄的基础上,需将教师划分为新手教师、合格教师、成熟教师、骨干教师、名优教师,分层次对教师提出发展要求。允许教师在不同的发展阶段驶入职业生涯的快车道或慢车道。

加强教师的业务学习是学前教育机构管理者的重要工作内容之一。一支好的教师队伍,不仅要有良好的师德,同时还必须具备过硬的业务素质。由于决定学前教育机构保教质量的关键因素是幼儿教师的教学水平,因此,加强教师的业务学习至关重要。对管理者而言,重点是通过组织定期的业务学习、教研活动,促使全体教师互相学习、全面学习、反复学习,以增强他们的业务能力。与此同时,还可采用请进来、走出去的方式来提高教师的业务技能,如邀请专家作指导,举办专题讲座;根据教师的不同能力和特点,选送中青年骨干教师赴外考察或到有关培训机构进行培训学习。

波斯纳曾指出,教师成长的简要公式为:经验+反思=成长,并指出,没有反思的经验是狭隘的经验,最多只能形成肤浅的知识,如果教师仅仅满足于获得经验而不对经验进行深入的思考那么她的发展将大受限制。可见,反思对于教师成长的意义非常重大。因此,学前教育机构还要大力开展园本化的教研活动,在园本教研中为教师提供反思的条件,鼓励教师重新审视自己的教育行为,借助教师团队的互助以及专家的引领,使教师专业化成长变为自我发展的需求。

★资料库

某幼儿园教师职业生涯实施方案

为了进一步完善我园教师培养机制,促进幼儿园教师的专业化发展,更好的选人、用人、育人、留人,使幼儿园能够培养和吸引优秀师资队伍,提升幼儿园教师的职业素养,给教师成长提供一种有效的方法,提供更为广阔的发展空间,特制定本方案。

一、教师职业生涯设计开发的基本原则

1. 发展共赢原则——即教师职业生涯设计既要促进教师个人的发展，又要确保幼儿园未来的发展，同时符合社会发展的趋势和要求，实现个人、幼儿园、社会发展的共赢。

2. 公平性原则——公平性原则是指幼儿园公开、公平、公正的开展教师职业生涯设计活动。教师有均等的机会接受幼儿园的教师职业生涯开发活动。幼儿园在提供发展信息、提供培训机会、提供任职发展机会时都要公开其条件和标准，保持高度的透明度。公平性原则是人格价值与人人平等的体现，是维护教师整体积极性的重要保证。

3. 统一性原则——统一性原则是指在幼儿园教师职业生涯设计开发的制定和实施过程中，要由组织该项工作的管理者和实施对象共同参与、共同制定、共同实施与共同完成，确保高度的统一性。

4. 创新性原则——创新性原则是指教师职业设计生涯开发过程中提倡采取新的思路、新的方法发现和解决问题。职业生涯开发并不是让教师学习和掌握一套现成的规章制度，循规蹈矩、按部就班的工作，而是要让教师发现、发挥和发展自己的潜能，获得创造性的成果。职业生涯成功也不仅仅是职务的晋升，更要工作内容的转换和增加、责任范围的扩大，创造性增强等内在质量的变化。

5. 全面评价与反馈原则——全面评价与反馈原则是指对教师的职业生涯开发进行全过程的评价、多角度评价，并将评价的结果反馈给有关教师的管理人员，以促进其改正缺点，更好的实现职业发展目标。

二、建立职业生涯设计与开发的组织系统

幼儿园建立有幼儿园领导层、职业生涯管理委员会、人事管理部门构成的三个管理层次。负责制定战略规划和实施计划，而后将实施计划交由各级管理者具体实施。

1. 幼儿园领导层。幼儿园领导层是职业生涯设计与开发的重要人物。由其来确定幼儿园的各项战略并负责指挥实施。

2. 幼儿园职业生涯委员会。职业生涯设计委员会是幼儿园为职业生涯设计开发与管理战略的制定和实施而设立的机构，委员会由幼儿园高层领导、人事部门负责人、各部门领导及幼儿园外聘专家组成。职业生涯委员会是对与幼儿园教师发展相关的决定进行讨论的专门机构，其主要职责是制定每年的职业生涯年度会议与策略，对有潜力的教师进行定位，并对其发展道路进行观察监督。

3. 幼儿园人事管理部门。负责整个幼儿园各类职业的人员开发与管理，职业生涯发展管理是其工作的重要组成部分。针对内部不同的人员，分析其工作的特殊性，并制定相应的政策与手段，并根据工作发展的需要开设特殊的岗位，进行特殊的培训，设定不同的职业发展通道。

三、建立幼儿园教师的职业发展路径

1. 综合型教师发展路径：新手教师—成熟教师—班主任—资深年龄组教师—教研组长—优秀教师—知名教师—特级教师—教育专家。

2. 特色型教师发展路径：新手教师—成熟教师—班主任—资深领域教师—教

研组长—首席领域教师—学科带头人—教育专家。

3. 生活教师发展路径：新手生活教师—成熟生活教师—资深生活教师—优秀生活教师。

四、对幼儿园教师进行职业生涯设计

1. 教师自我进行设计

第一步：进行自我分析

第二步：进行环境分析

第三步：选择适合自己的岗位和职业

第四步：选择适合自己的职业生涯路线

第五步：确定自己的职业生涯目标

第六步：制定实施具体目标的具体措施

2. 幼儿园对教师进行分析

(1) 了解教师的个人情况；

(2) 考察以前和现在教师所从事的工作及工作成绩情况；

(3) 对教师的教育教学能力进行全面评估与分析；

(4) 将了解到的教师情况与教师自我设计相对照，帮助教师正确地认识自己，设计切合实际的职业发展道路；

(5) 对员工的职业生涯规划进行修正、确定。

五、对幼儿园教师职业生涯的管理

1. 建立有效的责任机制。

2. 根据其职业发展目标要求教师自己或幼儿园为其提供多样化的培训，并建立培训登记制度。

3. 建立职业生涯管理反馈制度。定期或不定期地对教师工作进行反馈和点评，勉励和肯定好的一面，帮助其克服不足，督促教师往职业生涯设定的目标或方向发展，最终实现生涯目标。

4. 建立后备人才库。

资料来源：河南省实验幼儿园　徐菁

★资料库

幼儿园教师专业标准基本内容(试行)

维度	领域	基本要求
专业理念与师德	(一)职业理解与认识	1. 贯彻党和国家教育方针政策,遵守教育法律法规。 2. 理解幼儿保教工作的意义,热爱学前教育事业,具有职业理想和敬业精神。 3. 认同幼儿园教师的专业性和独特性,注重自身专业发展。 4. 具有良好职业道德修养,为人师表。 5. 具有团队合作精神,积极开展协作与交流。
	(二)对幼儿的态度与行为	6. 关爱幼儿,重视幼儿身心健康,将保护幼儿生命安全放在首位。 7. 尊重幼儿人格,维护幼儿合法权益,平等对待每一个幼儿。不讽刺、挖苦、歧视幼儿,不体罚或变相体罚幼儿。 8. 信任幼儿,尊重个体差异,主动了解和满足有益于幼儿身心发展的不同需求。 9. 重视生活对幼儿健康成长的重要价值,积极创造条件,让幼儿拥有快乐的幼儿园生活。
	(三)幼儿保育和教育的态度与行为	10. 注重保教结合,培育幼儿良好的意志品质,帮助幼儿形成良好的行为习惯。 11. 注重保护幼儿的好奇心,培养幼儿的想象力,发掘幼儿的兴趣爱好。 12. 重视环境和游戏对幼儿发展的独特作用,创设富有教育意义的环境氛围,将游戏作为幼儿的主要活动。 13. 重视丰富幼儿多方面的直接经验,将探索、交往等实践活动作为幼儿最重要的学习方式。 14. 重视自身日常态度言行对幼儿发展的重要影响与作用。 15. 重视幼儿园、家庭和社区的合作,综合利用各种资源。
	(四)个人修养与行为	16. 富有爱心、责任心、耐心和细心。 17. 乐观向上,热情开朗,有亲和力。 18. 善于自我调节情绪,保持平和心态。 19. 勤于学习,不断进取。 20. 衣着整洁得体,语言规范健康,举止文明礼貌。

续表

维度	领域	基本要求
	(五)幼儿发展知识	21. 了解关于幼儿生存、发展和保护的有关法律法规及政策规定。 22. 掌握不同年龄幼儿身心发展特点、规律和促进幼儿全面发展的策略与方法。 23. 了解幼儿在发展水平、速度与优势领域等方面的个体差异,掌握对应的策略与方法。 24. 了解幼儿发展中容易出现的问题与适宜的对策。 25. 了解有特殊需要幼儿的身心发展特点及教育策略与方法。
专业知识	(六)幼儿保育和教育知识	26. 熟悉幼儿园教育的目标、任务、内容、要求和基本原则。 27. 掌握幼儿园环境创设、一日生活安排、游戏与教育活动、保育和班级管理的知识与方法。 28. 熟知幼儿园的安全应急预案,掌握意外事故和危险情况下幼儿安全防护与救助的基本方法。 29. 掌握观察、谈话、记录等了解幼儿的基本方法。 30. 了解0—3岁婴幼儿保教和幼小衔接的有关知识与基本方法。
	(七)通识性知识	31. 具有一定的自然科学和人文社会科学知识。 32. 了解中国教育基本情况。 33. 掌握幼儿园各领域教育的特点与基本知识。 34. 具有相应的艺术欣赏与表现知识。 35. 具有一定的现代信息技术知识。

续表

维度	领域	基本要求
专业能力	(八)环境的创设与利用	36. 建立良好的师幼关系,帮助幼儿建立良好的同伴关系,让幼儿感到温暖和愉悦。 37. 建立班级秩序与规则,营造良好的班级氛围,让幼儿感受到安全、舒适。 38. 创设有助于促进幼儿成长、学习、游戏的教育环境。 39. 合理利用资源,为幼儿提供和制作适合的玩教具和学习材料,引发和支持幼儿的主动活动。
	(九)一日生活的组织与保育	40. 合理安排和组织一日生活的各个环节,将教育灵活地渗透到一日生活中。 41. 科学照料幼儿日常生活,指导和协助保育员做好班级常规保育和卫生工作。 42. 充分利用各种教育契机,对幼儿进行随机教育。 43. 有效保护幼儿,及时处理幼儿的常见事故,危险情况优先救护幼儿。
	(十)游戏活动的支持与引导	44. 提供符合幼儿兴趣需要、年龄特点和发展目标的游戏条件。 45. 充分利用与合理设计游戏活动空间,提供丰富、适宜的游戏材料,支持、引发和促进幼儿的游戏。 46. 鼓励幼儿自主选择游戏内容、伙伴和材料,支持幼儿主动地、创造性地开展游戏,充分体验游戏的快乐和满足。 47. 引导幼儿在游戏活动中获得身体、认知、语言和社会性等多方面的发展。
	(十一)教育活动的计划与实施	48. 制定阶段性的教育活动计划和具体活动方案。 49. 在教育活动中观察幼儿,根据幼儿的表现和需要,调整活动,给予适宜的指导。 50. 在教育活动的设计和实施中体现趣味性、综合性和生活化,灵活运用各种组织形式和适宜的教育方式。 51. 提供更多的操作探索、交流合作、表达表现的机会,支持和促进幼儿主动学习。
	(十二)激励与评价	52. 关注幼儿日常表现,及时发现和赏识每个幼儿的点滴进步,注重激发和保护幼儿的积极性、自信心。 53. 有效运用观察、谈话、家园联系、作品分析等多种方法,客观地、全面地了解和评价幼儿。 54. 有效运用评价结果,指导下一步教育活动的开展。
	(十三)沟通与合作	55. 使用符合幼儿年龄特点的语言进行保教工作。 56. 善于倾听,和蔼可亲,与幼儿进行有效沟通。 57. 与同事合作交流,分享经验和资源,共同发展。 58. 与家长进行有效沟通合作,共同促进幼儿发展。 59. 协助幼儿园与社区建立合作互助的良好关系。
	(十四)反思与发展	60. 主动收集分析相关信息,不断进行反思,改进保教工作。 61. 针对保教工作中的现实需要与问题,进行探索和研究。 62. 制定专业发展规划,不断提高自身专业素质。

来源:教育部网站　http://news.xinhuanet.com/edu/2011-12/12

第三节　园长的职责及领导力

一、园长的职责

1996年，国家教委颁发《全国幼儿园园长任职资格、职责和岗位要求（试行）》。该资格及职责要求适用于各种类型的幼儿园。它是根据我国幼儿教育对幼儿园园长素质提出的要求、兼顾园长队伍现状而制定的，是选拔、任用、考核和培训幼儿园园长的基本依据。

（一）园长任职资格

第一，拥护中国共产党的领导，热爱社会主义祖国，认真贯彻国家的教育方针。热爱幼儿教育事业。

第二，示范性幼儿园和乡镇中心幼儿园园长应具备幼儿师范学校（含职业学校幼教专业）毕业及其以上学历，有五年以上幼儿教育工作经历，并具有小学、幼儿园高级教师职务。其他幼儿园园长应具备幼儿师范学校（含职业学校幼教专业）毕业及以上学历或高中毕业并获得幼儿园教师专业考试合格证书，有一定幼儿教育工作经历，并具有小学、幼儿园一级教师职务。

第三，获得幼儿园园长岗位培训合格证书。

第四，身体健康，能胜任工作。

（二）园长的主要职责

幼儿园实行园长负责制，园长全面主持幼儿园工作，其主要职责如下：

第一，贯彻执行党和国家有关幼儿教育的方针、政策以及教育法规、规章，坚持正确的办园方向。

第二，负责教职工的政治思想工作、职业道德教育，组织文化、业务学习；维护教职工的正当权益，关心并逐步改善教职工的生活和工作条件；发挥教职工（或教职工代表）代表大会在幼儿园民主管理中的作用，调动和发挥教职工的主动性、积极性和创造性。

第三，主持幼儿园的保教工作。领导和组织安全保卫、卫生保健工作，贯彻有关法规和规章，确保幼儿在园安全、卫生和健康；领导和组织教育工作，贯彻执行国家幼儿园课程标准，促进幼儿身心和谐发展。

第四，领导和组织行政工作，包括工作人员的考核、任免和奖惩及园舍、设备和经费管理等。

第五，密切与家长和社区的联系，向家长和社区宣传正确的教育思想和科学育儿知识，争取家长和社区支持幼儿园工作。

（三）园长岗位要求

1. 基本思想品德要求

（1）坚持党的基本路线，拥护党的十一届三中全会以来的方针政策，努力学习建设有中国特色社会主义理论。

（2）热爱幼儿教育事业，热爱幼儿，尊重、依靠、团结教职工。

（3）实事求是，公正廉洁，严于律己，以身作则，作风民主。

（4）敬业守职，努力学习，积极进取，勇于改革创新。

2. 岗位专业要求

（1）正确领会和掌握国家的教育方针、政策和法规的基本精神，熟悉幼儿教育法规和规章，坚持依法办园。

（2）有一定的幼儿卫生、心理和教育的基本理论，了解和掌握幼儿身心发展和教育的基本规律，有正确的教育观念；正确掌握国家幼儿园课程的主要内容和基本精神，并能组织实施。

（3）有幼儿园科学管理的基本知识。

3. 岗位能力要求

（1）能根据党和国家的有关方针、政策和法规、规章结合本园实际，制订本园发展规划和工作计划并组织实施。

（2）有管理和指导保教工作的能力。能组织管理幼儿园卫生保健工作，指导教师制订适合幼儿发展水平的教育计划，正确评析保育教育工作，组织开展有效的教研工作，帮助保教人员提高业务水平，改进保教工作。

（3）有一定的组织协调能力。能调动教职工的积极性，善于依靠和动员家长、社区等各方面的力量参与和支持幼儿园建设。

（4）有一定的撰写文稿和口语表达能力。能拟订工作计划，撰写工作经验和研究报告，并指导教师撰写文稿。

二、园长负责制的实施

（一）园长负责制的含义与结构

1985 年 5 月，中共中央发布《关于教育体制改革的决定》提出“学校逐步实现校长负责制”。1989 年通过的《幼儿园工作规程》和《幼儿园管理条例》明确规定“幼儿园实行园长负责制”。1996 年，国家教委正式颁布《幼儿园工作规程》，以法规的形式明确了幼儿园领导体制为园长负责制。

1. 园长负责制的含义

园长负责制是指幼儿园在上级主管部门的宏观领导下，由园长全面负责幼儿园的保教工作管理和行政管理，教职工参与民主管理，非行政组织进行监督的完整的领导体制。

园长负责制是幼儿园内部管理体系的核心，是幼儿园正常运行的前提。

2. 园长负责制的结构

园长负责制是一个结构概念,包括上级领导、园长负责、党支部保证监督、教职工民主管理四个相互关联,又互有区别的组成部分,反映园内领导关系的结构方式,是个人负责与其他方面制约关系的统一,目的是建立起统一高效的园内管理系统。

园长负责制明确了园长对园所工作具有最高行政权,负有决策权、用人权、用财权与奖惩权等,在托幼园所中处于中心地位。

《幼儿园工作规程》明确提出要建立教职工参与管理的民主监督机制,其主要形式是建立园务委员会和教职工代表大会制度。园务委员会由保教、医务、财务人员的代表及家长代表组成,定期召开园务会议,审议园所工作计划、奖惩、预算、规章等事宜。教职工代表大会也应有定期会议制度,听取评议园所工作,提出合理化建议。

由此可见,园长负责制是一个以园长全面负责为核心,党与支部保证监督、教职工民主管理有机结合的三位一体的领导体制。

(二)园长负责制的实施条件

1. 为园长自主管理园所创造宽松氛围

实行园长负责制的目的是使幼儿园成为独立的办园实体,增强幼儿园的办园自主权,增强园所办园活力。有关部门应理顺关系、简政放权,侧重宏观管理和引导,不干涉园长的管理工作。

2. 园长应资格从严、加强自律

园长是园所的法人代表,对外代表幼儿园,对内统一指挥和领导全园工作,对上级承担起幼儿园管理的全部责任。因此,园长要遵守有关法律规章,服从上级教育行政部门和直接隶属行政部门的领导,同时,必须接受幼儿园党组织和教职工代表大会的监督,充分调动全园教职工的积极性。

3. 加强党组织的保证监督作用

党组织要转变工作职能,工作重点落实在监督园所办园方向,引导教育教职员工学习领会党的方针政策,保证其贯彻落实。

4. 发挥教职工的民主管理作用

园长对园所工作的统一领导是建立在民主管理和科学管理基础之上,发挥教职工的民主管理作用是园长负责制的重要组成部分。园所应建立健全党、团、工会等组织,完善民主管理制度。

5. 建立起配套的改革方案和管理制度,实现职、权、责统一

为更好地实施园长负责制,应建立起一整套科学的管理体系和管理制度,将园长目标责任制、教职工聘任制、劳动报酬结构工资制等改革方案协调统一,相互配合,提高管理效率。

三、园长的领导力

（一）领导

1. 领导的定义

每一个组织的生存与发展很大程度上依赖于有效的领导。管理学家曾提出领导这一概念的多种定义。20 世纪 70 年代，斯多格迪尔在查阅大量文献资料后，归纳了 10 种有关领导定义的主题句：①领导是团体过程的核心；②领导是个性及其影响的重合；③领导是一门引导服从的艺术；④领导即施加影响；⑤领导是一种行动，或行为；⑥领导是一种说服的形式；⑦领导是达成目标的手段；⑧领导是相互作用的结果；⑨领导是特别的角色；⑩领导是结构的创新。

本书对领导作出如下界定：领导是在一定的社会组织和群体内，为实现组织预定目标，领导者运用其法定权力和自身影响力影响被领导者的行为，并将其导向组织目标的过程。

这个定义包括三层递进的基本含义，即领导是一种过程，领导是领导者向被领导者施加影响的过程，领导是领导者对被领导者施加影响以实现组织目标的过程。

2. 领导与管理

管理和领导是两个不同的概念。通过对两者分析，也可以更好地理解领导的概念。科特认为管理和领导的功能不同。管理的主要功能是协调组织秩序和统一，通过制订计划，进行预算；组织及人事管理；控制解决问题等工作寻求秩序和稳定性。而领导的主要作用则是通过开辟视野，制定策略；与员工沟通交流；激励鼓舞士气等带来变革与运作。罗斯特也认为两者有明显差异。他提出领导关系是一种具有多向影响性质的关系，管理关系则是一种单向的、存在权威的关系。领导涉及的是一个发展共同目标的过程，而管理则是为了完成一项工作而对各项工作行动做出安排。领导专指人对人的关系，是上级有意识地影响下级完成既定任务的行为过程，而管理除此之外，还包括了对人、对物的系统操作。可见，领导是管理的一个职能，组织中的领导行为仍属于管理活动的范畴，领导者必然是管理者，而管理者并不一定是领导者。

管理与领导两者的目的都是为了实现组织目的，但二者的区别却是显著的：①领导和管理并不完全属于同一范畴。领导是管理的一个职能，一般称为领导职能，但管理的其他职能，则不属于领导。管理是指管理行为，而领导工作既包括管理行为，也包括业务行为。领导与管理的范畴既有包含的部分，又有互相区别的部分，但一般而言领导主要是对人的领导，主要是处理人与人的关系，特别是上下级关系，这是管理活动中的核心问题；管理不仅要处理人与人之间的关系，还要处理财与物、物与人、人与财的关系。管理涉及的范围比领导所要广泛得多。②领导和管理相互区别，但密切相关。领导和管理属于两个不同的行为层次，但是它们密切相关、难以分离。领导活动的重点在于做出决策，确立奋斗目标、规划，以及制订相应的政策，领导从整体发展的目标出发，着重于争取赢得良好的外部环境；而管理是为了保证领导确定的目标，着重于维护和加强组织的正常秩序。

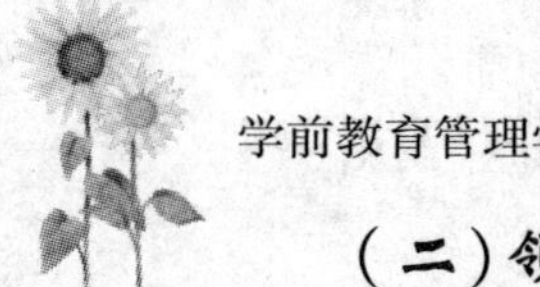

（二）领导力

1. 领导力的含义

斯多格迪尔在1974年曾指出：几乎有多少人试图定义领导力，就有多少“领导力”的相关定义。19世纪末20世纪初领导特质理论着重研究领导者人格特质，认为领导力是人们在不同程度上所具备的某种或是多种特性，这意味着它存在于某些特定的人中，并把领导力仅仅局限在那些被认为具有领导天赋的人身上。诸如，我们经常听到对人的评价：“他生来就是做领导的料。”今天已逐渐从领导者的人格特质和行为等个体研究扩展到整个组织情境交互作用的影响。认为领导力并不是存在于领导者身上的某一特点或性格，而是发生于领导者及其下属之间的一种交互过程。领导力是一种组织中存在的现象，每个人都可能具有，我们可以在领导者的行为中觉察到作为过程的领导力，也可以通过学习来具备这种能力。

据此我们认为，领导力就是一种特殊的人际影响力，组织中的每一个人都会去影响他人，也要接受他人的影响，因此每个员工都具有潜在的和现实的领导力。在组织中，领导者和成员共同推动着团队向着既定的目标前进，从而构成一个有机的系统。

2. 领导力的形式

领导力常见的形式是指定性领导力和自发性领导力。指定性领导力的基础是在组织中占据正式的职位或头衔，而自发性领导力则源于其个人所为以及从他人获得支持的权力。

3. 领导力和权力

领导力和权力是两个密切联系的概念。

权力是影响他人行为的能力。许多人认为“领导者是权力的应用者”，其实，权力的运用不应仅仅是领导者为了达到自己目的而去影响他人，应把权力当做一种共享的资源，为领导者及其下属共同使用以达成双方共同的目标。

权力包括正式权力和个人权力两类。正式权力包括强制性权力、奖赏性权力、法定性权力，个人权力包括专家性权力和参照性权力。

强制性权力是通过心理、情绪或身体威胁要求服从的权力。一个人如果不服从就可能产生消极后果，出于对这种后果的惧怕，就会对强制性权力做出反应。奖赏性权力与强制性权力相反，人们之所以服从是因为能为他们带来益处。获得法定性权力的基础是在组织结构中的职位。

专家性权力源于专长、技能和知识。参照性权力的基础是对拥有理想资源或个人特质的人的认同。如果领导者以其身份、魅力影响下属，使其模仿、忠诚于领导者，作出积极的反应，那么，领导者就拥有了对下属的参照性权力。

（三）园长领导力

园长作为学前教育机构的领导，要带领教职员工实现机构的远景目标，必须具有领导力。

1. 园长领导力的含义

园长领导力是指园长借助其职位和个人魅力，使其命令、劝告或建议能引起其他个体或群体做出预期反应的一种影响力，能够产生交互作用，共同实现机构目标。

2. 园长领导力的结构

依据现代管理学理论，园长领导力包括权力性影响力和非权力性影响力两部分。

(1)权力性影响力。权力性影响力是由领导者掌握合法职权并能合情合理地加以运用而产生的影响力。这种影响力是由领导者掌握的特定资源派生出来，具有“法定”依据，表现在聘用权、奖惩权等权力的运用，对教职工的影响有明显的强制性。

管理过程中，领导者利用手中的权力执行各项规章制度，谋划机构发展，可以有力地影响教职员工的行为，保证管理工作顺利开展。但如果单凭这种强制性权力行使领导职能，往往会使教职员工消极被动地适应甚至应付，不利于充分发挥其积极性，同时，也易形成一言堂家长式管理作风，有可能出现滥用职权现象。

(2)非权力性影响力。非权力性影响力是由领导者自身所表现出来的良好的品格、卓越的才能、丰富的知识和经验、真挚而友善的感情因素构成的。非权力性影响力是自然产生的、非强制性的，主要来自教职工对领导者的敬佩、信服、爱戴，能够对教职工的心理和情感产生比较深刻的影响作用，有利于组织氛围的建立。

园长领导力的这两部分是相互联系的，如果园长非权力性影响力巨大，则其权力性影响力也会加大，反之则下降，正所谓“其身正，不令而行；其身不正，虽令不从”。

3. 园长领导力的形式

全美幼教协会出版的刊物中提出早期保育与教育领域中需要的领导力形式有：教学领导力、行政领导力、倡议领导力、社区领导力、概念化的领导力。

教学领导力要求管理者不仅是一个优秀的教师，还有能力向其他教师、家长以及公众解释实施某种教育实践的理念，拥有学前教育理论，并能把相关理论和研究成果应用到实践中。

行政领导力要求管理者是一个优秀的行政管理者，具备制订预算、政策、处理人事关系等常规需求的能力。

倡议领导力基于管理者自身的信誉和专业知识，为儿童的权利、政府决策提出倡议，为家长提供支持。诸如为家长提供信息，影响决策制定者呼吁为幼儿教师提供合理的工作报酬等。

社区领导力要求管理者运用其知识、热情和专业洞察力动员整个社区为改善儿童和家庭现状做贡献。诸如加大对学前儿童教育的宣传，鼓励社区为儿童提供新型服务等。

概念化的领导力则关心更广泛的社会平等以及社会改革等问题。诸如关注农村留守儿童、流动儿童入园等社会问题。

四、园长的领导艺术

(一)园长的管理风格

1. 作为经理人的管理者

作为经理人的管理者特征是：园长注重建设培养积极的组织氛围。组织氛围是民主开放的，园长明确表达对教师的期望，支持、鼓励他们达到目标；园长相信教师能力，鼓励教职员工参与决策管理，既不是一个独裁型管理者，也不是一个放任型管理者，而是民主型管

理者。

2. 作为组织者的管理者

作为组织者的管理者特征是:园长为完成工作任务,尽可能使现有资源得到最佳利用,包括善于分派任务、利用时间、做出计划等。

3. 作为交流者的管理者

作为交流者的管理者特征是:园长关注与员工进行书面、言语、非言语的沟通交流,善于倾听,避免交流中出现问题。

总述以上三种管理风格,其实,一个优秀的园长应该扮演经理人、组织者和交流者多种角色。

(二)园长的领导艺术

领导艺术是具有创造性和鲜明个性特征的领导方式、方法,是领导方法的一种质的飞跃。园长领导艺术是指园长在一定学识、智慧、能力、经验和气质等因素的基础上,为实现幼儿园目标,面对各种领导条件,灵活、恰当、创造性地运用的领导策略、技巧和风格,它是领导者的素质和领导水平的综合表现。

园长是位特殊的领导者与教育者,学前教育机构领导效能的提高,很大程度上依赖于园长的领导艺术,一个好的园长就意味着一所好的学前教育机构。

1. 用人的艺术

办好幼儿园的关键因素在于用人。用人艺术是领导者的基本职能。苏霍姆林斯基说:校长是一个特殊乐队的指挥,这个乐队是用极精细的乐器——人的心灵来演奏的,你的任务就是要听到每个演奏者发出的声响。作为一园之长,要具备"识人的慧眼,爱人的热心,举人的胆略,用人的气度",凡具有这样的素养,其领导下的教职工的积极性、主动性和创造性才会提高,幼儿园的工作才会表现出生机勃勃,富有活力。

用人的艺术体现在以下几个方面:

(1)职能相称,能级相应。既不可大材小用,也不可小材大用,更不可无才乱用。

(2)用人所长,人事相宜。用人之诀在于用人所长,且最大限度地实现其优势互补。用人所长要注意:"适位"、"适时"、"适度",即实现人才所长与岗位所需的最佳组合,以素质为依据,对看准的人要大胆及时使用,用人不能"鞭打快牛"。

(3)用人唯贤,破石拔玉。对确有能力才干的人,应不拘一格,让其在相应的岗位上充分发挥作用,"磨而不磷,涅而不缁",才能培养出德才兼备的好教师。

(4)优势互补,形成合力。幼儿园是一个整体,若能将每个人的长处融合一起,合理使用,势必收到 1+1>2 的效应。注意避免求全责备,用发展的观点看人、用人,健全"能者上、适者任、庸者下"的用人机制。

2. 决策的艺术

毛主席曾指出领导者的责任,归结起来主要是出主意、用干部两件大事。决策即出主意,是领导者要做的主要工作。决策的艺术应做到:

(1)有勇有谋、统筹全局、随机处置。

(2)科学运用“两分法”。智者之虑,必顾齐全,只有多视角观察,才能因机取胜。

(3)决策前注重调查。作出重大决策前,要先在全园调查研究,掌握全园教职工的心态和想法,并及时和他们沟通。在决策中要充分发扬民主,优选决策方案,适时进行决策。决策后狠抓落实,做到言必信、信必果。

3. 处事的艺术

常听到不少领导者感叹:现在的事情实在太多,怎样忙也忙不过来。一个会当领导的人,不应该成为做事最多的人,而应该做自己该做的事,成为做事最精的人。运用处事的艺术时应注意:

(1)对该自己管的事一定要管好,对不该自己管的事一定不要管。尤其是那些已经明确了是下属分管的工作和只要按有关制度就可办的事,善于授权。

(2)多做着眼明天的事。领导者应经常去反思昨天,干好今天,谋划明天。多做一些有利于本教育机构可持续发展的事。

(3)多做最为重要的事。领导者在做事时应先做最重要和最紧要的事,不能主次不分,见事就做。

4. 协调的艺术

协调不仅要明确协调对象和协调方式,还要掌握一些相应的协调技巧。

(1)对上请示沟通。平时要主动多向领导请示汇报工作,要主动沟通。错了的要大胆承认,误会了的要解释清楚,以求得到领导的谅解。

(2)对下沟通协调。当下属在一些涉及个人利益的问题上与单位或对领导有意见时,领导者应通过谈心、交心等方式来消除彼此间的误解,不能以“打哈哈”的方式去对待人。

(3)对外争让有度。领导者在与姐妹园或平级单位的协调中,其领导艺术就往往体现在争让之间。

5. 运时的艺术

一个人一生的有效工作时间大约一万天,一个领导者的有效当“官”时间就是 10 至 15 年,时间对每个人都是宝贵的。利用时间的艺术在于:

(1)强化时间意识。领导者要利用有限的宝贵时间多做点有意义的事。

(2)学会管理时间。领导者管理时间应包括两个方面:一是要善于把握好自己的时间。当一件事摆在领导者眼前时,应先问问自己“这事值不值得做”、“是不是现在必须做”、“是不是必须自己做”,只有这样才能主动驾驭好自己的时间,二是不随便浪费别人的时间。领导者要力戒“会瘾”。开会也应开短会,说短话,不要让无关人员来“陪会”。

(3)养成惜时习惯。能站着说的东西就不要坐着说,能站着说完的东西就不要进会议室去说,能写个便条的东西就不要写成文件。只有这样才能形成惜时习惯。

6. 沟通的艺术

如何说话、沟通是一门艺术,它是反映领导者综合素质的一面镜子,也是下属评价领导者水平的一把尺子。尤其是在学前教育机构这种以女同志为主的特殊群体里,以情感为基础的良好的沟通更成为推动保教工作开展的润滑剂。

沟通时应把握如下要点:

(1)增加描述问题,减少责怪谴责。每个人都有这样的体验:当别人喋喋不休地指出你做错的时候,你往往会有抵触情绪,相反,如果只是客观地描述问题,听者会把精力集中在问题本身。这是因为接受提示比接受谴责容易很多,所以,遇到问题,领导者要多使用描述语言,避免指责和埋怨。

(2)增加个别交流,减少当众说教。主动的、坦诚的、积极的个别沟通是一种外柔内刚的弹性管理,是园长与教师之间最好的沟通方式。个别沟通有推心置腹之感,也有交心之便。同时也能够保护对方的隐私,听取真实的意见和看法。

(3)增加简洁提示,减少长篇大论。在许多情况下,多说不如少说。尽量用"问题是",少用"但是"。"问题是"像邀请对方一起共同来面对问题,"但是"就好比对教师关上了门;尽量用"怎么的",少用"为什么"。用"为什么"或"为什么不",感觉是责备别人,易产生敌意;尽量用"我们",少用"你们",可以拉近双方的心理距离;尽量"解决问题",少"涉及后果"。不同沟通方式的比较可见表9-1。

表9-1　不同沟通方式比较

责怪谴责	描述看到的问题或指明方法
"你真不负责任,放学时总不能站到门口来接待家长,你想弄点走失事故啊?"	"放学时还是站在门口比较好管理。"
"真讨厌,你们班门口怎么总是垃圾?"	"垃圾扔到垃圾桶里门口就整洁了。"
"你怎么就不长记性? 再让我看到有孩子站在前面,就扣你的绩效工资!"	"让好动的孩子坐在预备椅子上,也就是暂时离开座位。"
"为什么你从来不能主动为幼儿园做贡献。"	"在中心活动中,园长室很需要人帮忙。"
"还是教师呢,怎么还写错别字,平时就是没有看书学习!"	"这个字错了。"

(4)增加双向交流,减少单面传递。不少园长总是一味地把自己的"设想"、"新观点"等单向地传递给教师,教师大多成了听众,可以改变为让教师引发话题,多倾听老师们对办园的建议,对自己成长的计划和设想,引发教师产生被重视的自豪感及积极参与管理的责任感。

(5)增加平时沟通、减少被动沟通。日常工作中多进行一些随意的"唠嗑",引导老师多思考、多发言,注意倾听。

(6)书面交流与当面沟通并用。如通过手机可以把园长的关心、理解和支持等信息传达给教师;通过QQ可以不拘时间、地点展开交流沟通;通过便条可以将想法、建议及时地传递给他人。交流单向、双向、多向并用,也可保证私密性。避免面对面时的拘谨、尴尬,上下级之间本能的心理设防或者情绪冲动。

(7)隐性沟通与显性沟通并用。下属隐性信息的获取是确保有效决策的一个重要基础,加之教师中的冲突更多的是以隐性方式存在,对此,管理者要能够洞察其中的微妙,通过一定的途径去获取隐性信息。比如老师的教育笔记、QQ空间等都是获取隐性信息的途径。

7. 激励的艺术

园长在用人的同时还要及时给予激励，有效地调动她的积极性，使其不断进取。应注意：

(1)适时进行。美国前总统里根曾说过这样一句话："对下属给予适时的表扬和激励，会帮助他们成为一个特殊的人。"一个聪明的领导者要善于经常适时、适度地表扬下属。这种"零成本"激励往往会"夸"出很多好下属。

(2)因人而异。领导者在激励下属时，一定要区别对待，尽可能"投其所好"。

(3)多管齐下。激励的方式方法很多，有目标激励、榜样激励、责任激励、竞赛激励、关怀激励、许诺激励、金钱激励等，但从大的方面来划分主要可分为精神激励和物质激励两大类。领导者在进行激励时。要以精神激励为主，以物质激励为辅，只有形成这样的激励机制，才是一种有效且长效的激励机制。

8. 身教的艺术

园长自身锲而不舍的进取精神、良好的道德和文化修养等非权力性影响力是一种重要的教育力量。为此，园长应不断提升自身素养，以身作则，以自身的人格力量影响带动园所职工不断成长。对此应做到：

(1)热情。园长要抱着满腔的热情去对待园事、家长事、幼儿事，并要做"热得快"，可以办的应马上办，不可以马上办的，也能说明原因。热是一种能源，是一种"精神动力"，有了园长的"热"，就能带动全体教职工的工作情绪。

(2)有两心，即高度的事业心和责任心。高度的事业心主要体现在精益求精的工作作风上。作为园长要有理想和抱负，兢兢业业工作，幼儿园工作无小事，特别是涉及孩子的事都是大事，对每个人和每件事都高度负责的态度就是责任心。

(3)树立三种精神：乐观主义精神、奉献精神和创新精神。幼儿园五脏俱全，牵涉上(上级)下(群众)前(过去)后(未来)、左邻右舍(社会、家庭及各方面)、吃喝拉撒睡，事无巨细，如若没有这三种精神，很难管理好园所。因此，园长应做教师的表率，树立公仆意识，以不计得失、不求索取的工作态度为家长、为教职员工服务。

(4)练好四个基本功，即组织能力、协调能力、管理能力和策划能力。幼儿园好像一部机器，如何使其正常运转，这对每一位园长都是严峻的考验，这就是需要园长当好总调度、总联络员，组织协调，建立行之有效的规章制度；有序管理，树立开放办园观；建立多元信息流通的立体办园模式，加强宣传策划；带领幼儿园和教职工投身社会，参与竞争，以优良的保教质量建立园所良好的社会声誉，开创幼教工作的新局面，以顺应经济发展和社会进步的需要。领导艺术的魅力是无限的，它需要领导者在自己的工作中不断地探索方法与追求创新，不断地完善自我与发展自我。

本章小结

在学前教育机构所拥有的一切资源中，人力资源是第一宝贵的。本章从理论和实践操作的角度阐明了学前教育机构中人力资源管理的意义、原则，提出学前教

育机构人力资源管理的过程包括人力资源分析与规划、人才招聘与录用、人才配置与培训、工作考核与激励、设计职业发展规划。园长领导力及园长领导艺术是人力资源管理的重要体现,园长应借助于其非权力性影响力增强其权力性影响力的效果,同时,在用人、决策、处事、协调、运时、沟通、激励、身教等方面彰显园长的领导艺术。

【知识检测】

1. 概念检测:人力资源管理;学前教育机构人力资源管理;园长领导力

2. 思考讨论:

(1)幼儿园人力资源管理的原则是什么?

(2)如何做好教师管理?

(3)举例说明园长领导力的结构。

(4)结合实例,谈谈你对"师德必须是满分"的理解。

3. 设计方案:在一次全园教师会议上,园长发现杨老师将头发染成了紫红色,且衣着、化妆过于时髦。如果你是园长,将如何与杨老师沟通?请提出沟通的思路和方案。

【案例分析】

1. 某单位附属幼儿园的陈老师,在工作中时有迟到、早退、串班聊天等违章情况的发生。年底,园长根据奖罚制度扣发年终奖金150元作为处罚,并奖励给出满勤、工作负责的李老师,以期起到奖优罚劣、奖勤罚懒、调动职工积极性的作用。陈老师感到心理很不平衡,要求园长退还扣发的奖金。园长认为,既然制定了规章制度,就该认真贯彻执行,拒绝了陈老师的要求。陈老师很愤怒,认为园长打击报复她,就让家里人和她一起到园里大吵大闹,对园长进行人身攻击,并找到上级领导哭闹,歪曲事实。而此领导在没有调查清楚的情况下轻率表态,认为批评一下就可以,让园长把扣发的奖金还给陈老师。但该园长并不盲从上级领导,而是写材料讲明情况,强调如果不能贯彻执行幼儿园的规章制度,那么自己就无法胜任园长的工作。上级领导加以调查研究,做出决定:①给陈老师记过处分一次,扣发奖金不予补发;②表扬了该园园长对工作认真负责、能把制定的方针政策贯彻执行到底的做法。

思考:

请用园长负责制相关理论分析案例,说明如何有效实施园长负责制?

2. 李老师自毕业后一直在寻找自己心中理想的幼儿园。她第一次应聘到一家规模不大的私立园,工资待遇高,管理也严格。但一段时间后她感觉该幼儿园将招生的压力强加在教师身上,对教师的考核注重家长对教师的评价。原来,教师的奖金按照招生数提成,当月考核只要有家长投诉就一票否决。

思考:

该幼儿园的做法对吗?请运用教师管理的相关理论分析应如何实施幼儿园的教师资源管理。

第十章　学前教育管理的评价

本章概要

评价是对事物价值的判断过程，学前教育机构保教质量的提升有赖于科学的评价过程，评价对学前教育机构的发展起着鉴定、导向、激励、诊断、调节等重要作用。本章将分析学前教育管理评价的含义、特点、意义，提出评价的原则和方法，从不同角度划分评价的类型，针对学前教育机构具体工作内容，举例说明保教工作评价、卫生保健工作评价、总务工作评价的要求，以帮助学习者树立正确的评价理念，掌握评价的方法和实施步骤。

学习目标

1. 了解学前教育机构管理评价的含义。
2. 明确学前教育管理评价的意义所在。
3. 掌握保教工作评价、总务工作评价、卫生保健工作评价的要求。
4. 理解学前教育机构管理评价的原则。
5. 掌握学前教育机构管理评价的基本方法。

第一节　学前教育管理评价概述

客观有效的评价是改进学前教育机构各项工作的客观依据，也是衡量学前教育机构教育管理改革成果的重要指标，对于维持学前教育机构正常运转、提高管理效率、提高保教质量起着举足轻重的作用。

一、学前教育管理评价的含义与特点

(一)学前教育管理评价的含义

评价是对事物价值的判断过程,也是一种认识活动。学前教育管理评价是教育评价的组成部分,是依据学前教育管理目标,有目的、有计划、有组织地对学前教育机构内方方面面工作进行深入调查,在系统描述工作现状基础上做出价值判断的过程。

评价是学前教育的有机组成部分,也是学前教育管理的重要内容和手段。学前教育管理评价包括学前教育质量评价、保教工作质量评价、总务工作评价、学前教育环境评价等。

(二)学前教育管理评价的特点

学前教育管理评价不是一蹴而就的某个瞬间,而是一系列活动过程,具体包含着目标或标准的确定、资料信息的搜集、分析资料、形成判断、指导行动等环节。

学前教育管理评价的活动过程不是盲目的,而是在明确目的和详尽计划指导下逐步展开的。

学前教育管理评价关键在于作出价值判断,而不能评而不断。应通过调查研究搜集工作状态的信息,并在此基础上做出价值判断,因而,评价=事实判断+价值判断。

评价者和被评价者不是相互对立、相互分离的,而是一个统一体。在实际工作中,二者是可以相互转化的,被评价者有时就是评价者自身。

二、学前教育管理评价的意义

作为教育管理不可或缺的部分,评价对于提高保教质量、促进教育管理改革的深化具有十分重要的作用。

(一)鉴定

鉴定作用是指评价在认定和判断评价对象合格与否、优劣程度、水平高低、实际价值等方面的功效和能力,如评优评先、资格审查、区分等级等。鉴定功能是学前教育管理评价的基本功能,其他功能是在科学鉴定的基础上实现的。“鉴定”首先是“鉴”,通过仔细审查评价对象,才能给出“定”论。例如,在示范园的验收评定中,根据评价结果,公布合格园所的名单,并颁发鉴定合格证书,就是发挥了其鉴定功能。

需要注意的是,鉴定只是学前教育管理评价的功能之一,而不是终极目的。评价的根本目的在于改进和提高学前教育管理工作的质量,而不是单单为了区分出优劣、高下,否则只会增加教职员工的工作负担和心理负担,产生消极影响。

(二)导向

学前教育管理评价的导向功能,是指评价本身具有引导工作朝着理想目标前进的功效和能力,这是由评价标准的方向性决定的。

《幼儿园教育指导纲要(试行)》指出“幼儿园教育是基础教育的重要组成部分,是我国

学校教育和终身教育的奠基阶段。城乡各级各类幼儿园都应从实际出发，因地制宜地实施素质教育，为幼儿一生的发展打好基础。”学前教育全部工作都是为了提高保教质量，促进每个幼儿富有个性的发展，这一目标是学前教育机构各项工作及管理环节的出发点，也是确立保教质量的评价标准的依据。通过评价的导向作用，可以使学前教育机构管理者和教职工端正办园理念，树立正确的教育价值观，纠正偏差做法。

（三）激励

学前教育管理评价的激励功能是指合理运用教育评价，激发和维持教职员工积极工作的内在动力，调动教职员工的内部潜力，提高其工作的积极性和创造性，从而达到教育管理的目的。

激励功能是鉴定的必然结果，它也包括对后进单位与个人的督促。这是因为在被评价对象比较多的情况下，这种不同的等级会使个人与个人、单位与单位之间进行不自觉的比较。这对被评价对象来说，是一个积极的刺激和有力的推动。一般情况下，人类普遍存在一种心理趋向，即被评价对象无论是个人还是单位，都有获得较高评价和实现自身价值的愿望。恰如其分的评价结果可以给人以心理上的满足感，从而激励人不断奋发向上。对于先进的单位和个人来说，鉴定结果是对自己过去成绩的肯定，会对成功的经验起正强化作用，使被评价者更有干劲，以保持或取得更大的成绩；对于后进者则是一种有力的鞭策。

要发挥这种激励作用，应注意评价指标不可过高或过低，最适宜的指标应定在大多数被评价对象经过努力能够达到的程度，因此必须将结果性评价、过程性评价和形成性评价有机结合起来，只有公平、合理、客观、科学的评价，才能真正起到激励作用。

（四）诊断

学前教育管理评价的诊断作用是指评价对工作的成效、矛盾和问题做出判断的能力。科学的评价的过程需要评价者利用观察、问卷、测验等手段，搜集被评价者的有关资料并进行严格的分析，它能够根据评价标准做出价值判断，分析出或者说出、诊断出教育活动中哪些部分或环节做得好，应加以保持和提高，同时也能指出哪些地方存在着问题，找出原因，再针对这些原因提供改进途径和措施。学前教育管理评价过程就如同看病就医一样，只有经过科学的诊断才能“对症下药”。

（五）调节

学前教育管理评价的调节功能是指评价对学前教育各项工作和活动进行调节的功效和能力。这种功能表现在两个方面：一是调节目标及进程。例如，通过评价，评价者认为被评价者已达到目标并能达到更高目标时，就会将目标调高，将进程相对调快；认为被评价者几乎没有可能达到目标时，就会将目标调低，将进程相对调慢，使之符合被评价者的实际。总之，让其在不同水平上朝目标前进，以免发生达到目标者停滞不前、达不到目标者沮丧气馁的情况。二是通过评价了解自己的优势和劣势、长处和短处，明确努力方向及改进措施，以实现自我调节。

在学前教育管理中存在着各种调节活动。教育活动是否已经达到了预期的目标，是否具有达到目标的可能，若目标已经达到且还有达到更高目标的可能，或者达到预期目标的可能极小，甚至几乎就没有可能，在这种情况下都需要我们对目标进行必要的调整，而调整信

息的获得依靠的正是评价，评价为下一步工作提供依据。因此，评价是学前教育管理中一项应该经常进行的活动，以避免我们计划不周或主观判断有误而给工作带来损失。通过“计划——实施——检查——总结”一系列程序使学前教育机构保教水平和管理水平更上一层楼。

三、学前教育管理评价的类型

根据不同的分类标准，学前教育管理评价也可以划分为不同的类型。

（一）整体评价与局部评价

按评价内容所涉及的范围可以划分为整体评价和局部评价。整体评价所涉及的现象、事物范围较大，如某省开展省级示范园检查活动；局部评价指对学前教育机构内部某个部分进行评价，如某幼儿园卫生保健工作检查、总务工作检查等。

（二）诊断性评价、形成性评价和终结性评价

根据评价的功能可以划分为诊断性评价、形成性评价和终结性评价。

诊断性评价指在某项工作开始前进行的摸底评价。此种评价好比医生在开药方之前先要诊断病情，因而具有预测性。其主要是为了解现状，发现问题，为有针对性地开展具体工作奠定基础，是制定规章制度、进行工作计划的前提。

形成性评价是在工作执行过程中进行的评价，又称之为“过程性评价”。管理者要根据工作目标来检验工作绩效，从而了解管理工作的动态发展过程，以便及时调整改进工作状况。

终结性评价是工作进行到一定阶段或完成某一阶段性任务后的评价。此种评价方式需要对工作进行全面了解，对达标情况进行结果性判断，肯定成绩、总结经验、发现问题、明确方向，为下一阶段工作调整和改进提供参考性信息。

（三）相对评价、绝对评价和自身差异评价

按照评价参照体系与评价内容之间的关系，可以将其分为相对评价、绝对评价、自身差异评价。

相对评价是在被评价对象的群体中建立某一基准，然后把该群体中的各个对象逐一与该基准进行比较，以判断该群体中每一成员的相对优势。例如，对某地市的幼儿园进行评价时，将其中某一个省级示范园作为示范基准，其他园逐一与其进行比较，评价每一所幼儿园的硬件环境、师资队伍、保教质量、卫生保健、总务后勤等工作绩效，以此来判断不同幼儿园办园质量距离示范幼儿园水平的差距。通过相对评价来评比示范园，比简单套用绝对评价指标更具有操作性和实用性，从而更好地发挥示范园的辐射、带动作用。

绝对评价是指以既定指标为参照，判断评价内容是否达标的评价方式，其评价指标比较客观，如省市幼儿园分级分类验收工作。

自身差异评价指将某一评价内容的现在和过去进行比较，以判断其发展、变化的评价方式。此种评价的参照系不是外在的，而是自身，多用于学前教育机构内部自我评价和总结。

(四)自我评价与他人评价

根据评价主体可以划分为自我评价和他人评价。自我评价的评价主体是自身,如教研组进行集体教研,并总结评价本周保教工作开展情况。此种评价较容易展开,评价压力不是很大,因此可以成为常规性管理工作内容之一。他人评价是指除自身之外的组织和个人进行的评价,包括来自于督导、专家、同行、领导及社会等方面的评价。此种评价专业性相对强一些,更加规范,但组织起来往往较为复杂,耗费资源较多。

总之,每种评价方式都有各自的优缺点,单独使用某一种评价方式有可能造成偏差,因此,在尊重客观事实的前提下,应该注重多种评价方式的结合运用,以期更好地发挥评价的正向功能,从而提高保教质量,提升管理绩效。

第二节　学前教育管理评价的内容

学前教育管理评价涉及的范围比较广,一般是以机构内各方面工作为对象实施评价,包括办园条件、保教工作、总务后勤工作、卫生保健工作、领导班子、保教队伍等各个方面。通过评价可以了解组织职能作用的发挥情况,人员组织调配是否合理,管理运作过程中是否有合适的机制,教育资源是否得到合理有效的运用等。

一、保教工作评价

保教工作是学前教育机构工作的中心组成部分,包括保教管理过程、教养秩序建立、教师一日生活活动组织、环境创设、教学与游戏的开展以及日常生活中的卫生保健等。对保教质量的评价也是在对保教人员工作状况的考察与检验,同时反映出学前教育机构保教工作管理的成效。通过对课程的评价,即对课程目标、课程内容和运行过程方法、保教活动等的评价,可以对课程实施进行检核,从而为课程决策提供依据。

评价标准举例可见表10-1和表10-2。

表 10-1　上海市幼儿园保教质量评价指南①

评价内容	评价要点	评价标准：优秀	评价标准：合格	信息采集
课程实施方案	方案编制	依据学前课程的要求，管理层与教师共同研究课程，逐步形成切合本园实际的操作性强的课程实施方案； 课程实施方案对引领和指导幼儿园课程实施作用明显； 在实施过程中有不断改进与完善课程方案的机制。	幼儿园初步形成课程实施方案； 教师了解本园课程实施方案，依照幼儿园课程方案，形成切实可行的班级教育计划。	查阅幼儿园课程实施方案； 抽样查阅教师的保教工作计划与相关记录； 与部分教师、园长等交流与访谈。
	方案内容	能符合儿童的年龄特点、发展需要、能力、兴趣及经验，作综合设计，关注多领域经验的平衡与连贯； 能充分体现国家与地方相应法规文件的精神，与国家倡导的理念、人才培养目标相一致； 课程设置、安排、合理，有本幼儿园的特色； 课程和儿童发展评价能与目标相呼应。	课程目标能体现国家与地方相应法规文件的精神； 课程的编排与设计，能基本保证四类活动，顾及幼儿的多种经验和能力，难易恰当。	查阅幼儿园课程实施方案，重点看课程设置、内容及评价部分； 查阅教师保教工作计划（包括学期、月、周日等）以及现场考察，验证与方案内容的关系。
	时间安排	根据幼儿年段特点和发展需求，结合季节、地域等因素，设计和安排适宜的一日活动时间； 该充分满足儿童游戏和运动的需要，保证每个幼儿有自由活动和自主选择活动的机会； 保证每个幼儿有丰富的多样化活动的经历与体验； 能根据实际情况和个别差异适当地调整活动安排等。	有合理的一日安排，不过于琐碎和急促； 运动和游戏的时间安排符合基本规定； 一日活动安排能遵循动静交替，室内与室外、全班、小组与个别活动相结合的原则。	查阅幼儿园一日活动安排表、各类活动的时间表等； 现场考察班级的保教活动； 抽样与园长、教师会谈。
	资源支持	幼儿园有课程资源建设与利用的意识，形成了开放的课程资源支持机制及丰富的课程资源； 建立合理的使用与完善的管理制度，使用率高。	有符合要求的幼儿活动资源，包括玩具、材料、图书等； 提供必须、质优的教育教学资源； 合理利用媒体、课件等资源，以支持课程的运行。	现场察看、登录幼儿园课程资源配备等； 查阅相关的文本资料； 访谈分管业务的园长或大教研组长；

① 上海市教学委员会教研室编：《上海市幼儿园保教质量评价指南》(2008 年)。

续表 10-1

评价内容	评价要点	评价标准：优秀	评价标准：合格	信息采集
环境创设和利用	园所环境	根据课程要求，整体设计幼儿园的环境，包括专用活动室、户外运动场地、廊道、绿化等； 能提供、配置丰富、多元、合适的设备与材料，空间利用率高，方便不同年龄段幼儿进行各类活动。	注重幼儿园环境设计与利用； 经常使用的设施、设备和材料，能符合幼儿的发展需要。	观察幼儿园的环境与专用活动室； 查看幼儿园作息安排制度、专业活动室使用的记录； 实地观察不同年龄段幼儿在专用活动室的活动
	班级环境	师生关系民主、融洽和愉快，幼儿自主地与环境互动； 环境创设科学合理，有利于幼儿良好生活习惯的养成； 能运用多样化的玩教具、材料，创设一个能引起幼儿游戏、学习与活动兴趣以及具有不同功能的挑战性活动环境。	班级环境布局合理，灯光照明到位； 设施、设备安全，符合幼儿需要，便于幼儿使用； 班级的玩教具、材料、场地，与幼儿当前的能力、需要基本匹配。	观察班级氛围； 观察各个班级墙面、区角活动以及各种材料的投放与呈现； 观察幼儿的游戏等个别活动； 与教师讨论与交谈； 查阅教师提供的班级资料等。

续表 10-1

评价内容	评价要点	评价标准 优秀	评价标准 合格	信息采集
生活活动	安全与保育	为幼儿创设安全、卫生、温馨、自主的班级生活环境 环境中有幼儿易于识别的安全、健康、生活等规则提示； 能让幼儿自主、有序、愉快地进行进餐、盥洗及睡眠。	经常检查和及时消除幼儿生活中的不安全因素，有安全检查制度；卫生设施与措施健全、规范； 及时清洁厕所污物，环境无异味； 环境色彩协调，符合幼儿特点；注意幼儿睡眠中的安全。	考察现场活动； 查阅教师保教工作的计划、记录； 与园长、教师交流与会谈。
	行为观察	能顾及每个孩子在生活上的不同需求与差异，注意观察一日生活中幼儿的语言、行为、情绪等变化，给予有效的回应；能与家长、其他工作人员及时沟通；对幼儿行为有记录、有分析。	能根据天气变化、运动情况和个体需要，及时提醒幼儿穿脱衣服、饮水、擦汗等。	
	自我服务	充分利用自主盥洗、整理玩具、分发碗筷、照顾自然角等生活实境，让幼儿获得亲身体验，给幼儿练习、锻炼和表现的机会； 教师有要求，有指导。	保育员与教师互相配合，不干涉、不替代幼儿的生活； 能帮助、指导幼儿形成喝水、用餐、盥洗、穿脱衣服等基本的生活能力。	
	交往机会	能提供有助于幼儿积累共同生活经验的机会，如：分享、协商、沟通、合作； 让幼儿学习情感体验与表达，适应集体生活。	能在一日生活中实施符合幼儿年龄特点的交往活动，方法合适，让幼儿在与同伴的自然交往中，适应集体生活。	

续表 10-1

评价内容	评价要点	评价标准		信息采集
		优秀	合格	
运动	运动时间与运动量	能根据年龄特点安排个别锻炼和集体运动性游戏；在运动中根据幼儿脸色、出汗、心跳等情况及时调节内容和运动量。	确保每天有两小时户外活动时间，其中一小时运动时间能分段进行。	考察现场活动； 查阅教师保教工作的计划、记录； 与园长、教师交流与会谈。
	器械与材料	根据年龄特点、运动特点及幼儿动作发展水平合理安排运动器械；材料丰富、多功能并具有一定的挑战性，满足幼儿自由选择和创造性运动的需要。	能提供符合年龄特点、数量基本满足需要的运动材料和器械，让幼儿进行较充分的运动。	
	资源利用	积极开发园内外运动资源，结合季节特点，充分利用各种自然条件开展活动和民间运动。	能利用现有的园内外运动资源，根据季节特点进行运动，所开展的活动符合不同年龄特点的幼儿。	
	运动保护	运动中有安全意识和保育意识，保证幼儿安全、快乐地运动；根据季节、天气情况适当调整户外运动的时间和场地；注意幼儿自我保护能力和规则意识的培养。	能关注场地、设施、器械的安全性及幼儿服饰的适宜性，及时处置异常情况和突发问题；提醒幼儿在运动中及时穿脱衣服。	
游戏活动	条件提供	游戏材料投放数量充足，种类丰富，能满足每个幼儿的自主选择； 能利用生活中的自然、废旧、半成品等环保材料，诱发幼儿的多种经验； 游戏环境能体现幼儿的兴趣点。	保证幼儿每天有不少于1小时的自主游戏和自由活动时间； 游戏材料数量较多，幼儿在游戏中无等待、争抢行为（由玩具材料缺乏而引发的），能进行共同的游戏活动。	考察现场活动； 查阅教师保教工作的计划、记录； 与园长、教师交流与会谈。
	游戏观察	能关注幼儿与环境材料、与同伴互动的过程，不仅能了解幼儿的游戏动态，还能根据幼儿的言行了解、分析其发展水平。	能认真观察幼儿的游戏过程，了解幼儿的游戏喜好和需求。	
	游戏的支持	能对幼儿的游戏行为做出合理的价值判断；能恰当地介入游戏并予以支持、帮助和回应；适时、适宜、适度地推进游戏情节的发展。	能根据游戏开展的情况，适当地调整游戏材料，及时处理意外情况。	

续表 10-1

评价内容	评价要点	评价标准		信息采集
		优秀	合格	
学习活动	目标的价值	目标定位能兼顾认知经验、方法能力、情感态度等全面发展等方面； 符合幼儿的年龄特征和发展需要；活动目标能突出重点，表述清晰。	活动目标有价值，符合幼儿发展的基本要求； 目标的制定能反映不同年龄段幼儿的学习特点，表述明了。	考察现场活动； 查阅教师保教工作的计划、记录； 与园长、教师交流与会谈
	内容的选择	内容的选择能体现既尊重幼儿的已有经验，又具有发展的挑战性； 个别学习的材料与内容，要有利于幼儿自主选择与自主探索，并具有层次性、多功能性和情趣性。	能选择生动形象、有趣的，有利于幼儿动手、动脑，并符合年龄特点的学习内容。	
	方法的运用	能合理选择和运用集体、小组、个别等多种方式开展学习活动；教学方法恰当、灵活、多样，充分体现幼儿自主性的原则； 有效地运用现代化教育手段。	能以游戏的方式组织和开展学习活动；根据幼儿的兴趣和不同年龄段幼儿的学习特点来选择和运用合适的教学方法。	
	师幼的互动	能在教育现场关注来自幼儿的信息和生成问题，进行价值判断，并做出适时、适宜、适度的回应；教师的回应，能发挥推动幼儿发展的作用。	注重师幼及幼儿与幼儿间的互动；在师幼互动中，能尊重、理解幼儿，关注个体差异。	

表 10-2 幼儿园保教工作常规评价标准

评价内容	评价要求	评价方式	等级评定	备注
计划、总结	体现《纲要》精神；符合幼儿的特点。 明确本期各领域活动目标、知道活动的重点、难点。 准备好突出重点、难点的教学策略，基于幼儿情况和教材有自己的教学方法。 期末时对自己一学期的保教工作进行总结，提炼经验，找出不足及改进方法。（不得下载别人资料）	撰写一份教学计划。 开学两周内，开展一次分学科的教研会，每位教师选择自己任教学科的一个年级进行汇报。 撰写一份教学总结。	结构完整，内容详细，措施可行，达到全部要求，为优； 结构完整，内容较详细，为良； 结构较完整、内容较详细，为合格； 结构不完整，内容简单，为不合格。	（只提供教材）
备课	目标具体、贴切（符合本年龄班幼儿的特点和实际发展水平），操作性强，易检测。 自己备课——集体备课——再复备——修改教案。 每课时进行反思。反思自己的教学是否有效。把幼儿是否积极参加活动作为有效教学的标准。反思内要有改进、提高的措施。	查备课时的参与表现。 查教案中的复备和反思。	教案详细，复备课符合要求，课后反思结合实际，为优； 教案较详细，复备课较好，有课后反思，为良； 教案和复备课较简单，课后反思较好，为合格； 教案和复备课较简单，课后反思不深入，为不合格。	适时组织教案交流
集中教育活动	提供与目标、内容相适应的教具、学具。 教师的组织教学以幼儿能充分参与活动，目标达成度较高；师生关系融洽，并建立了良好的学习常规评价活动好坏的重要标准。	听课	准备充分，传授知识正确，组织方法灵活多样，大多数幼儿积极参与活动，目标完成好，为优； 准备较充分，传授知识正确，基本完成活动目标，为良； 准备较充分，知识传授正确，半数幼儿积极参与活动，基本完活动目标，为合格； 准备简单，组织方法单一，目标完成不够好，为不合格。	课后进行反馈交流研讨

续表 10-2

评价内容	评价要求	评价方式	等级评定	备注
半日活动	按计划和作息时间组织幼儿半日活动,教具、学具准备充分。 做好晨检和个别家长工作。 各活动环节紧凑,无等待。 保证幼儿游戏时间,准备充足的游戏材料。	查看半日活动	达到全部要求,为优; 未达到二条,为良; 未达到三条,为合格; 未达到四条,为不合格。	
评价	根据幼儿园素质教育评估手册对每个领域(学科)进行过程性的评价。 每月完成8—10名幼儿的观察记录。 评价后要进行反思,达到提高教学能力,提高教学质量的目的。	查看幼儿园素质教育评估过程资料,查看观察记录	评价及时,观察记录内容真实、详细并完成相应数量,为优; 评价及时,观察记录较详细,为良; 评价较及时,观察记录较简单,没完成规定数量,为合格; 评价和观察记录敷衍了事,为不合格。	
自我研修	不断学习提高,每月写读书笔记至少800字。	查读书笔记	读书笔记达到800字,为优; 笔记700字,为良; 笔记600字,为合格; 笔记少于600字,为不合格。	
教育工作	树立"爱一切幼儿"的思想。 半日活动中对幼儿渗透德育教育,帮助幼儿养成良好的行为习惯。 布置的其他教学任务按时保质保量地完成。	观察行为; 查完成情况	检查或巡查中达到全部要求,为优; 检查或巡查中有一次没达到要求,为良; 检查或巡查中有二次没达到要求,为良; 检查或巡查中有三次没达到要求,为良。	

二、总务工作评价

总务工作在学前教育管理工作中属于"杂务",事无巨细,面广事多,涉及机构内人、财、物的协调搭配,包括物质条件改善、财物财产管理、设备维修保养、招生编班、档案建设、改善教职工福利等,其任务是为保教工作提供一切保证与服务。以《浙江省幼儿园等级评定作用表》中的后勤财务管理为例说明学前教育机构总务工作评价内容与标准,见表10-3。

表 10-3　后勤财务管理评价表

一级指标	二级指标	三级指标	评估标准	分值	评分结果		备注
					自评	考评	
A2 园务管理	B7 后勤与财务管理	C19	物品管理制度健全。分工明确,专人负责(0.5 分);财产造册,定期清点,账物相符(0.5 分);各种物品保存完好,使用率较高(1 分)。	2			
		C20	重视档案资料管理工作。各类文件、档案资料较为齐全(0.5 分);管理较为规范,查找方便(0.5 分)。	1			
		C21	财务制度健全。执行《会计法》的规定,核算行为规范,管理制度健全,无重大违反财经法律法规政策的行为。	2			
		C22★	幼儿园应按物价部门规定的项目和等级标准收费。民办幼儿园应执行国家发改委、教育部、劳动和社会保障部制定的《民办教育收费管理办法》(发改价格[2005]309 号),收费规范。	2			
		C23★	师生伙食账目分开(0.5 分);每月幼儿伙食费盈亏不超过 5%(0.5 分);每月向家长公布幼儿伙食账目(0.5 分);每学期向家长提供代管费使用情况清单(0.5 分)。	2			
		C24★	不以开设实验班、兴趣班、特色班和培养幼儿某种专项技能等为由收取费用(1 分);不收取与幼儿入园挂钩的各种形式的赞助费(1 分)。	2			

注:在三级指标的序号栏中标有“★”符号者为“必达指标”,实行“一条否决”原则,如有任何一条必达指标考评分未达到该指标分值的 85%,则整个等级评估不予通过。

三、卫生保健工作评价

卫生保健工作对于学前教育来说具有特殊的意义,充分体现学前教育机构保教结合的

特色。卫生保健工作评价涉及一日生活常规的安排,合理的营养膳食,体检制度的制定与落实,疾病的防控等。评价标准举例可见表10-4。

表10-4 上海市幼儿园保教质量评价指南①

评价内容	评价要点	评价标准		信息采集
		优秀	合格	
保健与特殊照料	卫生保健	保健老师与班级保教人员联系密切,全日观察记录一致; 及时向家长宣传预防保健知识,五官保健矫治率高; 按年龄特点和平衡营养的要求,科学烹饪,色、香、味俱全; 对体弱、肥胖儿等矫治措施针对性强,有个案记录,及时向家长反馈,有实效; 保健资料齐全,专题研究措施落实,针对性强。	幼儿体检、晨检100%,全日观察落实,发现异常及时处理; 环境清洁,预防性消毒常规工作符合要求,消毒液配置使用正确,放置得当; 食品验收、操作规范,食具及环境物品表面细菌检测符合卫生标准; 传染病报告及时,肠道传染病率低于2%,无续发病例,无责任事故,一般事故发生率低于0.5%; 平衡膳食,定期做营养分析; 对体弱、肥胖儿、五官保健管理措施落实; 三大员操作规范。	查阅保健资料; 察看操作过程; 访谈保教人员(重点三员); 家长问卷中设题; 访谈家委会人员; 访谈体弱、肥胖儿的家长。
	特殊保育	对有特殊需要的幼儿设立个案,有计划、有措施、有改善; 创设良好的观察室环境,给临时须观察隔离的幼儿以温馨合理的照料。	患儿服药及时到位; 对有特殊需要的幼儿与家长合作进行协助保育; 让临时发病的幼儿进入观察室,进行及时照顾或就医。	查阅保育资料; 观察有关活动; 访谈有关家长及保教人员。

① 上海市教学委员会教研室编:《上海市幼儿园保教质量评价指南》(2008年)。

第三节　学前教育管理评价的原则和方法

一、学前教育机构管理评价的原则

为高效发挥评价的正向功能，学前教育管理评价应遵循以下原则。

（一）方向性原则

评价要坚持正确的政治方向，遵循我国教育方针的要求，满足个体和社会发展的需要，在确定评价标准和评价目标时，以正确的教育观、教育价值观、教育质量观为指导，确保各项活动沿着良性、健康的方向发展。

（二）科学性原则

评价要符合学前教育规律和管理工作规律，从客观实际出发获取真实信息，并跟进科学标准，对各项工作的过程和结果进行分析判断，不能仅凭想象或猜测而主观臆断。贯彻科学性原则，首先，要求评价指标必须符合评价目的，如实反映保教质量、办园效益等本质特征。其次，评价标准要合适，评价者能理解其确切含义，能够克服主观随意性和感情因素的影响，做出准确客观的评价。再次，评价方法应简便易行，切合学前教育的实际，能够深入现场，综合采用调查、个案研究、自我报告等多种手段，这样才能使搜集到的信息更全面，评价结论也更可靠。

（三）可行性原则

评价的可行性原则，是指在保证正确方向和科学、客观的前提下，尽量使评价简便易行。评价过于繁杂，会带来人力物力的浪费和评价对象的负担，从而降低评价的实际功效。因此，应因地、因人、因事制宜，考虑本机构工作条件与客观现实，选择适当的评价标准和评价方法。

（四）激励性原则

评价的激励性原则指评价应促使教职员工形成继续努力的工作动机，或在进一步的活动中克服不足之处，激发积极的心理状态，提高活动效果。贯彻激励性原则，首先要使教育评价过程及其结果客观、公正、准确。其次，制定评价标准要从工作实际出发，充分考虑评价对象的客观环境和条件，不要过高或过低。再次，要求评价的实施者密切注意教职员工的心理状态，了解并尊重其意见，注重评价过程中全员参与性和民主性，以发挥主观能动性，促进其自我调整与改进，形成自我发展的动力。

（五）实效性原则

评价的实效性原则指评价要有实际功效，即有指导实际、改进工作的作用。评价作为一种特殊的管理手段，目的主要是为了改进工作，促进发展，而不是为了评价而评价。评价活动如果不能帮助管理者和教职员工找出工作或管理中的问题，并对其改进提出有价值的帮

助，那么这种评价就不会受欢迎。因此，通过评价和后续的反馈指导，使优者更优，后进者迎头赶上，实现共同进步，才能有效提高园所保教质量，实现学前教育质量螺旋式上升。

二、学前教育机构管理评价的方法与步骤

评价方法和步骤是否恰当，对于能否取得真实、可靠的资料，做出客观准确的分析，起着关键作用。

（一）评价的方法

1. 实地观测

实地观测是深入实地和现场，对评价对象进行深入考察的评价方式。通过实地观测，可以观察到现实发生的现象或行为，能够整体把握现状，而且也可以深入了解现场，收集到一些细节性的信息。实地观测包括自然观测和情景观测两种方式。

自然观测是在自然状态下对学前教育机构管理水平、保教质量、总务后勤工作等进行观察，了解情况，收集资料和信息的方法。例如，“推门听课”，事先不通知教师，不需要其事先做准备，是一种突袭式教学检查方式。情景观测是在一定情景或条件下进行的观察。例如，“敲门听课”，预先通知教师听课时间，允许教师事先做好准备的一种教学评价方式。

2. 访谈法

访谈法是与相关人员进行访谈，从而获得信息的评价方式，包括结构型访谈和非结构型访谈。前者在程序设计和问题设计方面的要求较为严谨和规范；后者自由度较大，因而对评价主体要求较高。

访谈可以围绕某一重要工作领域或焦点问题进行（重点集中法）；也可以让被访者站在第三者的角度客观地评述（客观陈述法）；还可以召开座谈会，从群体发言中收集资料（团体访谈）。总之，访谈法非常容易，又简便易行，是学前教育管理评价中最常用的方法之一。

3. 问卷法

问卷法是通过发放由一系列问题构成的调查表，来收集资料的评价方式。这种方法能够在较短时间内调查很多人，取得大量资料。同时，该方法还便于数量化处理，经济省时。

问卷法可以用于了解教师及家长对园所环境、管理、保教工作的看法和态度，也适宜于征询意见和建议等。

4. 文献资料法

文献资料法是通过查阅文献资料来分析了解情况，收集信息的评价方式。这种方法，既可以对全部资料进行收集，也可以针对某一专题，有选择地查阅相关文献资料。这种方法是对既已存在事实的调查，不干扰学前教育机构正常保教管理工作的正常秩序。例如，有的幼儿园定期检查教师的教学档案袋，通过检查和评比，提高教师的自我反思意识，促进教师专业发展。

5. 自我报告法

自我报告法是根据评价目的，针对某一问题或一系列问题，提供有关自己情况报告的评

价方法。这种方法的理论假设是:只有自己最了解自己。因此,这种方法不仅可以收集到外显行为的资料,还可以收集到教职员工的工作感受或体悟等主观内隐信息。例如,许多省市幼儿园分级分类验收中,都要求园长就本园工作提交自我报告。这种方式可以激发教职员工工作主动性,较为充分地体现出评价的民主参与精神,收集到更加全面的信息和资料。

总之,学前教育管理评价方法多种多样,在实际运用中要根据评价目的、评价对象有针对性地采取适宜的评价方法,综合运用多种方法和手段,尽可能高效、经济地收集到全面、系统、真实可靠的信息和资料,以便科学分析,促进保教质量的提升。

(二)评价的步骤

1. 建立考评小组

学前教育管理评价是一项专业性很强的工作,提倡内行评价。在建立考评领导小组时,要注意人员专业经验、专业背景的构成,以保证评价工作的科学性。领导小组成员中既要有熟悉学前教育理论、有着学前教育管理经验的人员参加,又要有熟悉园所工作情况、有一定评价理论和经验的人员参加。

2. 制定评价方案和评价指标

该步骤需要解决四个问题:为什么评,评什么,由谁评,怎样评。在对这四个问题深思熟虑的基础上,广泛征求意见,拟订初稿,并在试行的基础上调整和完善,形成可以付诸实施的评价方案。

评价指标是评价工作科学进行的保障。评价指标的制定要注意以下几点:其一,使用期限一般不要超过两年,使用周期太长,指标老化,就失去了评价的意义;其二,评价指标不能“千人一面”,要根据岗位职责来制定;其三,不要盲目照搬其他学前教育机构评价指标,因为每个机构有其自身特点,要从实际出发,制定出一套符合本机构特点的评价指标,才能保障评价工作有序、高效进行。

3. 收集信息

收集信息是评价实施关键的一环。在这个环节,考评小组成员应亲临保教管理一线,注意观察各个环节,尤其是从工作细节中了解教职员工的工作状态。同时,也要和各方面工作人员进行接触,参加会议,进行访谈,阅读教师教育笔记,检查工作记录等,通过多种方式,最终才能全面客观地考察机构各项工作状况。

4. 分析并反馈结果

信息和资料收集之后,要进行适当处理,对所得结果进行分析和解释,发现工作的成效和存在的问题,并针对问题提出改进建议。分析之后,还应注意反馈评价结果。一般来说可以采用书面或开会公布的形式进行反馈。对于评价结果好的方面,鼓励教职员工保持优良传统,继续努力;对于评价结果不太好的方面,应帮助其找出差距,查准症结,激励其改进工作,继续前进。总之,该环节并不是简单地对工作优劣进行鉴定和甄别,也不是热热闹闹地歌功颂德一番,关键在于通过该环节,切实帮助每位教职员工了解自己、发现问题,从而帮助他们改进工作。

本章小结

学前教育管理评价是由一系列工作步骤所构成的完整过程。在评价过程中,应确保在方向性、科学性、可行性、激励性、实效性等原则基础之上,综合运用整体评价与局部评价、自我评价与他人评价,使诊断性评价、形成性评价与终结性评价相结合,恰当采用相对评价、绝对评价和自身差异评价等类型,并采取切实有效的方法,如实地观测、访谈、问卷、文献资料、自我报告等评价方法,从而对学前教育机构办园条件、保教工作、总务后勤、卫生保健、领导班子、保教队伍等进行全方位的考量,切实发挥评价鉴定、导向、激励、诊断、调节等重要作用,提升办园效益。

【知识检测】

1. 概念检测:学前教育管理评价;形成性评价;终结性评价;自我报告法。
2. 思考讨论:
(1)学前教育管理评价有哪些步骤?
(2)学前教育管理评价有哪些作用?
(3)请简述学前教育管理评价的原则。
(4)请根据自己的理解,说明为什么要注重形成性评价?
3. 做一个小调查,了解目前学前教育管理评价中有哪些问题,并提出改进建议。

【案例分析】

我园的考核工作

我园规模较大,教职工较多,因此抓好幼儿园教职工的考核评定工作,成为搞好内部管理改革、促进保教质量提高的重要方面。几年来,我们边学习边实践,终于摸索出了一条适合我园的考核工作路子。

1. 考核网络:系统清晰

我园现已建立起系统清晰、科学合理的考核网络,层层考核,各负其责。园长考核副园长;分管教学业务的副园长考核教研组长;教研组长考核本组教师;分管后勤的副园长考核会计室、基建维修组、保健室、保育组、食堂、门房等部门的同志。

2. 考核细财:层层落实

层层拟订考核细则,一级对一级负责。在拟订细则时坚持实事求是,广泛征求教职工的意见,充分讨论,使教职工对考评抱以积极的态度,并能接纳考核细则,从而保证考核评定工作的顺利实施。

3. 考核过程:科学合理

在考核过程中,主要抓"四个结合"、"四个重点",即自评与互评相结合,重点

是自评;定量与定性相结合,重点是定量;定期与不定期相结合,重点是定期;月目标管理卡与学期目标相结合,重点是月目标管理卡。我们注重的是每次考核活动的质量,每一位教师工作的实际效果,排除学历、资历、人缘关系等方面的影响和干扰,做到公平竞争、能者为上。

4. 考核结果:因势利导

考核结果公布后,首先是鼓励优胜者,向他们提出更高的要求。其次是对考核结果不尽如人意者,我们针对不同情况区别对待:属于工作态度欠佳的,严加批评,并向他们提出希望;属于工作能力较弱的,鼓励他们,帮助他们制定提高自己水平和能力的计划,并且给他们找考核优胜者结对子。这样,我园的考核管理工作便形成良性循环。

自从开展考核评定工作以来,全园的保教工作和教职员工的精神状态是积极向上的:全园教职工普遍增强了责任感,各自在岗位上发挥了工作的积极性、主动性和创造性,改变了过去“领导要我干我才干”的被动工作状态,出现了“我要干好好干”的可喜局面,形成了你帮我、我追你的良好工作氛围。

资料来源:张燕、邢利娅《幼儿园管理案例及评析》北京师范大学出版社 2002 年版。

思考:

请结合学前教育管理评价要义谈谈该案例中的考核评价工作为何能切实起到作用?

参考文献

[1]法约尔. 工业管理和一般管理[M]. 曹永先,译. 北京:团结出版社,1999.
[2]哈罗德·孔茨,海因茨·韦里克. 管理学[M]. 张晓君,陶新权,马继华,等译. 10 版. 北京:经济科学出版社,1998.
[3]F·W·泰勒. 科学管理原理[M]. 韩放,译. 北京:团结出版社,1999.
[4]小詹姆斯·H·唐纳利,詹姆斯·L·吉布森,约翰·M·伊凡赛维奇. 管理学基础:职能·行为·模型[M]. 李柱流,苏沃涛,徐吉贵,等译. 北京:中国人民大学出版社,1982.
[5]彼得·F·德鲁克. 管理:任务、责任和实践(上)[M]. 孙耀君,译. 北京:中国社会科学出版社,1987.
[6]周三多,陈传明,鲁明泓. 管理学:原理与方法[M]. 5 版. 上海:复旦大学出版社,2009.
[7]陈国均,陆军. 管理学[M]. 南京:南京师范大学出版社,1997.
[8]罗豪才. 行政法学[M]. 北京:中国政法大学出版社,1996.
[9]吴志宏,冯大鸣,周嘉方. 新编教育管理学[M]. 上海:华东师范大学出版社,2010.
[10]张燕. 学前教育管理学[M]. 北京:北京师范大学出版社,2009.
[11]赵国祥. 管理心理学[M]. 开封:河南大学出版社,1998.
[12]张燕,邢利娅. 幼儿园组织与管理[M]. 北京:北京师范大学出版社,2001.
[13]王普华. 幼儿园管理[M]. 北京:高等教育出版社,2008.
[14]曲玉霞. 幼儿园经营与管理[M]. 北京:科学出版社,2007.
[15]菲利斯·M·科里克. 托幼机构管理[M]. 韦小冰,刘杨,寇丽娟,译. 6 版. 北京:北京师范大学出版社,2007.
[16]孙绵涛. 教育管理原理[M]. 广州:广东高等教育出版社,2000.
[17]谢秀丽. 幼儿园工作管理[M]. 北京:高等教育出版社,2008.
[18]蒲蕊. 教育行政学[M]. 北京:中国人民大学出版社,2008.
[19]吕进. 一生要看的管理寓言[M]. 北京:中国工人出版社,2005.
[20]周三多. 管理学 [M]. 北京:高等教育出版社,2000.
[21]Patricia F. Hearron Verna Hildebrand. 幼儿园管理:儿童发展中心管理学[M]. 严冷,赵东

辉，高维华，等译. 5 版. 上海：华东师范大学出版社，2007.
[22] Dorothy June Sciarra, Anne G. Dorsey. 幼儿园的开办与管理[M]. 张咏，李庆峰，郭向华，等译. 4 版. 北京：中国轻工业出版社，2003.
[23] 张燕，邢利娅. 幼儿园管理案例及评析[M]. 北京：北京师范大学出版社，2002.
[24] 杨文士，张雁. 管理学原理[M]. 北京：中国人民大学出版社，1994.
[25] 教育部基础教育司. 幼儿园教育指导纲要（试行）解读[M]. 南京：江苏教育出版社，2006.
[26] 孙灿成. 学校管理学概论[M]. 北京：人民教育出版社，1993.
[27] 张燕. 幼儿园管理[M]. 北京：北京师范大学出版社，2004.
[28] 唐淑，虞永平. 幼儿园班级管理[M]. 南京：南京师范大学出版社，2005.
[29] 陈桂生. 教育原理[M]. 上海：华东师范大学出版社，2000.
[30] 马和民. 教育社会学[M]. 上海：华东师范大学出版社，2002.
[31] 丁锦宏. 教育学[M]. 南京：南京大学出版社，2002.
[32] 陈桂生. 学校管理实话[M]. 上海：华东师范大学出版社，2004.
[33] 陈群. 幼儿园危机管理实务[M]. 北京：中国轻工业出版社，2009.
[34] 叶澜. 教师角色与教师发展新探[M]. 北京：教育科学出版社，2001.
[35] 傅道春，徐长江. 新课程与教师角色转变[M]. 北京：教育科学出版社，2002.
[36] 李瑾瑜. 课程改革与教师角色转换[M]. 北京：中国人事出版社，2003.
[37] 黄甫全. 新课程中的教师角色与教师培训[M]. 北京：人民教育出版社，2003.
[38] Jillian Rodd. 早期教育中的领导力[M]. 郭良菁，刘蓉惠，庄淑幸，译. 3 版. 上海：华东师范大学出版社，2007.
[39] Peter G. Northouse. 卓越领导力：十种经典领导模式[M]. 王力行，王怀英，李凯静，等译. 北京：中国轻工业出版社，2003.
[40] 鄢超云. 学前教育评价[M]. 北京：高等教育出版社，2010.
[41] 傅小芳. 反思当前的学前教育评价：从瑞吉欧教育体系中的记录说起[J]. 学前课程研究，2008(3)：17—19.
[42] 欧阳静. 浅谈现代幼儿园危机管理[J]. 当代学前教育，2008(4)：21—23.
[43] 杨桂芳. 加强幼儿园安全管理之策略[J]. 四川理工学院学报（社会科学版），2009(10)：136—137.
[44] 李琳，刘妍萍. 从 84 起安全事故看幼儿园危机管理[J]. 内蒙古教育（基础教育版），2010(5)：8—10.
[45] 王小波. 平安 · 健康 · 发展：幼儿园安全管理之我见[J]. 上海教育科研，2010(9)：90—91.
[46] 隋玉玲. 从危机管理视角谈幼儿园安全事故的预防策略[J]. 教育探究，2009(3).
[47] 刘艳芝. 从安全问题谈幼儿园危机管理[J]. 教育导刊，2010(8)：72.
[48] 乐亚萍. 车辆接送中的幼儿安全管理[J]. 早期教育，2009(4)：38.